JN025876

# グローバル金融規制と新たなリスクへの対応

GLOBAL FINANCIAL REGULATION AND
RESPONSE TO NEW RISKS

**佐々木清隆** [編著]
SASAKI KIYOTAKA

一般社団法人 **金融財政事情研究会**

# はじめに――編集に寄せて

　本書は、小生が客員教授を務める一橋大学大学院経営管理研究科金融戦略・経営財務プログラムの2020年度春夏学期のコースである「グローバル金融規制と新たなリスクへの対応」での授業の内容をもとに、新たな項目も付け加えて編集したものである。

　2019年7月に長年勤務した金融庁を退官した後に、一橋大学大学院客員教授として本講座の授業計画（シラバス）を検討していた2019年秋当時の問題意識は、日本の金融市場におけるリスク管理、コンプライアンス、内部監査、ガバナンスに関する専門的人材の育成の必要性であった。いわゆる3 lines of defenseの機能のうち、$1^{st}$ line のビジネス・営業分野については金融機関をまたぐ人材の流動化も進み国際的に活躍する日本人も増加してきている。他方、$2^{nd}$ line of defense（リスク管理、コンプライアンス等）、$3^{rd}$ line of defense（内部監査）、これら全体を支えるガバナンスに関しては、約20年前の日本の金融危機後専門的な人材の数は増加しているが欧米市場や香港・シンガポールに比べてもまだまだ足りないし、そのレベルの日本全体での底上げの必要性について金融庁在籍当時から認識していた。

　このような日本の金融市場におけるリスク管理、コンプライアンス、内部監査、ガバナンス等に関するプロフェッショナルな専門人材の現状の背景には、①金融庁等の金融監督当局と民間との人材の双方向での交流がまだまだ制約されていること、および②以前ほどではないにしても日本企業の終身雇用の仕組みがまだ残り民間においても専門人材の流動化が進んでいないことから人材の層が薄いこと、さらに③これら専門人材を使いこなす経営層も育っていないことがあると考えられる。

　このような問題意識に立ち、一橋大学大学院経営管理研究科金融戦略・経営財務プログラムに参加している社会人学生（金融機関に勤める方も少なくない）を対象にした本コースでは、金融機関・市場に係るグローバル規制・監

督（監視）の内容と、新たなリスクへの対応について、理論と実務の両面からの理解を得ることを目的として授業を行った。特に、低金利環境の継続、金融のグローバル化、デジタライゼーションの進展等の金融を取り巻く内外環境の急速な変化のなかで、金融規制・監督当局と金融機関等金融市場参加者にとって新たな課題・リスクが生じており、それに対応した規制・監督のあり方や解決策を議論することが重要になっている。

本コースは当初2020年4月から7月に合計14回の授業を計画したが、コロナ禍により11回に削減してすべてオンラインで実施することになった。それに伴い授業内容も見直し、本コースのテーマである「新たなリスク」としての「パンデミック」およびいまなお現在進行形である「コロナショック」を通じた気づきと今後のリスクの展望についても急きょ取り上げた。

本書は授業で取り上げた内容をふまえた項目に加え、コロナ禍で授業日数の削減で取り上げられなかったテーマについても新たに書き起こし編集したものである。

本書の構成は、まず第1章で金融規制監督の目的と手法・組織について議論する。第2章ではグローバル金融規制について、①銀行を中心とする健全性規制、②証券市場監視を中心とする行為規制、③監査法人規制と監督、そして④金融機関とは違い狭義の金融規制の対象ではないが金融市場での重要なプレーヤーである上場企業等のコーポレートガバナンスに関連する規制を取り上げる。

続いて第3章では「新たなリスクへの対応」として、①コンダクトリスク、②金融デジタライゼーションに関連する規制と執行の両面での課題、③近時急速に認識が高まっているESG、SDGs、気候変動リスクの問題、④企業不祥事の予防・発見・対応、そして⑤コロナショックの新たなリスクについて議論する。

第4章では金融規制監督のグローバル連携について、金融規制策定の面での国際連携の問題と、合意された金融規制に基づく検査監督等の執行のうえでの国際連携について紹介する。最後に第5章では、新たなリスクに対応す

るうえでの金融規制監督の今後の課題について議論している。

　いずれの項目も金融庁や法律事務所で最先端の知見、経験を有する講師による執筆であり、金融のリスク管理や内部監査、ガバナンスに携わる方にとっては、示唆に富んだ内容になっている。

　また第1章から第4章の各項目においては、小生がコラムを追記し、各テーマの裏側にある事情やコロナショック等の最新の視点での論点を盛り込み、読者の理解を深める工夫をしたつもりである。

　本書が金融機関はもちろん事業法人、法律事務所、監査法人等においてリスク管理、コンプライアンス、内部監査等監査、ガバナンスに関与する方々にとって参考になるとともに、そのようなプロフェッショナルな人材の層がわが国全体で厚くなり、日本経済の持続的成長に貢献することを期待してやまない。

　末筆に、本書を発行するにあたり、各章の執筆者の方々、一橋大学大学院の高橋春江さんと横尾良子さんには大変ご協力をいただいた。また本書の構想段階からきんざいの小田徹専務取締役、池田知弘出版部副部長には多大なご尽力をいただいた。編著者として、この場を借りて深くお礼を申し上げたい。

2020年12月

編著者　**佐々木清隆**

## 佐々木　清隆（ささき　きよたか）

［編集、はじめに、第1章、第3章1および6、第4章2、第5章］
一橋大学大学院経営管理研究科客員教授。東京大学法学部卒業。大蔵省（現財務省）入省。OECD、IMFでの勤務のほか、金融庁証券取引等監視委員会事務局長、公認会計士・監査審査会事務局長、総括審議官、総合政策局長を経て金融庁退官。2020年より現職。

## 石村　幸三（いしむら　こうぞう）

［第2章1］
金融庁総合政策局リスク分析総括課長。早稲田大学政治経済学部卒業。大蔵省（現財務省）入省。金融庁監督局健全性基準室長、監督企画室長、信用機構対応室長、検査局G-SIFIsモニタリング長、財務省関東財務局東京財務事務所長等を歴任。

## 水口　純（みずぐち　じゅん）

［第2章2］
金融庁証券取引等監視委員会次長（2020年7月より財務省東海財務局長）。東京大学法学部卒業、公共政策学修士（ハーバードケネディスクール）。1987年大蔵省（現財務省）入省。ADB、BIS（FSF）での海外勤務のほか、金融庁国際担当参事官、監督局・総合政策局担当審議官、国際証券監理官等を歴任。

## 井藤　英樹（いとう　ひでき）

［第2章3］
金融庁公認会計士・監査審査会事務局長兼金融庁総合政策局審議官（市場制度担当）（2020年7月より金融庁政策立案総括審議官）。東京大学法学部卒業。大蔵省（現財務省）入省。OECD日本政府代表部参事官、財務省主計局主計官（文部科学係担当）のほか、金融庁では、大臣秘書官、国会担当課長、総合政策局審議官（監督局担当）等を歴任。

## 油布　志行（ゆふ　もとゆき）

［第2章4］

金融庁企画市場局審議官（市場制度担当）（2020年7月より公認会計士・監査審査会事務局長を兼務）。東京大学法学部卒業。大蔵省（現財務省）入省。米コロンビア大学大学院（SIPA）修士。OECDではコーポレートガバナンスを担当する部署に勤務。金融庁では、NISAの導入に携わったほか、日本版スチュワードシップ・コード、コーポレートガバナンス・コードの策定時の担当課長（企業開示課長）等を歴任。

## 松尾　元信（まつお　もとのぶ）

［第3章2］

金融庁総合政策局政策立案総括審議官（2020年7月より証券取引等監視委員会事務局長）。東京大学法学部卒業。大蔵省（現財務省）入省。内閣法制局参事官、主計局地方財政担当主計官、国際局為替市場課長、金融庁総務企画局参事官（信用・保険制度担当）、公認会計士・監査審査会事務局長等を歴任。

## 森　拡光（もり　ひろみつ）

［第3章3］

金融庁総合政策局フィンテック監理官（2020年7月より金融庁監督局総務課郵便貯金・保険監督総括参事官）。九州大学法学部卒業。大蔵省（現財務省）入省。金融庁監督局総務課金融会社室長、総務企画局企画課調査室長等を歴任。

## 池田　賢志（いけだ　さとし）

［第3章4］

金融庁チーフ・サステナブルファイナンス・オフィサー（CSFO）（2020年7月より金融庁監督局保険課長）。東京大学法学部卒業。大蔵省、財務省、外務省、国税庁での勤務を経て2008年より金融庁にて勤務。2019年3月以降、国際室長、市場業務監理官、保険課長を歴任するとともにCSFOを継続して兼務。

**竹内　朗**（たけうち　あきら）

［第3章5］

弁護士／公認不正検査士。プロアクト法律事務所代表パートナー。1990年早稲田大学法学部卒業。1996年弁護士登録、2001〜06年証券会社の企業内弁護士、2010年より現職。上場会社の社外役員や不正調査委員会の委員を歴任。企業のリスクマネジメントが専門。

**氷見野　良三**（ひみの　りょうぞう）

［第4章1］

金融庁金融国際審議官（2020年7月より金融庁長官）。東京大学法学部およびハーバード・ビジネス・スクール卒業。バーゼル銀行監督委員会事務局長、金融庁監督局証券課長、銀行第一課長などを経て、2019年から金融安定理事会規制監督常設委員会議長。著書にThe Japanese Banking Crisis（Palgrave Macmillan）など。

# 目　次

## 第 1 章

## 金融規制監督総論（目的・内容・手法等）

佐々木清隆

## 第 2 章

## グローバル金融規制の現状

### 2-1　健全性規制

石村幸三

---

# 第 3 章

# 新たなリスクへの対応

---

3－1　コンダクトリスク

佐々木清隆

---

---

3－2　金融デジタライゼーションへの対応①（規制）

松尾元信

---

# 第 4 章

# 金融規制監督のグローバル連携

# 第 5 章

## 金融規制監督の今後の課題

**佐々木清隆**

# 第 1 章

# 金融規制監督総論
## （目的・内容・手法等）

# 1 金融規制・監督の目的：MissionとVision

## (1) Mission

　金融規制・監督は日本においては金融庁が所管し、海外においても例外なく金融業務に関しては規制の対象であり監督する当局が存在するが、そもそも金融の規制・監督の目的は何かについて紹介したい。Mission、Vision、Valueという思考法で考えたときに、金融規制・監督のMissionとは何か。たとえば「金融システムの健全性」を担保するということがよくいわれるが、実はそれが最終ゴールではない。「金融システムの健全性」はなぜ必要なのかという、さらに上の概念として「最終目標」として何があるのか。これは実は銀行法や金融関係の法律の第1条に通常書いてある。たとえばわが国の経済の持続的成長、あるいは国民の富・厚生の増大というものがいちばん高次の次元のミッションとしてある。すなわち、金融規制・監督の目的は、最終的には経済の持続的成長、国民の富・厚生の増大であるということを理解する必要がある。

## (2) Vision

　「経済の持続的成長と国民の富・厚生の増大への貢献」という金融規制・監督のMissionをふまえたうえで、金融規制・監督として目指すべき具体的な方向性（Vision）としては、大きく以下の3つに整理できると考えられる。

### a　金融システムの健全性と金融仲介機能

　金融システムは当然健全であることが必要だが、健全さを求めるためにいろいろな規制を強化すると金融機関、銀行はリスクをとらなくなってしまうという副作用も生じる。たとえば融資が不良債権になることを恐れて、融資を渋るという問題が生じる。

　現に日本の金融危機が起きた1998年以降、金融庁の前身の金融監督庁がで

きて、厳しい検査が行われ、金融検査マニュアルが策定され、その結果日本の金融システムは健全性を取り戻した。しかしその副作用として、金融機関がリスクをとらなくなり、預金は集まるが融資に回さないという、いわゆる「貸渋り」が問題になった。

　金融システムがいくら健全でも、健全性は何のために必要なのかということをあらためて考えると、先ほどのように、企業への資金の供給と経済の持続的成長への貢献が最終目標であり、金融システムの健全性と金融仲介機能のバランスをとることが必要である。

**b　市場の透明性・公正性と市場活力**

　同じようなことが証券市場の分野でもありうる。証券市場では透明性、公正性を確保するためいろいろな規制、監視、あるいは調査、検査が厳しく行われ、摘発もされるわけだが、それは何のためにやっているかというと、市場が公正で透明であることが、証券市場を通じた金融の機能を確保し、経済の持続的成長に貢献するためである。しかし、あまりにも規制が強化されると市場が委縮して活力がなくなってしまうというマイナス面もある。ここでも市場の透明性・公正性と市場活力のバランスが重要である。

**c　利用者保護と利用者利便**

　同様に、金融サービスの利用者、特に個人の投資家や預金者を保護しようとすればするほど、いろいろな書面を渡さなくてはいけない、いろいろな説明を金融機関の店頭でしなくてはいけなくなり、時間がかかって顧客にとっては逆に利便さが失われる。利用者保護と利用者利便の要請をどのようにバランスをとっていくのかが重要である。

## (3)　金融規制・監督のバランスの変化

　先ほどの金融規制・監督のMissionは、どんな時代でも基本的には変わらないが、その下の概念であるVision、具体的な方向性における先ほどの３つの要請のバランスをどうとるのかは時代環境によって変わってくる。たとえば20年前の日本の金融危機の際には、金融システムの健全性を最優先にし

た。その結果、貸渋りという問題が起きたので、金融危機の終息後は金融仲介機能の発揮に重点を置くようになった。この数年進めている金融庁の改革、金融検査・監督の改革も、そのような観点を反映している。

いままさにコロナショックが起きているなかで、このバランスのとり方が非常にむずかしくなっている。日本の金融システムは、リーマンショック後も基本的に健全で大きな問題は生じていないが、コロナショックで求められているのは、金融機関の健全性よりもむしろ金融仲介機能である。リーマンショック、あるいは日本の銀行の危機は金融発で問題が起きているが、今回のコロナショックは、コロナウイルスがもともとの原因で、それが人の命をおびやかす。そこで政府が緊急事態宣言あるいはロックダウンを実施し、その結果実体経済が収縮するという流れである。そのためには金融システムの健全性よりも金融仲介機能を強化することが必要であり、金融監督もそこに重点を大きくシフトさせている。

時代環境によってバランスを変えていく、目利き能力、バランス感覚が、金融当局には求められている。

## 2　金融規制・監督の対象

### (1)　機能ベースと業者ベース

金融規制・監督の対象については、大きく「機能」をベースにする考え方と「業」をベースにする考え方がある。

まず、「機能」ということでは、たとえば預金受入れ、信用供与、送金、決済、リスクの移転、資産運用といった機能がある。他方特定の機能を担う「業種・業者」、たとえば銀行業、決済業、保険業、金商業、資産運用等を「業」として規制する考え方もある。

従来わが国を含め金融規制では、一定の機能を営利目的で継続反復してまた多数の利用者に提供するような者を「業者」として絞り規制の網をかける

「業者」規制が中心になってきている。規制の対象となった「業者」には金融サービスを提供するための最低資本金や内部管理態勢等が求められ、監督当局による検査監督がその実効性を検証する。他方、近年のデジタル化の進展に伴い、従来「業者」規制の対象になっていない金融サービスやその提供者が出現しており、これに対する規制のあり方が課題になっている。その際、従来のような「業者」の対象として規制するのか、あるいは提供されるサービス・機能に着目して規制の対象とするのかが議論されている。

## (2) 規制のベース：ハード・ローとソフト・ロー

規制するときの規範、ベースについては、大きくハード・ローといわれる法令があり、たとえば銀行法、金商法、会社法といった法律のほか当局が出す規則、ルール、ガイダンスがその代表である。金融規制・監督は、法治国家として法律に基づいて行われる行政でありその意味でハード・ローは非常に重要だが、実はそれだけではない。たとえば、証券市場のように一般投資家あるいは上場企業等いろいろな参加者がいる市場では、ハード・ロー以外にもソフト・ローが重要であり、そのなかには法律ではないが原則（principle）、自主規制機関等による自主規制、その他業界慣行が含まれる。

特に金融のグローバル化、デジタル化の進展に伴い、従来の法令等のハード・ローの対応ではタイムリーに柔軟に対応できない事象が増加して起きており、その点では業界団体の自主規制等のソフト・ローによる柔軟な対応が効果的な場合も少なくない。ハード・ローとソフト・ローのバランスをどうとるのかが重要である。

## (3) 規制・監督の手法

### a 入口（参入）規制

金融規制の具体的手法として、まず特定の業種に対して参入規制として免許、許可、登録、届出といったかたちで規制が課される。銀行業や特定の金融業を行うにあたっては、金融庁や財務局から、許可等を受ける手続が必要

で、勝手にはできない。その際の許可等を得るには、業務を営むうえで必要な財務的基盤（たとえば最低資本金等）、内部管理態勢（リスク管理、コンプライアンス等）、内部監査態勢その他ガバナンスに関する基準を満たすことが求められる。

**b 継続的な実態把握・モニタリング：手法と内容**

金融規制・監督としては、参入を認めた後の継続的な実態把握とモニタリングが非常に重要である。実態把握の仕方としては、大きくOff-siteモニタリングとOn-siteモニタリングの2つの方法がある。

Off-siteモニタリングは、金融機関の現場に行かずに金融庁・財務局において定期的な報告やヒアリングといったソフトなやり方で行われる。他方、On-siteモニタリングは金融機関の本部や支店等に対する立入検査・調査である。金融機関の実態を正確に把握する目的で、Off-siteとOn-siteモニタリングの手法が組み合わせて行われる。

モニタリングによる実態把握の対象、内容は金融機関の「3 lines of defenseとガバナンス」である。具体的にはまず金融機関の経営戦略、ビジネスモデルである。たとえば商業銀行業務なのか、証券業務なのか、海外業務なのか等の経営戦略、ビジネスモデルを理解することが重要である。

次に3 lines of defense（3つの防衛ライン）を把握する。

$1^{st}$ line of defense（最初の防衛ライン）は、営業部門あるいはビジネス部門、収益をあげる部門。$2^{nd}$ line of defenseはリスク管理やコンプライアンス部門であり、営業部門、ビジネス部門の状況を第2の防衛ラインとして検証する。そして$3^{rd}$ line of defenseである内部監査は、$1^{st}, 2^{nd}$ lines of defenseの実効性を独立した立場で検証する。これらの3つの防衛ラインがそれぞれ機能することで金融機関全体の実効的な内部統制が運用されるが、それを構築するのが取締役会等のガバナンスの役割である。

この考え方は、2008年のリーマンショックの後に世界中で普及したが、この3 lines of defenseの「みそ」は$1^{st}$ lineにある。$2^{nd}$ lineのリスク管理、コンプライアンス、あるいは$3^{rd}$ lineの内部監査がdefense（防衛）lineであるの

はいうまでもなく、要は営業部門もdefenseの役割があることを明確にしたことである。この3つの防衛ラインが機能しているかどうかを把握するとともに、これを支える金融機関のガバナンス、具体的には取締役会、監査委員会の実効性を把握することがモニタリングの内容である。

**c　金融機関の自己責任と監督当局の役割**

　3 lines of defenseを構築する責任は金融機関自身にあるが、これとの関連で監督当局の役割との「境目」が問題になる。たとえば金融機関で問題が起きたときに、もちろん金融機関の責任もあるが、当局の責任はどこまであるのかということが議論になる。

　まず経営戦略・ビジネスモデルを構築するのは金融機関自身の責任であり、そのビジネスモデルに伴うリスクを管理するうえで必要な3 lines of defenseおよびガバナンスを構築するのも、まずは金融機関自身の責任である。当局は金融機関自身がこうした経営戦略、3 lines of defense、ガバナンスを構築するということを前提に、外部の目、第三者の目で以下の点を検証する。

　まず金融機関のビジネスモデルの「持続可能性」があげられる。たとえば金融機関がどのように収益をあげる戦略をとるか、すなわちどういうビジネスをするか、どこで収益をあげるか、どういう商品を売るか、どういう顧客を対象とするかは、金融機関自身が考えることであるが、監督当局はそのビジネスモデルが「持続可能かどうか」ということを検証する。

　次に3 lines of defenseの実効性を当局として検証する。内部管理の規定等のかたちだけではなく、それが本当に実際有効なのか、運用されているのかどうかを検証する必要がある。

　最後にガバナンスの実効性の検証も重要である。たとえば取締役会でまともな議論がされているのか、単に形式的な議論をしているだけかどうかを検証する。また内部監査や監査役監査機能も非常に重要である。監査と聞くと、形式的で辛気臭い、つまらないことばかりやってと思われるかもしれないが、それは本来の監査ではない。本来の監査は、いま日本の企業や金融機

関で多い事後的、形式的、部分的内部監査や監査とはまったく異なるものであり、金融機関のリスクの内容に対応してより将来に向けて経営に役立つような監査が期待されている。また三様監査（内部監査、監査役・監査委員会レベルでの監査、監査法人による会計監査）の連携の実効性が向上する必要がある。

## (4) リスクベースのアプローチ：金融機関のリスクプロファイルとモニタリングの強弱

モニタリングの考え方として、リスクベースのアプローチがある。監督当局が金融機関の業務の内容をモニタリングするときに重要なのが、金融機関のビジネスモデルに伴う「リスク」と 3 lines of defenseによる「リスクの管理」であり、これをリスクプロファイルと呼ぶ。

このリスクプロファイルを評価するときの考え方としては多様な手法があるが、最も簡略なものとして、「業務およびビジネスモデルに伴う「固有リスク」（inherent risk）−（マイナス）3 lines of defenseによる「統制リスク」（control risk）＝残存リスク（residual risk）」を紹介する。

まず金融機関は業務、戦略によって「固有リスク」の内容が変わる。たとえば扱う商品、対象顧客・地域、ビジネスの規模や変化等に伴い「固有リスク」は変わる。これに対し 3 lines of defense、およびガバナンスによって、この「固有リスク」の一定部分がコントロールされる（「統制リスク」）。コントロールされていない「残存リスク」に応じてモニタリングの強弱をつけるのがリスクベースの考え方である。

モニタリングの強弱、具体的には頻度（恒常的にみるのか、定期的にみるのか、アド・ホックにみるだけでいいのか）、範囲（銀行単体だけみるのか、グループ全体をみるのか、取引先をみるのか等）、深度（たとえば規定等の形式面だけなのか、運用面あるいはさらに根本原因まで追究するのか）、手法（Off-siteでヒアリングだけでいいのか、On-siteの厳しい検査が必要なのか）に応じて、モニタリングに必要な人材、時間等も変わってくる。

「固有リスク−統制リスク＝残存リスク」は単純化された考え方であるが、その際一時点だけではなく、時間軸も含めて、業務の内容の変化、収益がどこからあがっているのかをみることも重要であり、監督当局としてはたえず金融機関のリスクプロファイルの変化を注視し、変化に対応したモニタリングの見直しが必要である。

## 3 リスクのカテゴリ

### (1) 健全性関連リスク

金融機関にとって最も重要であり基本であるのが健全性関連リスクである。典型的には、債務不履行の場合の信用リスク、流動性リスク、金利・株価・為替などの変動に伴う市場リスクである。これらのリスクは計量可能で、企業でも金融機関でも数値化され管理されていて、リスク量あるいは損失額は比較的把握しやすい。さまざまなリスク管理モデルも開発され、この分野のリスク管理については、日本の金融危機後の20年の間でかなり精緻化が進んできている。

### (2) 行為規制関連リスク

他方でリスク管理がむずかしいのは、健全性以外の行為規制（conductとよくいわれる）関連のリスクである。行為規制関連リスクは数値化することが困難なものが多い。たとえばオペレーショナルリスク（「事務リスク」といわれることが多い）は、伝統的には事務不備とか不正あるいはシステム障害のリスクである。一部計量化してモデルで管理するようなことも、この10年、20年で行われてはきているが、実はオペレーショナルリスクの定義および範囲が非常に広くまた拡大しているので、なかなか計量化がむずかしいというところもある。それ以外に法務リスク、コンプライアンスリスク、それから風評リスク（レピュテーションリスク）といったものが、伝統的に金融機

関のリスクとして認識されてきている。

## (3)　新たなリスク等

　これに加えていまむずかしいのが新しいリスクである。特にこの１、２年
認識されてきているのは「気候変動リスク」「地球温暖化のリスク」であ
る。この２年ほど、金融当局の集まり、とりわけ欧州中心に気候変動のリス
クを金融機関のリスク管理のカテゴリーとして、「特出し」する方向が進ん
でいる。従来も、たとえば気候変動によって台風が頻発して、それがたとえ
ば損害保険会社の保険金支払いに影響を与える、あるいは特定の産業に影響
を与えてそれが金融機関の信用リスクにつながる等、信用リスクの背景にあ
る事象として気候変動は従来から認識されてきているが、それを信用リスク
の「背景」としてではなくて、気候変動リスクという「単独のリスク」とし
て特出しする考え方が、いま欧州を中心に強くなってきている。

　新しいリスクとして、もう１つ注目すべきは「コンダクトリスク」であ
る。これは先の法務リスク、コンプライアンスリスク、風評リスクとも関係
する部分はあるが、簡単にいうと、従来のリスク管理の枠組みでカバーでき
ないような金融機関のコンダクト（行為）に関連するようなリスクである。

　さらに「戦略リスク」も注目されている。金融機関の戦略、ビジネスモデ
ル自体から生じるリスクやたとえばビジネスモデルの見直しを行わないこと
が金融機関の戦略あるいは存在そのものにとってのリスクになるという考え
方である。このような新しい分野のリスクが次々に認識されてきている。

　コロナウイルス（COVID-19）のリスクは、現時点では、どちらかという
と信用リスクあるいは流動性リスクの背景、あるいは市場リスクの背景にあ
るものとして認識されている部分が多いが、これをCOVID-19リスクとして
特出しするのか、あるいはCOVID-19というよりは、エピデミック、パンデ
ミックというリスクとして認識するということも今後の課題である。

## (4)　リスク相互間の関連

　リスク相互間の連関が強くなってきている点も注意が必要である。相互連関性のわかりやすい事例は、法令違反、特に米国などではマネーロンダリング規制等に違反した場合、巨額の制裁金、罰金が科され、金融機関によってはその制裁金に耐えかねて経営が厳しくなり、たとえば短期金融市場で資金調達ができなくなる等流動性リスクが顕在化して経営不安になる事例がある。要は法令違反という、先ほどの「行為規制」のリスクが「健全性」のリスクにつながって最終的には金融機関が破綻するというようなことにもなりかねない。

　したがって、各リスクをそれぞれとらえて管理することは必要であるが、それぞれの単体のリスクとしてみているだけではなくて、統合的なリスク管理が必要になる。

　Enterprise risk management（ERM）としてリスク相互間の関連をみた管理、そのためのガバナンス、取締役会、あるいは取締役会レベルでのリスク管理委員会といったものが重要になってきている。

## (5)　金融機関の経営陣に求められるリスク管理

　金融機関の経営陣や将来の経営を目指す職員にとっては、リスク管理の技術的な側面（たとえばリスクの計量モデル等）の理解も重要だが、それ以上に重要なのは、いったいどこにリスクがあるのかを認識および把握し、リスクに対応するための戦略を構築すること、その戦略に基づきリスク管理の施策を実施するとともに変化に対応して柔軟に見直し、新たなリスクに対応することである。

　たとえば、金融庁の事例でいえば、目の前で日本の銀行が何か問題を起こせば、それは金融庁の仕事になるのは当たり前である。ところが、地球の裏側で、たとえばチリの鉱山の爆発が金融庁の仕事かと尋ねると、ほとんどの職員は「自分の仕事ではない」というが、これはまったく間違っている。た

とえば鉱山が発行していた債券を組み入れた商品が日本の投資家に売られていたら、日本の投資家は影響を受けることになる。あるいはチリの鉱山に対する日本の銀行の融資がこげついたら、日本の銀行の信用リスクになってくる。

　このように、リスクが波及する経路というのはいろいろなかたちやパターンがあり、その点について想像力を豊かに検討する必要がある。「新たなリスク等」の「等」に入っているような、あるいは何だかわからないようなリスクをリスクとして認識するかどうかが重要であるが、そのためには経営判断やセンスが求められる。もちろん経営者はリスクだけではなくて、そのためのビジネスモデル、収益も考える必要があるが、そのうえで、あわせてリスクにも注意が必要である。ただ重要なのは、「リスク管理のためのリスク管理」ではない。要は企業として健全に経営していくうえで収益もあげる必要があり、リスクもとるとともにそのリスクを管理する必要がある。最終的には「企業の持続的な成長」のためにリスク管理をするのであって、リスク管理のためのリスク管理ではないことを理解することが重要である。

## 4 　金融規制・監督の組織

### (1)　組織構築のうえでの考慮要因

　金融規制・監督の組織のあり方は、金融規制・監督業務の内容や各国での法体系により異なる。なかでも重要なのは、金融機関の監督における監督当局と金融機関の監査法人との関係、具体的には監督当局が金融機関の監査法人にどれだけ依拠するかの点である。

　たとえば日本の金融庁は自ら金融機関の監督・検査のスタッフを擁し、特に立入検査については金融庁の検査チームが自分で検査部隊をもって検査する。他方、欧州の当局、英国、フランス、ドイツ、スイス等の当局は、伝統的には当局自ら検査するよりは、金融機関を監査する監査法人の監査に依拠

する程度が非常に大きい。当局は金融機関の監査法人に指示して調査等を行わせその結果を当局の処分等に活用するというやり方である。その結果従来欧州の当局は、自前の検査チームを日本のようにはもっていないことが多かった。

　他方で米国の金融監督当局は、FRB、OCC含め自ら検査チームを日本と同様に擁しているが、他方連邦と州レベルで、また銀行、証券、保険等の業態ごとに監督当局が細かく分かれている点が特徴である。

　監督当局が金融機関の監査法人にどの程度依拠するかというのは、金融機関のリスクプロファイルの評価、特に内部監査・監査役監査・監査法人監査のいわゆる三様監査の実効性を評価するかとも関連し、金融当局の組織の仕組みを考えるうえで重要なポイントである。さらに、最近は暗号資産やフィンテック等のイノベーションにどう対応していくかという点も、金融規制・監督の組織を考えるうえで重要な要素になる。

## (2)　各国で異なるモデル

### a　一元監督当局とtwin peakモデル

　世界中さまざまな監督当局があり、どのモデルがいいか必ずしも答えはない。監督当局の組織のあり方は政治的な判断であるので、組織の形式的な面よりも、むしろ監督当局として何をやっているのか、監督業務の中身を重視することが必要であり、その観点からはいくつかのパターンがある。

　まず機能の面では、金融分野全般、すなわち銀行、証券、保険、市場、会計監査等を1つの当局で一元的に監督するモデルで、日本の金融庁が代表例であるほかシンガポールのMAS（Monetary Authority of Singapore）もそれに近い。

　これに対して、twin peakモデルといわれ、金融機関の健全性を所管する当局と行為規制を監視する当局を分離しているケースがあり、英国、フランス、香港、豪州等がその例である。

　もっと分散型なのが米国であり、銀行、証券、保険、会計監査ごとに当局

がばらばらであり、また連邦と州でも分かれる非常に分散型のモデルである。

　twin peakモデルが最近増加している理由として、健全性を監督する当局と行為規制を監督する当局の利益相反を避ける点が指摘される。すなわち健全性を監督している立場だと、金融機関の健全性に影響のある行為規制を厳しく監督すると健全性に影響しかねず対応が甘くなる利益相反があるので、組織として分けたほうがいいという議論である。

　しかし、行為規制に関する問題と健全性の問題は、表面的な事象としては異なる部分はあるが、問題の根本原因は共通の部分がある。たとえば日本の銀行の不良債権問題のときも含め、信用リスク等健全性に問題がある銀行はガバナンスや3 lines of defenseができていないことから、不良債権以外にも職員の不正等のコンプライアンス上の問題も少なくなく、組織風土・カルチャーに問題がある事例が少なくない。

　このように健全性の問題と行為規制の問題は、起きている現象、事象としては別のようにみえても、実は根本原因は同じことがあり、そのためには金融庁のように両者を一体として監督することが効率的ともいえる。

**b　監督の主体**

　規制・監督の主体としては、特に銀行監督については、中央銀行が所管するモデルが比較的多く、英国、米国、フランス、シンガポール、豪州がその例である。日本は、日銀は金融庁と連携はしているが金融庁のような監督当局ではない。金融庁のような政府機関が所管するモデルは実は世界ではむしろ少数であり、半官半民のモデルが少なくない。その理由は、監督当局のスタッフの人的リソースの確保と待遇の問題と関連する。

　金融の分野は非常に変化が激しく、実効的な監督のためには監督当局と民間との間の人材の交流、行き来が非常に有効である。そのためには給与水準も民間と遜色のないようなかたちにしなくてはいけないということで、半官半民のモデルにしているケースが最近多い。

**c　監督費用**

　日本の金融庁は政府組織で、その活動は税金で成り立っており、スタッフも公務員としての待遇である。他方、米国、英国等は監督対象の金融機関から監督費用を徴収し、当局スタッフにも民間金融機関レベルの待遇を提供することも少なくない。日本でも監督対象からの監督費用の徴収の議論が過去になされているが、日本の国民感情からするとなかなか理解を得られず実現していない。

（佐々木清隆）

## 金融検査とPCR検査

新型コロナウイルスの拡大が始まって以降、「PCR検査」について連日報道されている。検査の拡大、そのために必要なリソース、検査結果の信頼性等についてさまざまな議論が行われている。これをみて日本の金融危機（1997〜98年）時に、大蔵省（現財務省）および大蔵省から分離・設立された金融監督庁（現金融庁）において、金融機関の不良債権問題の金融「検査」を担当していた私は同様の議論を思い出す。「不良債権を抱えるすべての金融機関を検査すべきである」「検査で把握した不良債権の額はごく一部で信用できない」等の批判を国内はもとより海外当局や国際機関から受けていた。

これに対して、金融監督当局の検査体制・資源の制約があることや、金融検査は個別債権を精査する必要があり時間がかかること等説明したものの、理解を得ることはむずかしかった。結果的には、日銀と連携して金融監督庁が行ったすべての主要銀行や地銀等の集中検査をふまえた金融機関の破綻処理や行政処分等を経て先のような批判は収まり、日本の金融当局、金融システムに対する信認の回復につながった。

20年前の金融危機での「金融検査」と「PCR検査」はその内容や性格も異なるものの、わが国においては政府や当局の「検査」および「調査」に対する期待が非常に大きい。その背景には、検査・調査が「真実を解明する」との暗黙の認識があると思う。金融検査であれば不良債権の実態や不正、PCR検査ではコロナウイルスへの感染である。特にPCR検査についてはWHO事務局長が「test, test, and test」と発言したことから、幼児の頃からtest（試験）慣れしているわが国では、ますますtest（検査）に対する無謬神話が強くなったように感じる。

ここで重要なのは、検査は「手段」であり、何のために検査をするのかの「目的」を理解することである。金融監督庁発足直後の大手銀行・地方銀行等に対する集中検査は、不良債権の正確な実態把握と、債務超過に陥った銀行を市場から退場させわが国金融システムの健全性と信認を回復することが目的であった。この種の検査では、評価する尺度・基準が必要であり法令や会計基準等が該当する。

他方この数年金融庁が行う「テーマ別検査」は、たとえば金融機関のガバナンスの「（客観的な）実態把握」とそれをふまえた「評価の目線づくり」が目的であり異なる。

検査で白黒がはっきり評価できる分野はすでに評価基準が確立している

が、むしろむずかしいのは評価基準が確立していない新たな事象であり、新たな金融商品・取引やコロナウイルスは一例である。またすでに確立している評価基準も時代環境の変化に伴い見直しが必要であり、2019年に廃止された金融検査マニュアルはその典型例である。新たな事象、リスクに検査がどのように対応していくかは、検査に対する期待が高い分、非常にむずかしいことである。 （佐々木清隆）

第 **2** 章

# グローバル金融規制の現状

# 2-1 健全性規制

石村幸三

## 1 健全性規制の政策的位置づけ

### (1) 健全性規制とその目的

　銀行は、業務を行ううえで、銀行法等に基づくさまざまな規制を遵守することが求められている。規制には、銀行の業務範囲を限定するなどの行為規制のほか、財務の健全性確保を求める健全性規制がある。健全性規制には、たとえば、銀行が企業向けに融資をする場合、貸倒れの発生で銀行が債務超過に陥って経営破綻することがないよう、融資額の4〜8％相当の自己資本の保有を求める自己資本比率規制などがある。健全性規制は、銀行業務に伴って発生しうるリスクに対し、一定の自己資本の保有など財務上の備えを義務づけるものが中心となっている。

　健全性規制の目的は、銀行あるいは金融システムが健全であることを確保することにある。すなわち、銀行による過度なリスクテイクを抑制し、破綻の可能性を下げることで金融危機の発生を予防し、破綻が起きた場合にもその損失を最小化することが直接的な目的である。もっとも、銀行はリスクをとりながら、融資など金融仲介機能を果たしているため、そのバランスが非常に重要になる。金融システムが安定すれば、金融仲介機能が発揮される条件が整い、預金者も安心して銀行にお金を預けることができる。最終的には

金融仲介機能が十分に発揮され、経済の成長や国民の安定的な資産形成につながることが金融行政の究極的な目的である。こういった流れを阻害するようであれば、健全性規制やその運用に問題点がないか省みる必要がある。

## (2) 健全性規制の必要性

なぜ銀行に対する健全性規制が必要なのか。これは銀行業のもつ特性と関連している。銀行業は預金（負債）を原資に貸出を行うことが基本的な機能である。結果として、銀行のバランスシートは、負債部分が大きく自己資本部分は小さい。一方で、貸出金から損失が発生したときに預金が払い戻せないことになっては困るため、損失は自己資本の範囲で抑えなければならない。このため、銀行の融資などから生じる損失リスクに見合った自己資本の保有を義務づけることで破綻の可能性を抑えることが必要となる。

また、一般の人にとっては、銀行業は、製造業や小売業などと比べ、業務の状況を理解することがむずかしい。近年、格付などの第三者評価や銀行によるディスクロージャーが充実してきたものの、依然として情報の非対称性は大きい。このため、銀行に対する信用不安など風評が立ったときの反応が大きくなる傾向がある。場合によっては取付け騒ぎが起きる。加えて、銀行は、いつでも引き出すことができる預金を多く受け入れる一方で、比較的長期の融資を行っている。こうした負債と資産の期間のミスマッチがあることから、急速に預金が抜けてしまうと、銀行は資金繰りがままならなくなり破綻につながる。このような不安定性を銀行業は抱えており、健全性規制を通じ、安全の目安となる指標を当局として示すことが必要となる。

さらに、銀行は資金の決済機能を担っており、内外の金融機関とネットワークを構築している。このため、1つの銀行の破綻がネットワーク全体に波及する可能性もある。また、銀行が破綻すれば預金者だけではなく、借り手である事業者にも影響がある。規模の大きな銀行が破綻することになれば、経済活動への波及も大きなものとなる可能性があり、安易に破綻を許容することはできない。銀行などによる間接金融の役割が大きい日本において

は、この点は特に重要なポイントだろう。

上記に加え、健全性規制には、銀行の破綻に備えたセーフティネットに対するモラルハザード抑制という側面もある。日本では、預金保険により、基本的には1人当り元本1,000万円までの預金は保護される仕組みが構築されている。その一方でセーフティネットがあるがゆえに過度なリスクテイクが行われ、金融システムをかえって不安定にするおそれがある。健全性規制で過度なリスクテイクを抑止することで、安全装置が安易に使われることがないよう規律づけを行うことが必要である。

このような理由から、健全な金融システムを維持していくため、銀行に対し、健全性規制を課すとともに、当局による監督が行われている。

## (3) 健全性規制の諸要素

健全性規制のなかで、中核的な役割を果たしているのは、自己資本比率規制である。また、リーマンショック以降、新たに導入された流動性比率規制も重要な規制の1つである。それ以外にも、アームズレングス・ルールや業務範囲規制、大口与信規制などの規制がある。

自己資本比率規制の法的根拠は、銀行法第14条の2に規定されており、当局が銀行の保有する資産に照らし自己資本の充実の状況が適当かどうかの基準を定めることができるとされている。基準を満たさない場合には、同法第26条に基づき業務の停止等を命ずることができるとされている。

図表2-1-1に自己資本比率規制に基づき行政措置に至るまでの一連の流れを示している。銀行自身でリスクテイクの状況の確認、資産内容の自己査定を行い、あわせて内部監査、外部監査のチェックを経て、自己資本比率を計算していくことになる。監督当局は銀行の健全性をその水準や内容、内部統制の状況に応じて検査・監督を実施し、自己資本比率が最低基準を下回った場合には業務改善命令を行う仕組みとなっている。

このように自己資本比率が最低基準を下回れば、金融庁は銀行経営に介入することが求められる。ただし、最低基準を下回る前においても、収益の状

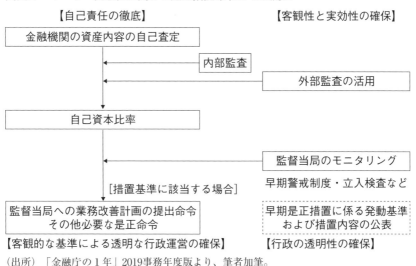

図表２－１－１　健全性に関する是正措置命令までの流れ

【自己責任の徹底】　　　　　　　　【客観性と実効性の確保】

金融機関の資産内容の自己査定

内部監査

外部監査の活用

自己資本比率

監督当局のモニタリング
早期警戒制度・立入検査など

［措置基準に該当する場合］

監督当局への業務改善計画の提出命令
その他必要な是正命令

早期是正措置に係る発動基準
および措置内容の公表

【客観的な基準による透明な行政運営の確保】　【行政の透明性の確保】

（出所）「金融庁の１年」2019事務年度版より、筆者加筆。

況などから最低基準を下回る蓋然性が高い、あるいは自己資本比率に反映されていないリスクにより健全性を損なう可能性が高い場合には、2002年から導入されている早期警戒制度を通じて早期の改善を促すこととしている。

　なお、早期是正措置、早期警戒制度ともに「早期」と書いてあるが、意味が異なり、早期是正措置は英語でいうとPrompt Corrective Actionで、基準を割ったものを即是正させるということである。早期警戒制度はEarly Warning Systemで、リスクが顕在化する前に早めの対応を行うという趣旨であり、２段構えでモニタリングを実施している。

## 2　健全性規制の国際的な潮流

### (1)　健全性規制を国際的に統一することの意義

　金融業務のグローバル化に伴い、銀行の健全性規制は、国際的な合意に

沿った規制を各国で適用することが一般的となっている。健全性の最低基準を国際的に統一することで、国際的な金融システムの安定に寄与することを目指しているのはいうまでもない。このほか、国際的に健全性規制を統一することで、銀行の円滑な海外展開に役立つ面がある。銀行が海外で活動するにあたっては、それぞれの国で許認可が求められる。国際的に共通の物差しで銀行の健全性を評価できれば、国内の規制を満たすことで国際的にも健全であるとのお墨付きをもらうことができる。国際的な健全性規制の枠組みは、銀行の国際業務の展開にあたり、パスポートのような役割を果たしている。

　また、競争上の公平性（Level Playing Field）の観点からも国際的に統一された規制の導入が必要とされる。自己資本比率規制は、銀行の破綻を抑制するため、融資の拡大を含めリスクテイクを一定の程度に制約する役割がある。特定の銀行が、緩い規制のもとで積極的にリスクをとることを許容した場合、グローバルに金融システムの健全性に懸念が生じるだけではなく、銀行間における競争の公平性が保てないこととなる。

## (2)　国際的なルールメイキングの枠組み （図表2 - 1 - 2）

　国際的な銀行規制の枠組みは、スイスのバーゼルにあるバーゼル銀行監督委員会（BCBS）においてつくられる。このため、銀行の健全性規制に関する枠組みは、バーゼル規制（あるいはバーゼル合意）と呼ばれ、累次の見直しを経て、現在ではバーゼルⅢと呼ばれる規制体系が国際的な合意となっている。そのほかにも証券監督者の集まりとして証券監督者国際機構（IOSCO）、保険会社の監督者の集まりとして保険監督者国際機構（IAIS）がある。さらに、金融システムの安定という観点から業態の枠を超えて各国が連携する必要性から金融安定理事会（FSB）が設置されている。また、リーマンショックに端を発した世界的な金融危機を受け、2008年11月以降、G20が開かれ、金融・世界経済に関する議論が行われている。G20においては、先進国だけではなく、新興国も含めた主要国の首脳が重要課題を議論し、必

図表 2 − 1 − 2 金融危機を受けた国際的な金融規制の枠組み

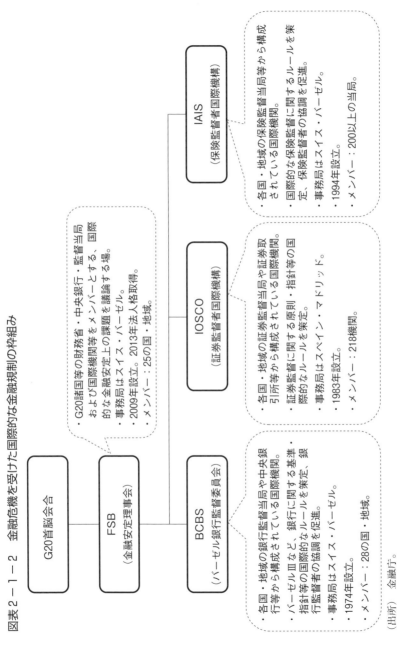

G20首脳会合

FSB
（金融安定理事会）

・G20諸国等の財務省・中央銀行・監督当局
および国際機関等をメンバーとする、国際
的な金融安定上の課題を議論する場。
・事務局はスイス・バーゼル。
・2009年設立。2013年法人格取得。
・メンバー：25の国・地域。

BCBS
（バーゼル銀行監督委員会）

・各国・地域の銀行監督当局や中央銀
行等から構成されている国際機関。
・バーゼルⅢなど、銀行に関する基準・
指針等の国際的なルールを策定、銀
行監督者の協調を促進。
・事務局はスイス・バーゼル。
・1974年設立。
・メンバー：28の国・地域。

IOSCO
（証券監督者国際機構）

・各国・地域の証券監督当局や証券取
引所等から構成されている国際機関。
・証券監督に関する原則・指針等の国
際的なルールを策定。
・事務局はスペイン・マドリッド。
・1983年設立。
・メンバー：218機関。

IAIS
（保険監督者国際機構）

・各国・地域の保険監督当局等から構成
されている国際機関。
・国際的な保険監督に関するルールを策
定、保険監督者の協調を促進。
・事務局はスイス・バーゼル。
・1994年設立。
・メンバー：200以上の当局。

（出所）金融庁。

要があれば、バーゼル銀行監督委員会などに規制の見直しなどの検討を求めている。

### (3) バーゼル規制の変遷（図表2－1－3）

国際的な自己資本比率規制の原型であるバーゼルⅠは、1988年にバーゼル銀行監督委員会で合意された。当初合意されたルールは比較的単純で、基本的には銀行のリスクの中核である信用リスクを捕捉するものだった。すなわち、与信額等にリスクの程度に応じた掛け目を乗じて自己資本比率の分母とし、それに対し8％の自己資本の保有を求めるものだった。その後、市場リスクやオペレーショナルリスクなど、銀行の健全性を評価するうえで重要な

図表2－1－3　バーゼル規制見直しの流れ

■ 1988年7月　バーゼルⅠに合意
・国際的に活動する銀行の自己資本比率の測定方法や達成すべき最低水準を規定。

■ 2004年6月　バーゼルⅡに合意
・金融取引の多様化・複雑化やリスク管理手法の高度化にあわせ、リスク計測手法を精緻化。

■ 2010年以降　バーゼルⅢ

自己資本の質・量の強化（2010年合意）
● 損失吸収力の高い資本（普通株式、内部留保等）の自己資本に占める割合を高めるとともに、資本バッファーを導入することで、自己資本の質・量を強化。

流動性規制の導入、開示規制の見直し等（2013年以降合意）
● 流動性規制（流動性カバレッジ比率（2013年）、安定調達比率（2014年））の導入、開示規制の見直し（2015年・2017年）、証券化商品の取扱いの見直し（2014年・2016年）、トレーディング勘定の抜本的見直し（2016年）等

バーゼルⅢの最終化（2017年末の合意）
● リスク・アセットの過度なバラツキを軽減するためのリスク計測手法（信用・市場・オペ）等の最終見直し。

（出所）　金融庁。

リスクを順次取り込んでいくとともに、計測方法も精緻化されてきた。

　1990年代になると、金融工学の発展に伴いリスクの計量化が進んだ。このため、銀行自身が内部管理上で認識しているリスク量とバーゼルⅠで計算されるリスク量の乖離が大きくなり、銀行界からリスク計測の精緻化を求める声が大きくなった。また、当局も単純な計測方法に伴う弊害を認識していた。たとえば、企業に対する貸出金のリスクの掛け目は一律100％だった。つまり、財務に懸念がある企業も信用力が高い企業も健全性規制上は同じ評価であった。このため、ハイリスクの融資に偏った銀行があったとしても、そうでない銀行と自己資本比率上は区別がつかないなどの問題を内包していた。特に、欧米では、資産の証券化手法を使ってリスクを凝縮した商品を保有し、資本効率を上げていこうという動きが問題視されていた。こういった背景から2004年にバーゼルⅠの改定版であるバーゼルⅡが合意された。バーゼルⅡでは、信用リスクの評価に格付機関の格付を活用したほか、高度なリスク管理をしている銀行には、銀行自身がリスク管理で使っている企業の信用力評価（内部格付）の利用を許容するなどリスク計測（自己資本比率の分母）をいかに精緻にできるかがポイントとなった。

　規制上のリスク計測の精緻化を目的とし、銀行に一定の自由度を与える規制の流れは、リーマンショックを受け変化することとなる。リーマンショックに端を発した世界的な金融危機では、自己資本規制を満たしていたはずの銀行が破綻あるいは厳しい経営状況に追い込まれ公的資金の支援を受けることになった。このことから、自己資本の質・量の強化とあわせ、銀行によってリスク評価のバラツキが大きい内部格付の利用を一部制限したほか、リスク調整を行わず、単純に銀行の財務レバレッジを規制するレバレッジ比率規制も導入された。加えて、自己資本が十分でも資金繰りで破綻するケースをふまえ、流動性規制も導入されることとなった。バーゼルⅢの考え方を理解するにはこのような流れをふまえる必要がある。

## (4) バーゼル規制の枠組み（図表2－1－4）

　バーゼル規制の枠組みは、最低基準である8％を満たしているかどうかという視点にとどまらない。自己資本比率の最低基準を第一の柱と位置づけつつ、それを補完する2つの柱とあわせ、3つの柱で銀行の健全性を維持する規律を与えることを意図している。第二の柱は、リスクの定量化がむずかしいあるいは一律の評価になじまないなどの理由で自己資本比率に反映されていないリスクを検査・監督を通じて複眼的に評価していこうというものである。日本においては、早期警戒制度が第二の柱の中核部分である。自己資本比率に反映されないリスクとしては、集中リスクや銀行勘定の金利リスクなどが代表的なものだが、早期警戒制度においては、収益性の低さなどビジネスモデルに付随するさまざまなリスクについて目配りし、柔軟に監督上の対応を行う枠組みとなっている。なお、第二の柱の枠組みは各国で異なり、ストレステスト結果等をふまえ、最低水準に上乗せして自己資本の保有を求め

### 図表2－1－4　バーゼル規制の枠組み（3本の柱）

　銀行の健全性確保のため、<u>銀行が有する資産や直面するリスクの性質等に応じて</u>、以下の3本の柱により銀行のリスクを管理。

| 第一の柱<br>（資本賦課） | 最低所要自己資本<br>⇒銀行が抱えるリスクに応じ、銀行に一律に自己資本を備えさせる。<br><br>$$\frac{自己資本}{信用リスク＋市場リスク＋オペリスク} \geq 8\%$$ |
|---|---|
| 第二の柱<br>（<u>監督上の取扱い</u>） | 銀行の自己管理と監督上の検証<br>⇒各銀行が抱えるリスクを銀行自ら把握し、自己資本戦略を策定。<br>⇒監督上、個々の銀行の状況に応じて対応。 |
| 第三の柱<br>（<u>開示</u>） | 情報開示を通じた市場規律の活用<br>⇒自己資本比率や、銀行が抱えるリスクおよびその管理状況等を開示。 |

（出所）　金融庁。

るなど第一の柱に近い運用を行う国もある。また、第三の柱は、開示を通じた市場規律の促進である。監督当局がモニタリングするだけではなく、詳細な情報を銀行が開示することで、できるだけ情報の非対称性を減らして市場規律が働くことを目的とする。この3本の柱のあわせ技で健全性規制を運用していくという考えである。

## (5) 日本におけるバーゼル規制の適用

　日本の健全性規制は、国際的に活動する銀行（国際統一基準行）については、バーゼル規制に沿ったルールを適用している。これは自己資本比率の分母となるリスク評価の部分だけでなく、分子となる自己資本についても当てはまる。国際統一基準では、自己資本の質・量の強化の流れのなか、普通株式や剰余金などの中核的な資本の保有を主体とするよう求めつつも、劣後債なども規制上の自己資本として認めている。一方、国内のみで活動する銀行（国内基準行）は、中小の銀行が多いこともあり、バーゼル規制のリスク計測方法に準拠しつつ、よりシンプルで質の高い資本を求める自己資本の定義を用い（コア資本）、4％の最低基準を設定している。

　また、国際統一基準行については、最低基準で求める8％の自己資本比率に加え、資本バッファーの確保を求めている。資本バッファー水準を下回った場合、自己資本の社外流出の抑制を求める枠組みである。資本バッファーも固定的に設定されている部分（資本保全バッファー）、景気の過熱具合に応じて設定される部分（カウンターシクリカルバッファー）がある。

　なお、リーマンショックを契機に世界の金融当局は「大きすぎて潰せない（Too big to fail）」問題に向き合うことを迫られた。大規模で複雑な金融機関が破綻した場合、金融システムへの影響が大きく、結果、公的資金で支えなければならなくなった反省から、国際的にシステム上重要な金融機関（G-SI-FIs）を特定し、通常よりも厳しい規制を求めている。この観点から、システム上重要な金融機関については追加的な資本バッファーの保有を求められている。

## 3 健全性規制をめぐる諸論点

### (1) 規制のプロシクリカリティ

　バーゼルⅢで資本バッファーが導入された背景に、自己資本比率規制のもつプロシクリカリティをめぐる議論がある。景気がよいときには貸出先企業の信用力も高まり、引当金も少なくてすむことから自己資本比率は上昇傾向となる。リスク計測を精緻化するほどその傾向が強くなる。このことが、銀行に融資拡大などリスクテイクのインセンティブを増幅し、いきすぎるとバブルを助長する要因ともなる。一方、景気の後退局面に入ると自己資本比率が低下する要因になり、資本不足や貸渋りを引き起こす要因にもなる。このため、自己資本比率規制には景気サイクルを増幅させてしまう効果（プロシクリカリティ）があるのではないかという議論があり、バーゼル銀行監督委員会でも検討が続けられてきた。

　その解決策としてバーゼルⅢで導入されたのが資本バッファーである。資本バッファーの規制では、一定水準（2.5%）の資本バッファーに加え、各国の景気の過熱状況に応じた追加の資本バッファーを求めることとされている。このことで、平時から余裕のある自己資本保有を求めるとともに、景気が過熱気味であるときに過剰なリスクテイクを抑制することを意図している。また、マクロ経済環境が悪化したときには、資本バッファーを取り崩すことを許容することで信用収縮などの弊害を少なくし、銀行の融資行動が景気変動に左右されにくいものとなることを意図している。

### (2) 自己資本比率の規制感応的側面

　日本においてもバブル後の不良債権の処理過程における信用コストの増加、あるいは、リーマンショック後の市場の相場変動など、規制のプロシクリカリティが生じうる場面を経験している。では実際の自己資本比率はどの

ように推移したのであろうか。バーゼル規制の見直しが断続的に行われているため、数字の継続性があるわけではないが、その推移を追ってみた（図表2－1－5）。自己資本比率の水準は、リーマンショック後など景気変動に伴う影響もみられるものの、むしろ1998年の早期是正措置の導入や2013年のバーゼルⅢの実施といった規制・監督環境の変化に対し強く影響を受けているようにみえる。景気感応的というよりは規制感応的な部分がみてとれる。

　銀行が自己資本比率を一定水準以上に維持しようとすることは、健全性維持の観点からは望ましいといえる。他方、自己資本比率をコントロールするプロセスが、経営戦略やリスク管理とつながっていなければ本質を見失うおそれがある。すなわち、銀行経営のなかで経営理念や業務戦略をふまえ適切な選択か否かという判断がおろそかとなり、規制上有利な商品に傾注するなどインセンティブのゆがみを放置することになりかねない。あるいは、銀行のリソース制約や業務特性に見合ったリスク管理の高度化はさておき、規制

図表2－1－5　バーゼル規制導入と自己資本比率の推移

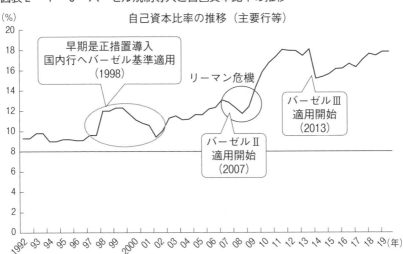

自己資本比率の推移（主要行等）

（注）　バーゼルⅢについては国際統一基準行の計数。
（出所）　ディスクロージャー誌等から筆者作成。

上有利だから優秀な人材を規制対応部署に集結させて高度な手法の採用を目指すなどの動きにつながりがちである。自己資本比率規制のコンプライアンス的な面を過度に意識することが、リスクテイクの前提となるべき経営戦略やそれに基づくリスク管理を振り回しているような場面がしばしば見受けられる。これが金融システム全体として偏ったリスクの蓄積につながれば、リーマンショックなどシステミックな問題が発生する場合もある。こういった点は、当局も規制の運用にあたり留意すべきポイントであろう。

### (3) 新たな課題・リスク

銀行の健全性を評価するうえで主要なリスクは、融資等から生じる信用リスクや、有価証券投資から生じる市場リスク、あるいは不正事件から生じるオペレーショナルリスクである。これらのリスクは、将来的にも、銀行の健全性規制の中核をなすものであろう。しかしながら、世界的な低金利、コロナ禍対応といった足元の状況に加え、デジタライゼーションがもたらす構造変化など銀行業を取り巻く環境は大きく変わろうとしている。こうしたなか、今後、健全性規制を運用していくうえで認識しておくべき課題、新しいリスクはどのようなものだろうか。

### (4) コロナ禍をふまえた対応

2020年以降のコロナ禍対応において、銀行は、困難な状況に置かれた企業や個人に対し、積極的な資金支援などが求められている。健全性規制の観点からは、銀行に求められる金融仲介機能の発揮とその前提となる健全性の確保のバランスをどのようにとっていくか、各国当局が頭を悩ませている。2020年3月以降、バーゼル銀行監督委員会は、健全性規制の関係の措置として、バーゼルⅢの最終化を銀行の負担を勘案して1年延期した。また、多くの国でカウンターシクリカルバッファーの引下げを実施したほか、資本バッファーの取崩しが可能である点についてメッセージを発しており、プロシクリカリティ対応の枠組みがどのように機能するか問われる局面ともなってい

る。国際的に、リーマンショック以前と比べ、経済状況をふまえて規制を柔
軟に運用するようになっているが、健全性を示す指標としての信頼性を守り
ながらどうかじとりをしていくか悩ましい課題である。

## (5) 気候変動リスク

　中長期的にみて、経営目線で考えなければいけない重要なリスクの１つに
気候変動リスクがある。近年では大規模な風水害の頻発など地球温暖化の影
響といわれる事象が起きている。SDGs（Sustainable Development Goals）と
いう言葉も浸透してきており、二酸化炭素の排出に対する社会の目も厳しく
なってきている。気候変動リスクは大きく分けて２つあり、風水害による被
害などの物理的なリスクと、低炭素経済への移行措置に伴うコスト増などに
関連する移行リスクがある。欧州を中心に、気候変動リスクのシナリオ分析
等を通じ、健全性への影響を分析し、経営戦略に活用する動きがみられる。
気候変動リスクは、健全性規制のなかに直接的に織り込まれているリスクで
はないが、経営戦略を考える際には念頭に置いておくべきリスクであろう。

## (6) IT・サイバーリスク

　デジタライゼーションの進展に伴い、サイバー攻撃に伴うシステム障害や
情報流出により、銀行に損害を与えるリスクは格段に大きくなっている。さ
らに、コロナ禍に伴うリモートワークの拡大により、IT・サイバーリスク
はいっそう高まっている。これらのリスクは、健全性規制でもオペレーショ
ナルリスクとして捕捉されているが十分とはいえない。また、IT・サイバー
リスクは、銀行のIT戦略と密接に関連するため、リスクの大小だけをみる
のではなく、IT戦略で期待されるサービス向上や事務効率化の効果など中
長期的な収益性の観点とあわせ、動態的にとらえていくことが必要である。
デジタル化を回避するだけではコスト・サービス面から他行との競争力、ひ
いては財務の健全性を将来にわたって維持することが困難になることも予想
される。他方で、IT・サイバーリスクを考慮せずに業務展開をすればサイ

バー攻撃やシステム障害によりビジネスが頓挫しかねない。健全性規制（第一の柱）ではこのようなリスクの動態的な側面をとらえることがむずかしい。そのため、銀行自身が経営戦略の検討と一体としてリスク評価を行い、当局がその適切性についてモニタリングを行う手法のほうが、健全性政策の観点からも望ましい。

### (7) 経営戦略に整合的なリスク管理

これまでのバーゼル規制の歴史を振り返ると、リスクが規制に織り込まれるのはリスクの評価方法が成熟するか、不幸なイベントが発生した後になる。上記のような新たなリスクについては、健全性をコンプライアンスの発想ではなく、経営管理・リスク管理の発想からフォワードルックに考え、足元・将来の健全性を銀行自身で検証していくことが重要である。近年、大手銀行では、経営戦略とリスク管理を一体のものとするためRisk Appetite Framework（RAF）というものが構築されている。銀行全体のリスクを俯瞰して、経営戦略に沿ったリスク配分や管理を経営レベルで規律づけする枠組みである。銀行のリスクテイクがRAFと整合的であり、そのうえで健全性規制を満たしていくものでなければ、健全性政策の目的を果たすことはむずかしい。

## 4 監督当局の課題

健全性規制に係る監督当局の課題としては、第一に、最低基準の遵守状況の確認だけでなく、動態的な視点での監督を深化させていくことがあげられる。とりわけ、銀行の経営環境が大きく変化しているなか、第一の柱には織り込まれていないリスク領域が拡大しているとも考えられ、経営環境やビジネスモデルをふまえた動態的な分析を通じた規制・監督がより重要となる。

第二に、マクロの視点の強化である。プロシクリカリティの議論もその1つであるが、個々の銀行の行動が一定の合理性をもつ場合でも、マクロ的に

みると金融システム全体として悪影響を与える可能性がある場合など、健全性政策の目的に照らし適切な監督をしなければいけない。この点は、個別の銀行ではなく、監督当局に問われている問題である。また、コンダクトリスクをめぐる環境をどう取り込んでいくかも論点の1つである。貧すれば鈍するという言葉があるが、経済環境が悪いときには収益プレッシャーも強くなりがちで、不適切な営業活動などが発生しやすい環境となる。不幸にして発生した事故が大きな損失につながればコンダクトと健全性の問題につながってくる。コンダクトの問題は個社のガバナンスの問題ととらえられがちであるが、環境要因もふまえコンダクトリスクの芽を摘んでいくことが健全性の維持の観点からも有意義であろう。

　第三に、健全性規制の総合的効果の検証があげられる。バーゼルⅢでさまざまな観点から規制を導入している。これが相互にどのように作用するかというのは検証していかなければいけない。バーゼルⅡまでは、自己資本比率規制だけが主たる制約要因になっていて、そこをみておけばよかった。しかしながら、バーゼルⅢのもとでは、自己資本比率規制には余裕があっても、レバレッジ比率規制あるいは流動性規制に抵触するケースも考えられる。経済にストレスがかかったときに銀行がどの制約線にぶつかって、銀行の行動にどういった影響を及ぼすか非常に読みにくくなっている。健全性規制を運用する監督当局は、ストレステストの活用などを通じてさまざまな状況を想定しつつ、規制がどのように作用するか見極めていかなければならない。

## 検査マニュアルコンプライアンスから真の信用リスク管理へ

　わが国では1990年代末の金融危機のなかで金融監督庁が1998年に設立され、従来の大蔵省による裁量行政からルールに基づく透明な事後チェック型の金融行政への転換が図られた。その象徴ともいえるのが、1999年に策定された「金融検査マニュアル」であり、信用リスク管理をはじめとするリスク管理態勢、法令遵守、内部監査、ガバナンス等に関して金融検査としての視点やチェックポイントが盛り込まれた。特に、信用リスクに関しては、債務者区分や不良債権の引当・償却等に関する詳細な項目が盛り込まれ、その結果各金融機関の資産査定、与信審査・監査体制の強化につながり、金融危機の克服に効果があったことは事実である。

　他方、金融検査マニュアルは各金融機関の経営戦略やビジネスモデルとは乖離した画一的な内部管理態勢につながり、特に景気後退期においては、金融機関は金融検査での指摘を恐れて「貸渋り」や「貸剥がし」といった現象につながったとの批判も強かった。そうした批判に対応して、金融検査マニュアルの中小企業向け融資に関する別冊を策定したり具体的な解釈のガイドライン等も策定されたが、貸出先の事業の内容を評価するよりは、表面的な業績や担保・保証への過度な依存はなかなか改善せず、「検査マニュアルのコンプライアンス」としての信用リスク管理になっていた面は否定できない。

　このような問題意識から、2010年代なか頃から進められた金融検査監督の改革のなかで金融検査マニュアルの廃止の方針が決まり、2019年12月約20年にわたるマニュアルが廃止されたものである。

　検査マニュアル廃止後の信用リスク管理においては、①金融機関として経営戦略・ビジネスモデルやリスクアペタイトの明確化とそれに基づくリスクテイクとリスクマネジメントの戦略の構築、②担保・保証に過度に依存することなく貸出先の事業についての深い理解と目利き力に基づく融資姿勢、③金融機関のポートフォリオ全体の観点からのリスク管理等「真の信用リスク管理」が求められている。

　2019年12月の金融検査マニュアルの廃止直後の2020年春から新型コロナウイルスの感染が拡大し、拡大防止のための自粛等が実体経済および金融機関にも影響してきているなかで、検査マニュアルコンプライアンスのマインドから脱却して、真に融資先の事業性を評価した信用リスク管理態勢を構築できるかの真価が問われている。

（佐々木清隆）

## 2-2　行為規制と証券市場監視

水口　純

## 1　証券市場分野の規制・監視について

### (1)　証券取引等監視委員会の活動概要

#### a　委員会組織・業務内容

　証券取引等監視委員会（以下「証券監視委」という）は、委員長および委員2名で構成される合議制の機関である。現在の長谷川充弘委員長は、検察官出身で広島高等検察庁検事長等を経験しており、浜田康委員は会計士がバックグラウンドで、もう1名の加藤さゆり委員は、消費者庁や国民生活センター理事などを経ており、消費者行政について知見のある方である。

　証券監視委は、1991年の大手証券会社の損失補てん問題等を受け、独立した証券監視機関が必要という考えから、1992年に大蔵省内（当時）に設立された。2005年には課徴金制度の導入等もあり、その後法改正に伴って定員も権限も拡大している状況である（図表2-2-1）。米国SECに比べてまだまだ規模が小さいという意見もあるが、法令・規則作成等の企画立案も行っている米国SECと違い、証券監視委は法執行を主に担当している。

　証券監視委の主な業務内容としては、金融商品取引業者等（以下「金商業者」という）の法令違反行為等に対する証券検査、上場企業等のディスクロージャー違反に対する開示検査、インサイダー取引・相場操縦等の不公正

図表2-2-1　証券監視委の組織・仕組みと定員の推移

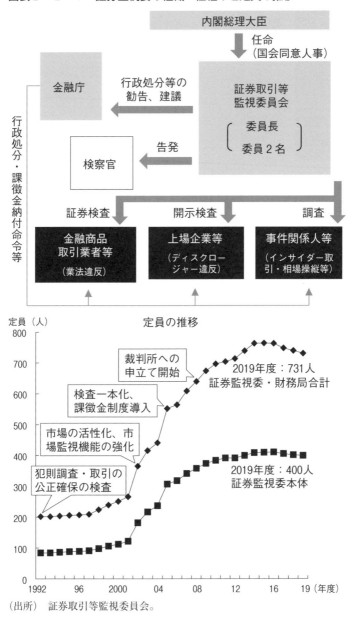

（出所）　証券取引等監視委員会。

取引に対する調査がある。さらに、悪質な法令違反に対しては、検察官に告発をして刑事訴追を求める犯則調査も実施している（図表2-2-1）。

**b　中期活動方針（第10期）**

　3年ごとに新しい委員会体制になり、現在10期目である。また、新体制発足に伴い中期活動方針を策定・公表している（図表2-2-2）。

　中期活動方針では、証券監視委の使命として、的確・適切な市場監視による市場の公正性・透明性の確保および投資者保護の実現、資本市場の健全な発展への貢献、それから国民経済の持続的な成長への貢献を掲げている。

　こうした使命に基づき、証券監視委が目指す市場の姿として、「市場参加者が、資本市場の健全な発展および投資者保護の確保という目標を共有し、それぞれに期待される役割の遂行や専門性の発揮によって、強固な信頼を確立した資本市場」を掲げている。具体的には、上場企業による適正なディスクロージャー、証券会社等の市場仲介者による法令遵守と顧客本位の業務運営、投資家を中心とした市場利用者による自己規律、そして証券監視委を中心としたプロフェッショナルな市場監視等によって、その実現を目指すものである。

　使命や目指す市場の姿を念頭に置きながら、証券監視委では、職員一人ひとりが職責を果たすため、公正中立に業務を行う、説明責任を果たす、フォワード・ルッキングに情報をとって前広に考える、実効的で効率的な検査を行う、自主規制機関や警察、消費者庁等々関係機関としっかり協働して行う、最高水準を追求する、といった活動理念のもと、「広く」・「早く」・「深く」市場監視を行っていくこととしている。すなわち網羅的に市場監視をし（広く）、事が遅れないうちに機動的に市場監視もしながら（早く）、仮に法令違反や問題が起きた場合は何が問題だったか根本原因を深く追求する（深く）、という観点で業務を行っている。

　中期活動方針の策定にあたり、証券監視委を取り巻く環境・リスクを分析したところ、市場環境が大きく変化しているということがあげられる。たとえば、ブロックチェーン技術等のデジタライゼーションの進展や、グローバ

図表2－2－2　証券監視委　中期活動方針（第10期）
～信頼され魅力ある資本市場のために～

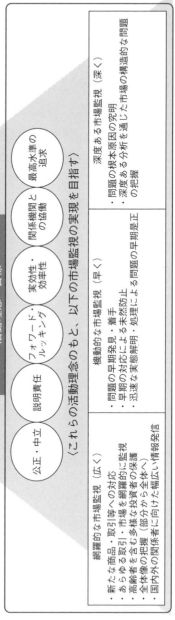

証券監視委の使命

的確・適切な市場監視による
1. 市場の公正性・透明性の確保および投資者保護の実現
2. 資本市場の健全な発展への貢献
3. 国民経済の持続的な成長への貢献

証券監視委が目指す市場の姿

市場参加者が、資本市場の健全な発展および投資者保護の確保という目標を共有し、それぞれに期待される役割の遂行や専門性の発揮（※）によって、強固な信頼を確立した資本市場

（※）上場企業等による適正なディスクロージャー
市場仲介者による法令遵守と顧客本位の業務運営
市場利用者による自己規律
プロフェッショナルな市場監視

活動理念・目標

公正・中立　　説明責任　　フォワード・ルッキング　　実効性・効率性　　関係機関との協動　　最高水準の追求

〈これらの活動理念のもと、以下の市場監視の実現を目指す〉

網羅的な市場監視（広く）
・新たな商品・取引等への対応
・あらゆる取引・市場を網羅に監視
・高齢者を含む多様な投資者の保護
・全体像の把握（部分から全体へ）
・国内外の関係者に向けた幅広い情報発信

機動的な市場監視（早く）
・問題の早期発見・着手
・早期の対応による未然防止
・迅速な実態解明・処理による問題の早期是正

深度ある市場監視（深く）
・問題の根本原因の究明
・深度ある分析を通じた市場の構造的な問題の把握

40

| 環境認識 | 市場・企業活動のグローバル化／各種金融市場の緊密化のさらなる進展 | グローバル経済の先行きをめぐる不確実性の高まり | デジタライゼーションの飛躍的な進展 | 国民の安定的な資産形成や資金の好循環に向けた取組みの深化 |
|---|---|---|---|---|

| 施策 | (1)内外環境をふまえた情報収集力の向上 | (2)深度ある分析と迅速かつ効果的・効率的な調査・検査の実施 | (3)市場規律強化に向けた実効的な取組み | (4)デジタライゼーション対応と戦略的な人材の育成 | (5)国内外の各機関等との連携 |
|---|---|---|---|---|---|
| | ➤ 市場環境のマクロ的な視点での分析等によるフォワード・ルッキングな市場監視<br>➤ さまざまな金融市場に対する横断的な市場監視<br>➤ 海外当局との連携強化による情報収集<br>➤ 集中等の強化および市場監視への活用 | ➤ 事案の態様に応じた多角的・多面的な分析・検証<br>➤ 不公正取引や開示規制違反への迅速な課徴金納付命令勧告<br>➤ クロスボーダー事案の特性に応じた効果的・効率的な調査・検査<br>➤ 重大・悪質事案への告発等による厳正な対応<br>➤ リスクアプローチに基づく効果的・効率的な証券モニタリング<br>➤ 投資者被害事案に対する積極的な取組み | ➤ 調査・検査から得られた知見の多面的・複線的な活用<br>➤ 違反行為等の再発防止に向けた根本原因の究明と対話の推進<br>➤ 違反・不適切行為の未然防止に向けた国内外への情報発信強化<br>➤ 市場監視の空白をつくらないための取組みの深化 | ➤ デジタライゼーションを活用した市場監視業務の高度化・効率化<br>➤ デジタライゼーションの飛躍的な進展に伴う新しい商品・取引等への機動的な対応<br>➤ 高度な専門性および幅広い視点を備えた人材戦略的な育成 | ➤ 自主規制機関とのさらなる連携強化による効果的・効率的な市場監視<br>➤ 多様な市場関係者と連携した市場規律の強化<br>➤ グローバルな市場監視への貢献を通じた国際連携の強化 |

PDCAサイクルによる市場監視態勢の不断の見直し

（出所）　証券取引等監視委員会。

ル経済の不確実性である。

　前者については、調査・検査において、証拠物を押収するといっても、紙媒体で残っていないことが多い。この場合は、デジタル・フォレンジックという手法を用い、コンピュータや携帯電話にある情報を押さえるようなこともやっていかなければいけない。

　後者については、特に最近は新型コロナウイルス感染症が拡大し、実体経済の不確実性が高まるなかで、金融がどのように業務を行い、機能を果たしていくかという論点がある。また、感染症拡大の影響を受け、市場のボラティリティが非常に高い時期があり、そのなかでの不公正取引の可能性が高まり、たとえば、感染症から回復しつつある国の投資家が回復していない国の不安定な株式市場に不公正取引を仕掛けてきたりする可能性も考えられ、その意味で、変化に対応した機動的な市場監視を行っていく必要がある。

　このように、変化する市場環境のなかで、証券監視委として適切な施策を実行していくことが必要である。たとえば、低金利環境のなかで、金融機関の財務状況が厳しい環境であるなかで何が起きうるかという俯瞰的なマクロ視線での分析を行ってみるとか、1つの事象についても多角的・多面的に分析をしていくことが必要だ。ほかにも、国境を越えた取引が多くなるにつれ、日本国内のみ監視するだけでは不十分で、クロスボーダーの事案もしっかり対応していく必要がある。また、法令違反行為があった際にはその根本原因の究明を行い、何が問題なのかについて会社の経営陣等と十分な対話をすることも必要である。

## (2)　証券監視委の各業務の紹介と最近の事案

### a　各業務概要と課徴金制度

　証券監視委の権限としては、まず、金商業者に対して金融商品取引法（以下「金商法」という）に定められた事項の報告・資料提出を求め、必要に応じて帳簿等を確認する実地検査を行う。いわゆる報告命令と検査の命令である。もう1つは、不公正取引もしくは開示規制違反に対して、課徴金という

一定の金銭的負担を課すことを金融庁に勧告すべきかどうかを調査する権限
である。ほかに、無登録業者に対する裁判所への緊急・停止命令の申立権限
があり、また、重大・悪質な事案に対して罰則の適用を求める犯則調査権限
がある。

　課徴金の制度は2005年に導入されたが、その基本的な性格は、法令違反行
為を抑止して規制の実効性を確保するという目的のために、違反行為に対し
て金銭的負担を課す、あくまで行政上の措置である。基本的な考え方として
は、法令違反を犯した者に対して、得た利益、つまり経済的利得相当額を水
準とする金銭的負担を課すことで、裁判所が絡む罰則適用に比べて機動的で
迅速な対応ができるという点である（図表2−2−3）。

**b　市場分析審査**

　具体的な個別業務としては、まず市場分析審査がある。市場分析審査は、

図表2−2−3　課徴金納付命令に至る流れ

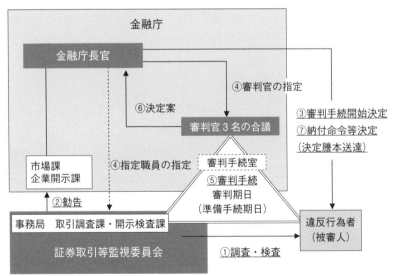

＊課徴金納付命令を求める勧告を受けた金融庁長官は、審判官が行う審判手続を経たうえ
　で課徴金の納付を命ずるか否かを決定。

（注）　証券取引等監視委員会。

外国の当局やマーケット、一般消費者、投資家のさまざまな関係者等から情報を集める入り口としての機能を果たす。具体的には、世界経済情勢や国内経済の動向等、幅広い情報を収集・分析し、不公正取引の可能性を含めて監視をするとともに、株価が動いたときに、非常にタイミングのいい取引がないか等について取引所から注文等データを入手して取引審査を実施している。

### c　不公正取引（インサイダー取引・相場操縦・風説の流布）

　よくある不公正取引として、インサイダー取引もしくは相場操縦がある。最近、ある上場企業のデータ偽装の事件で、上場会社がデータ偽装をしていて、それに関与していた者が、そのデータ偽装の公表前に当該上場企業の株式を売却したというインサイダー取引事案があった。

　インサイダー取引は性質上、会社関係者、役職員やその会社と一定の契約締結をしている、もしくは交渉している者と、その者から情報を得たいわゆる重要事実等に関する未公表の情報を得た第一次受領者があるが、最近は会社関係者の取引というよりは情報伝達を受けた第一次受領者が違反行為を行う事案が過半を占めている。相場操縦の場合は、どちらかといえば大半が個人投資家で、インターネット取引、いわゆるデイトレーダーといわれる人々の行為が多い傾向にある。

　2014年4月に情報伝達・取引推奨行為が不公正取引の規制対象となった。インサイダー取引の場合には、インサイダー情報を得て株の売買を行った者の違法行為を規制するが、情報伝達・取引推奨行為規制の場合は、一定の要件のもとで、インサイダー情報を伝達もしくは「こういう株を取引すると儲かるよ」と取引を推奨する行為を行った者を規制する。重要事実を伝えなくても、相手方に儲けさせるもしくは損失を回避させる目的をもって、取引推奨行為を行えば、自分が仮に取引をしなくても違法になる。

　2018年度の勧告・告発件数をみると（図表2−2−4）、累計では、市場外の公開買付けや業績の上方修正もしくは下方修正を重要事実とする場合が多く、また会社分割の話を重要事実とした事例を初めて勧告した。その他、初

図表２－２－４　課徴金勧告・告発件数

| 区　分 ＼ 年　度 | 1992～2014 | 2015 | 2016 | 2017 | 2018 | 2019(注1) | 合　計 |
|---|---|---|---|---|---|---|---|
| 勧　告 | 840 | 59 | 91 | 38 | 54 | 38 | 1,120 |
| 証券検査結果等に基づく勧告（注２） | 496 | 18 | 35 | 10 | 11 | 9 | 579 |
| 課徴金納付命令勧告（注３） | 340 | 41 | 56 | 28 | 43 | 29 | 537 |
| 　開示書類の虚偽記載等 | 88 | 6 | 5 | 2 | 10 | 5 | 116 |
| 　相場操縦 | 48 | 12 | 8 | 5 | 7 | 3 | 83 |
| 　インサイダー取引 | 203 | 22 | 43 | 21 | 23 | 21 | 333 |
| 　偽計 | 1 | 1 | 0 | 0 | 3 | 0 | 5 |
| 訂正報告書等の提出命令に関する勧告 | 4 | 0 | 0 | 0 | 0 | 0 | 4 |
| 犯則事件の告発 | 173 | 8 | 7 | 4 | 8 | 3 | 203 |
| 　開示書類の虚偽記載等 | 38 | 3 | 0 | 0 | 3 | 1 | 45 |
| 　風説の流布・偽計 | 24 | 2 | 2 | 0 | 0 | 0 | 28 |
| 　相場操縦 | 25 | 1 | 3 | 2 | 0 | 0 | 31 |
| 　インサイダー取引 | 75 | 2 | 2 | 2 | 5 | 1 | 87 |
| 　その他 | 11 | 0 | 0 | 0 | 0 | 1 | 12 |
| 適格機関投資家等特例業務届出者等に対する検査結果等の公表 | 42 | 17 | 23 | 4 | 0 | 0 | 86 |
| 無登録業者・無届募集等に対する裁判所への禁止命令等の申立て | 14 | 3 | 1 | 2 | 2 | 2 | 24 |
| 建　議 | 24 | 0 | 0 | 0 | 2 | 0 | 26 |

（注１）　2019年度については、2019年４月～12月までの件数。
（注２）　金商法改正（2016年３月施行）に伴い、2016年度以降は、適格機関投資家等特例業務届出者等に対しても勧告を実施。
（注３）　課徴金納付命令勧告（相場操縦、インサイダー取引、偽計）については、命令対象者ベース。
（出所）　証券取引等監視委員会。

　めて勧告を行った事案として、取引推奨規制のみの違反事例や、海外の金融機関による市場デリバティブ取引に係る相場操縦を勧告した。

　インサイダー情報について、特に金融機関や上場企業に勤務しておられる

方は、公表されていないインサイダー情報に接する機会も多いと思われる。インサイダー取引規制の内容を正確に知らないこと等により、必要以上に投資を控えることにならないよう、金融庁と証券監視委において、「インサイダー取引規制に関するQ＆A」を公表している。

　コロナショックで株式市場が大きく乱高下し、特に2020年３月に非常にボラティリティが高まっており、そのなかでさまざまなイベントが起こる場合にはなんらかの違法行為が行われる可能性が高いので、証券監視委としては状況を注視していく必要があると考えている。

### d　不公正取引（クロスボーダー事案）

　日本の証券市場における取引は、国内だけではなく、海外投資家からも発注される。海外投資家が行う不公正取引に対して、海外にいる嫌疑者を調査するのはなかなかむずかしいところがある。

　このようなクロスボーダー事案に対しては、IOSCO（証券監督者国際機構）における、証券当局間での多国間情報交換の枠組み（MMoU）等を活用し、海外当局と緊密に連携・情報交換をしながら市場監視を行っている。情報交換枠組みには、主要な海外当局は参加しており、たとえば欧州のある国の個人・会社が日本の市場で違法行為を行った際に、当該行為または会社の情報をほしいと欧州当局にいって、情報を提供してもらう等の協力を行う。日本は、香港やシンガポール等、アジアの法域を中心として情報交換を行っている。グローバルなベースで違法行為を抑止するためには、海外当局間の協力は必要であり、法執行当局間は非常に緊密に連携・協力している。

### e　開示検査

　上場会社の株主・投資家が適切な投資判断を行うことができるよう、会社が適正な財務・非財務情報を開示することがきわめて重要である。その上場会社の開示情報が適正かどうかを担保するのが開示検査である。そのなかで、投資家の重要な判断を誤らせるような重大な瑕疵がある場合には、証券監視委は課徴金納付命令を発出することを金融庁に勧告する。

　また、問題があった場合には、上場会社の経営陣に対し、問題の根本原因

の追究と再発防止策についての議論を行い、未然防止・再発防止を図ること
が非常に重要となる。

　2019年12月6日に課徴金納付命令勧告を行ったある上場会社の事例では、
売上げの前倒し計上等、財務情報について虚偽報告を行ったほか、「コーポ
レートガバナンスの状況」という有価証券報告書の非財務情報の記載におい
て、取締役会の実際の開催回数や付議事項について虚偽報告が行われてい
た。

　当該事案では、公認会計士・監査審査会（以下「審査会」という）が当社
の監査法人に対しても行政処分勧告を行い、記者ブリーフィングも証券監視
委と審査会共同で行った。上場企業に対する検査と監査法人に対する検査と
を、うまく連携しながら実施したという意味で、本件は初めての事例であ
る。

　2019年12月10日に勧告を行った事案でも同じく、有価証券報告書の非財務
情報に係る虚偽報告に対して開示検査を行った。当社は、「コーポレートガ
バナンスの状況」のなかの役員報酬の額を過少に記載していた。

　金融庁では、有価証券報告書の記述情報の開示をより広く、深く充実させ
るべく、法令改正を行っている。たとえば、ガバナンス情報の拡充、監査関
係情報の拡充等である。また、経営陣が何をもってリスクと考えるかについ
て、開示を充実させたいという要素もある。監査法人の側からしても、監査
上、何を重要なものとして考えたのか、いわゆるKAM（Key Audit Mat-
ters）を監査報告書に記載するといったことで、単に数字上の話だけではな
く、何が経営上のリスクなのかを、投資家に対しても、もう少しわかりやす
く伝えるような、記述情報を拡大して記載していただく方向に世の中は進ん
でいる。証券監視委としても、典型的な財務情報の虚偽報告だけでなく、非
財務情報の虚偽報告に対しても、今後しっかりと網を張って監視していく。

　記述情報の重要性が増している背景としては、数字だけで判断できない企
業活動に伴うリスクを投資家に開示する必要があるためである。開示制度改
正の大きな柱は、経営陣が自社の情報を開示する際、数字だけではなく、数

字の背景や、将来のリスク等について投資家に対して説明していただくよう促していくというものであり、検査で問題を見つけるためにこれらの記述情報を開示するものではない。記述情報の開示は、投資家に対する適切な情報提供のための手段の1つであり、最終的な規制の目的は国民経済の持続的成長、そのための証券市場の透明性・公正性の確保である。

**f　証券検査**

　証券検査の対象は、金融庁に対して金商法に基づき登録を行った金商業者である。証券会社やFX業者、投資運用会社、流動性の低い有価証券やファンドの販売を行う第二種金商業者、投資助言を行う会社等、対象は7,000を超える。最近では、高速取引行為者（High-Frequency Trading）や、一定の場合における暗号資産交換業者に対する検査権限も証券監視委が有している。

　金商法上の業登録の際、金商法に定める一定の要件に照らし登録の可否を判断するが、登録後に重大な問題が見つかった場合には、証券監視委は、法令違反として金融庁に対して当該業者に対し行政処分を求める勧告を行っている。不公正取引や開示検査においては、課徴金納付命令を求める勧告であったが、今度は監督下にある業者なので、当該業者に対して行政処分を求める勧告となる。

　業者監督において、証券監視委や金融庁はもちろん重要な役割を負っているが、7,000を超す業者を実効的に監督するのは容易ではないことから、当該金商業者における監査役や、株主の目も必要であり、監査を受けている場合には監査法人にしっかりみていただくことも重要となる。また、取引所や日本証券業協会等の自主規制機関によるチェックや、たとえば、新規ビジネスに対する法律事務所による法の適合性の確認等、関係者がそれぞれの役割をしっかり果たすことで、問題の未然防止が図られることになる。

　また、証券監視委が検査を行う際にも、各々の金商業者の抱えるさまざまなリスクに対してアセスメントをしながら、リスクベースでモニタリングを実施していく。

モニタリングにとっての１つの重要な考え方は、企業価値の向上につなが
るコンプライアンスリスク管理に向けた金融機関の取組みを促し、後押しす
る必要があるということである。金融庁は、2019年６月に「コンプライアン
スリスク管理に関する傾向と課題」を公表した。コンプライアンスは、以前
は法令の遵守を基本的に意味していたが、法令は守らなければいけないミニ
マムスタンダードであり、法令だけ守っていたらすべてよいというわけでは
ない。企業がビジネスを行う場合には、当然経営理念や経営方針があって、
そこから一定のビジネスモデルが出てくるが、それに内在するコンプライア
ンスを含めた潜在的なリスクはどのような業種でも存在しており、その潜在
的なリスクを企業自身が十分に認識したうえで業務を行わないと、法令違反
を起こしてしまうことがある。コンプライアンスリスク管理と経営戦略・ビ
ジネスモデルは一体であると認識している。

　また、法令に違反さえしなければ何をしてもよいのかというと、決してそ
うではない。コンプライアンスというときに、たとえば、この業務を行った
ら企業にとってのレピュテーションリスクになるのではないか等を自社で
しっかり考えていただき、経営陣のみならず、中間管理職、フロントオフィ
スも含め、組織全体に浸透させるような健全な企業文化をつくっていただく
ことが大事ではないかという問題意識を打ち出している。

### g　業規制と「何人も」に対する規制

　金融規制という場合、証券会社を含む金商業者という、金融庁等の金融当
局に登録あるいは免許など、なんらかの資格を得て、業を行うことが可能に
なった業者に対する規制が金融規制の１つの典型である。業規制の中心は業
者のリスク管理態勢やガバナンスをみることになる。

　他方で、証券市場においては、証券会社以外に、外国人も含めた個人投資
家、機関投資家、上場企業、あるいは上場企業の監査をする監査法人等、多
様な参加者が存在する。そして金商法は、業者に対する規制以外にも、一般
の個人投資家から上場企業、機関投資家まで、「何人も」規制の対象にする
場合がある。このため、証券市場においては証券会社等だけ相手にしている

のでは不十分で、相当幅広い層を監視対象にしなければいけない。このため、証券監視委だけの監視では十分でなく、自主規制機関や監査法人等、さまざまな関連機関等と連携して市場の自己規律を促していく必要がある。

　また、取引形態の変化に対しても、常日頃よりアンテナを高くして情報収集を行う必要があり、調査の手法もさらに精緻化していく必要がある。たとえば、HFT取引等、昔と違ってミリ秒・マイクロ秒単位で行われる取引をどのように監視するのかといった課題もあり、AI等を用いた対応も含めて今後有効な監視のあり方・方法を考えていかないと、現下の証券市場に対する不正行為に対応するのはなかなか容易ではなくなっている。

　日本の金融当局は、金融庁が証券監視委を含めて、業規制と市場監視が一体になって、一元当局として対応していることが特徴的である。また、業規制のほうも、最近は1つのグループのなかに証券会社も銀行も抱えている場合も多く、グループ一体で監督をしていくには、証券のみならず、同一グループ内の銀行もみる必要がある。金融庁は証券監視委を含めて、銀・証・保のすべての分野を所掌しており、何か起きたとき、グループ内の他の主体への影響等もみながら監督できるという利点があるのではないかと思う。

 ## 2　最近の主な取組事例
（暗号資産、証券分野の国際的な枠組み）

### (1)　暗号資産

　新たな検査対象先として、暗号資産交換業者がある。暗号資産交換業者に対しては、ビットコインを扱っていたMTGOXという会社が2014年に破綻をしたあたりから、国際的に規制を入れるべきではないかという機運が高まり、サミットやFATF（金融活動作業部会）において、マネーロンダリングの規制と投資者保護の規制を入れるべきである、という意見が国際的に盛り上がってきた。

そこで、2017年4月に資金決済法を改正するかたちで、暗号資産交換業者に対し登録制度を導入し、マネロン・テロ資金供与対策や利用者の保護や信頼確保に向けた各種規制が施行された。後者についてはたとえば、暗号資産には価格変動があるということを投資家に十分に説明せよという利用者への情報提供義務等や、投資家の財産と業者の自己財産と分別して管理せよという分別管理規制がある。

　しかし、翌年2018年1月、コインチェック社という、登録の申請はしているがまだ当局審査中であったいわゆる「みなし」業者が不正アクセスを受け、NEMという仮想通貨580億円相当が外部に流出し、約26万人もの被害者の方が出るという事件があった。

　2018年1月末の金曜日であったが、仮想通貨流出の報告が金融庁に入り、当日中に報告徴求命令を発出し、土日をはさんで翌月曜日に業務改善命令という行政処分を出し、さらに引き続き立入検査に入った。当時、みなし業者は相当数存在したが、順次立入検査に入った。同年9月にはテックビューロという大阪の会社が仮想通貨の流出を起こす等、2018年は暗号資産交換業界をめぐる状況は厳しかった。

　これらをふまえ、2019年に再度法改正を行った（2020年5月施行）。それまでは、インターネット上で暗号資産を保管しつつ、利用者の要望を受けて利用者に暗号資産を移していたが、インターネットにつながっているのでその部分に不正なハッキング等を受ける可能性があり、それに対応するため、インターネット上で保管した部分が万が一盗まれてもよいように、見合いとなる、同種、同量の暗号資産を保有しておく、いわゆるコールドウォレット等で管理をすること等を求める法改正を行った。

　証券検査の側面では、暗号資産のデリバティブ取引、たとえば暗号資産を用いた証拠金取引というのが日本では7〜8割ほどあり、いわゆる暗号資産の現物取引よりも多い。暗号資産デリバティブ業者に対して規制を導入したり、一定の場合に収益分配を受ける権利が付与されたICO（Initial Coin Offering）トークンについて、たとえば、仲介等を行う業者は法令上の登録を受

ける必要がある等の規制を導入した。

　当時、日本は他国に先んじて暗号資産に関する規制を導入したこともあり、海外当局等からさまざまな質問や問合せを受けた。現在ではいろいろな国に規制が入りつつあるが、規制という意味では、日本は先んじて導入したという意味で、それなりに進んでいるのではないかと思う。

## (2)　証券分野の国際的な枠組み

　証券分野の国際的な枠組みとしては、まずG20首脳会合というのが最上位の意思決定機関で、そこにFSB（金融安定理事会）という、G20諸国等の財務省・中央銀行・監督当局および国際機関等をメンバーとする、国際的な金融安定上の課題を議論する場がある。その下に、証券監督に関する原則・指針等の国際的なルールを策定する、IOSCO（証券監督者国際機構）がマドリッドに存在する（図表2－2－5）。

　日本は2019年G20議長国を務めていた関係で、いくつかの金融分野における優先課題を提案した（図表2－2－6）。そのうちの1つは、金融市場の分断をどう解決するかという課題である。たとえば、各国が自分の規制を自国外に域外適用し始めると、同一主体に対し異なる規制が重複適用され、取引できなくなる場合も生じる。特にデリバティブ市場では、たとえば、ある国が、自国内で活動する他国の業者や自国の金融機関と取引を行う他国の業者に対して、自国の規制をかけると、同様な規制をもつ他国は反発する可能性が高い。また、銀行に関していえば、自国の域内にいる金融機関に対して、問題が起こったときのためになるべく資本と流動性を確保するよう一定の規制をかける場合に、過剰に規制をかけすぎると全体的な資源配分が最適でなくなりうるといった問題が生じる。IOSCOでは、専門の作業部会を設置し、小職が共同議長を務めつつ、精力的に議論し、2019年6月、G20財務大臣・中銀総裁会合に対して証券・デリバティブ分野における市場分断対応に関する報告書を提出、公表した。

　また、次に、暗号資産についても、日本のいままでの経験に鑑みて、規制

図表 2 − 2 − 5　金融危機を受けた国際交渉の枠組み

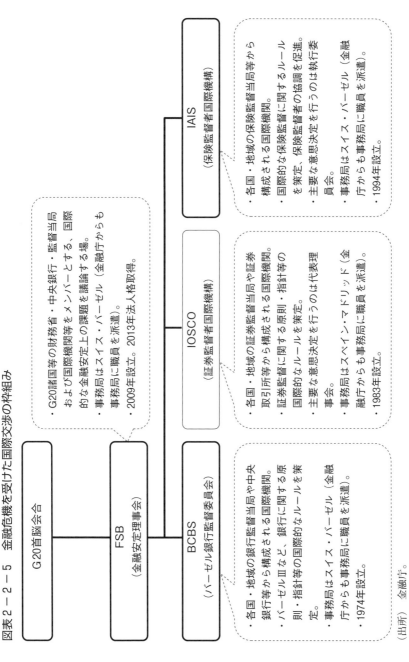

**G20首脳会合**

**FSB**
（金融安定理事会）

- G20諸国等の財務省・中央銀行・監督当局および国際機関等をメンバーとする、国際的な金融安定上の課題を議論する場。
- 事務局はスイス・バーゼル（金融庁からも職員を派遣）。2013年法人格取得。
- 2009年設立。

**BCBS**
（バーゼル銀行監督委員会）

- 各国・地域の銀行監督当局や中央銀行等から構成される国際機関。
- バーゼルⅢなど、銀行に関する原則・指針等の国際的なルールを策定。
- 事務局はスイス・バーゼル（金融庁からも事務局に職員を派遣）。
- 1974年設立。

**IOSCO**
（証券監督者国際機構）

- 各国・地域の証券監督当局や証券取引所等から構成される国際機関。
- 証券監督に関する原則・指針等の国際的なルールを策定。
- 主要な意思決定を行うのは代表理事会。
- 事務局はスペイン・マドリッド（金融庁からも事務局に職員を派遣）。
- 1983年設立。

**IAIS**
（保険監督者国際機構）

- 各国・地域の保険監督当局等から構成される国際機関。
- 国際的な保険監督に関するルールを策定、保険監督者の協調を促進。
- 主要な意思決定を行うのは執行委員会。
- 事務局はスイス・バーゼル（金融庁からも事務局に職員を派遣）。
- 1994年設立。

（出所）金融庁。

図表２－２－６　IOSCOにおける優先政策課題

```
┌──────────────────────────────────────────────────────────────┐
│ １．代表理事会（IOSCO Board）における足もとの主な重点領域               │
│   代表理事会とは……                                              │
│ ● 日本を含む34当局で構成（2019年11月時点）。会合は年３回開催（通常２、    │
│   ５、10月）                                                     │
│ ● 現在の議長は香港 SFC のオルダー CEO（任期は 2020 年の年次総会まで）    │
│ ● 副議長はベルギー FSMA のセルベ委員長と、アラブ首長国連邦 SCA の        │
│   ザビ CEO の２名（いずれも任期は2020年の年次総会まで）                 │
│                                                                │
│   ┌─────────────┐                                            │
│   │①市場の分断   │→わが国 G20 議長下におけるプライオリティ            │
│   │②暗号資産     │                                             │
│   └─────────────┘                                            │
│   ③サステナブル・ファイナンス                                     │
│   ④フィンテックに関する各国の経験・情報共有（含むリブラへの対応）        │
│   ⑤有害であるが違法とはいえない行為                               │
│ ２．当局間の情報交換協力と個人情報保護                             │
│   不公正取引に関する情報や、証券監督上必要となる情報等を加盟当局間で     │
│ 相互に提供するための IOSCO 多当局間情報交換枠組み（MMoU）を策定。       │
│ ３．地域委員会での活動                                           │
│   金融庁および監視委は、アジア太平洋地域委員会（APRC）のメンバーと      │
│ して活動。                                                      │
└──────────────────────────────────────────────────────────────┘
```

（出所）　証券取引等監視委員会。

を課すことに対して一定の国際的な考慮要素を策定すべきであると日本が提
案を行った。これを受け、IOSCOにおいては、2019年５月「暗号資産当局
者手引書」という報告書、つまり、日本の規制を参考に、暗号資産交換業者
に対して、規制策定を検討する際にはこのような要素を考慮してはどうかと
いう一種のガイドブックを公表した。

　いわゆるステーブルコインについては、全世界で多数の利用者が利用する
と、さまざまな面におけるリスクや課題を惹起する可能性があると中央銀行
や監督当局から指摘を受けている。これらは、いかに安価に、また速くどの
ようにして送金をするかという課題に一石を投じたものとみることもでき
る。

　その他、最近におけるIOSCOにおける優先政策課題としては、サステナ

ブル・ファイナンス金融が脚光を浴びつつある。うち１つは気候変動で、全世界的な対応が必要であると各国が協調しつつ対応しているが、そのための開示の枠組みについてどう考えるべきかを議論している。また、先ほど、コンプライアンスリスク管理のなかで少し触れたが、違法ではないものの、投資家保護や市場の透明性や公正性に悪影響を与える有害な行為について、法令だけではなく、もう少し広く改善に取り組むべきではないかということも議論している。これも日本が議論を主導している１つの課題である。

　その他、IOSCOでは、証券当局間の法執行上の情報交換を円滑に実施するうえでの課題や懸念等について定期的な協議を行うMMoUモニタリンググループや、アジア太平洋当局間での情報交換や連携を行うアジア太平洋地域委員会（APRC）等が活発に活動している。いずれの会議も、2020年７月まで自分が各々の議長を務めたところである。

# 不公正ファイナンス

　　証券取引等監視委員会が調査摘発する証券市場での不公正取引は、伝統的にはインサイダー取引、相場操縦、風説の流布等いわゆる「流通市場」での問題が中心である。これは、個人投資家含め多数の投資家が参加する流通市場での公正な価格形成を担保することが証券市場の公正性の基本であるとの考え方によるものであり、世界中の証券市場監視当局に共通である。

　　しかし、わが国においては2000年代半ば頃から、第三者割当増資、株式分割、新株予約権の割当て等の「発行市場」でのファイナンス等の行為を悪用した問題が増加してきた。典型的事例としては、証券市場に上場されている企業が本業の経営不振から多額の債務等を抱え、また株価も下落低迷した結果、反社会的勢力を含めた反市場勢力に経営を乗っ取られる→当該企業のビジネスモデルが「投資」等に変化するとともに国内の有限責任投資事業組合や海外のファンドやSPC（特定目的会社）に第三者割当増資、新株予約権の割当て等のファイナンスを実施→こうしたファイナンスの目的として実体のない成長ストーリーを喧伝するとともに反市場勢力による相場操縦等が行われ株価が上昇し、それにつられて個人投資家が買いに入る→株価が上昇し反市場勢力が売り抜けた多額の利益を得た後、当該企業に関する粉飾等悪材料が明らかになり株価は急落し個人投資家を中心に多額の損失の発生という、発行市場と流通市場の双方にまたがる問題である。また多くの場合、第三者増資等の割当先として海外、特に英領バージン諸島（British Virgin Islands）の私書箱（P.O. Box）に住所地を置くSPCが利用される点が特徴である。

　　このような発行市場、流通市場双方にまたがる問題に対し従来、証券取引等監視委員会は「流通市場」での問題、具体的には相場操縦や風説の流布等だけを立件し、発行市場の問題を含めた全体に切り込むことはなかった。その背景には先ほどのような「個人投資家保護と流通市場の監視」の基本的な考え方と、発行市場は企業と機関投資家等のプロ同士の市場であり個人投資家に比べて保護の必要性が低いこと、また発行市場は資金調達の場として資本主義の根幹であり企業の経営判断の部分が大きく違法性を判断するのがむずかしいとの考え方もあったと思われる。

　　しかし先ほどのような問題が多発したことから、証券取引等監視委員会は佐渡前委員長が就任した2007年頃から、発行市場・流通市場双方を俯瞰した市場監視にシフトするとともに、このような問題を単なる流通市場の問題としてではなく、発行市場での不正も含め「偽計」として摘発した。またこの

ような問題について市場関係者や世の中の認識を得るために、「不公正ファイナンス」と名づけて啓蒙活動も強化した。

　命名にあたっては、証券取引等監視委員会内でも当初いろいろなアイデアが出された。当初は「不適切なファイナンス」「怪しいファイナンス」等の名称も使われたが、流通市場での問題を「不公正取引」と呼ぶのをふまえ、「不公正ファイナンス」と呼んで、投資家や上場企業、証券会社等向けのセミナー等で説明を多数行っているが、そのネーミングが定着するには時間がかかった。しかしその後2008年リーマンショック後の株価の下落により上場廃止を免れようとするいわゆる「ハコ企業」による不公正ファイナンスが続発し、証券取引等監視委員会による摘発事例も増加したことから、2010年頃にはこの名称も定着してきている。現在では、著名な金商法学者等の学術論文でも「不公正ファイナンス」の名称が登場することは感慨深い思いである。

（佐々木清隆）

# 2-3 監査法人規制

井藤英樹

## 1 公認会計士・監査審査会

### (1) 公認会計士・監査審査会の組織 (図表2-3-1)

　金融庁は旧大蔵省から、金融に関する部局が独立したかたちで組織されている。内局として、総合政策局、企画市場局、具体的な監督をする監督局がある。このほか、国家行政組織法の8条委員会として、証券取引等監視委員会と並び、公認会計士・監査審査会(以下「審査会」という)が置かれている。

　審査会事務局の組織体制は、総務試験室と審査検査室の2室で構成されている。総務試験室は、事務局全体の総合調整、公認会計士等に対する懲戒処分等の調査審議に加え、公認関係士試験に関する事務を所掌している。

　次に、審査検査室については、監査法人等に対する審査および検査、いわゆるモニタリングを行っている。その際、監査の品質管理が適切に行われているかが中心的な課題となっている。

### (2) 審査会の設立の経緯

　審査会の設立の経緯については、21世紀に入って、エンロン事件、ワールドコム事件など、大規模な企業会計不正事案が起きて、世界的に監査の信頼

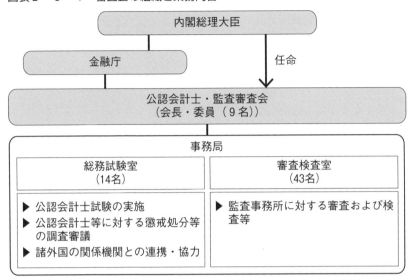

図表2－3－1　審査会の組織と業務内容

```
┌─────────────────────────┐
│       内閣総理大臣        │
└─────────────────────────┘
        │            │
┌──────────┐          │ 任命
│  金融庁  │          ↓
└──────────┘
┌───────────────────────────────────────┐
│        公認会計士・監査審査会          │
│       （会長・委員（9名））            │
└───────────────────────────────────────┘
┌───────────────────────────────────────┐
│                 事務局                 │
│ ┌───────────────┐ ┌─────────────────┐ │
│ │  総務試験室   │ │   審査検査室    │ │
│ │   （14名）    │ │    （43名）     │ │
│ ├───────────────┤ ├─────────────────┤ │
│ │▶公認会計士試験│ │▶監査事務所に対 │ │
│ │  の実施       │ │  する審査および │ │
│ │▶公認会計士等に│ │  検査等         │ │
│ │  対する懲戒処 │ │                 │ │
│ │  分等の調査審 │ │                 │ │
│ │  議           │ │                 │ │
│ │▶諸外国の関係機│ │                 │ │
│ │  関との連携・ │ │                 │ │
│ │  協力         │ │                 │ │
│ └───────────────┘ └─────────────────┘ │
└───────────────────────────────────────┘
```

（注）　上記人員数は2019年度定員ベース。
（出所）　公認会計士・監査審査会。

性が問題となった。その結果、公的な監査監督の必要性が世界的に認識され、米国、カナダ、フランス、英国などにおいて、公的な監査監督機関が設けられ、日本においても2004年に従前の公認会計士審査会を改組・拡充するかたちで、金融庁に新しいかたちの審査会が設置された。

　監査の信頼性を確保するための取組みの世界的な流れについて、もう少し詳しく述べていきたい。当時、エンロンやワールドコムというと、飛ぶ鳥を落とすような勢いの成長企業の代名詞とされていたような企業であったわけだが、実は会計不正によって利益を嵩上げしていて、その中身は張り子の虎だった。そういうことが続けざまに起きた。そのような事案が生じると、財務諸表を監査していた監査法人はいったい何をやっていたのかという批判が生じ、監査法人に対する信頼が揺らぐことになった。そこで、米国でまず2002年7月に法律が改正され、監査法人の独立性の強化、会計事務所に対する監視体制の強化等々の厳格化が打ち出され、同時にPCAOBという、監査

法人に対する検査・監督をする機関がSECの下に設立された。欧州やカナダなどでも公的な監督機関が設立され、日本においても審査会が設立されたものである。

## (3) 各国当局との情報交換とIFIAR

こうしたなかで、各国の監査機関の間での情報交換を行う必要性が強く認識された。そのバックグランドは、いま、日本の企業を考えてみてもわかると思うが、企業活動の国際化が進むなかで、海外での子会社などの状況についても正しく情報を把握していかないと、企業体としての真の全体像はみえてこない。そうはいっても、日本の監査法人自身が海外の子会社について直接監査するわけではなくて、現地の監査法人が監査を行う。主要な監査法人については、グローバルネットワークというかたちで、一連のグループとして監査の品質を維持しながら活動しているが、そうはいっても現地の監査法人は現地の法令に従う別法人である。また、ネットワーク外の監査法人が子会社の監査をやっていることもある。したがって、各国において、監査品質が一定の水準を維持されなければ、連結された財務諸表は十分に信頼性のあるものにならない。そうすると、各国の間で監査のクオリティを共通のものとして高めていくことが必要だという問題認識が共有されるようになる。その結果、当局間における国際的な情報交換の機関として、監査監督機関国際フォーラム（International Forum of Independent Audit Regulators、以下「IFIAR」という）が設けられることになった。この常設の機関は、第1回会合は2007年3月に東京で開催され、当初は、議長・副議長の出身当局の持回りで事務局を果たしていたが、役割が重要になるに従って、常設的な事務局が必要だとされた。IFIAR事務局をどの国に置くのかについては、欧州が国の数からいっても、また、監査業界の発展度合いからしても、米国を別とすれば、圧倒的に国数も多くて強いのだが、外務省などの協力も得て、日本政府全体として誘致活動を行った結果、2017年4月に東京に本部事務局が設置されることになった。このIFIAR事務局は、金融関係の国際機関として初め

て、わが国に設置された本部事務局となっている。

# 2 ディスクロージャー制度と監査

　会計監査の品質確保の問題を理解するためには、ディスクロージャー制度
と監査について、基礎的な理解が必要である。

## (1)　利益を図る技術の誕生と普及

　企業会計は現在、複式簿記で行われている。これは、遅くとも1400年代に
北イタリアで、地中海貿易に従事した商人たちが開発したといわれている。

　これが、欧州大陸各地に広まり、その後、欧州人の移住によって米国にも
広まり、日本には明治の初めに導入されたといわれている。

　複式簿記による企業会計が広まった理由は、企業の業績や実態把握のため
には、透明性のより高い複式簿記で企業会計を行っていくことが、非常に有
用であることが関係者の共有の認識となっていったということだと考えられ
る。

## (2)　企業をめぐる利害関係

　たとえば、トヨタ自動車についてみてみる（図表2-3-2）。世界的な会
社で、コロナの影響を受けている2020年3月末でも、純利益が2兆円、売上
高は30兆円、従業員数は37万人で、加えて臨時従業員が8万人超いる。銀行
からの借入れは21兆円であり、株主についてみると、51万人で、実は従業員
以上に株主がいる。

　このような企業体には、ステークホルダーと呼ばれる立場を異にする関係
者が多くいる。株主の視点からは、十分な配当がほしい。株価も値上がって
ほしい。このため経営陣に対しては能力を十分に発揮しておおいにリターン
を出してほしい。債権者からしてみれば、高いリスクをとるべきではなく、
安定的な経営をして、利子と元金をきちんと返済してほしい。取引先にして

みれば、取引の価格は適切か、契約がきちんと履行されるかといったことが心配である。従業員は、きちんと給料が支払われ、福利厚生も充実してもらいたい。国・自治体側からは、帳簿を正しくつけて、利益を生んで、納税を正しくしてほしい。このように、利害は必ずしも同じ方向を向いていない。

　そのようななかで、会計は、こうした関係者の利害調整をする機能を有する。利害を調整するためには、企業の経営状況が正しく財務諸表に示されることが重要となる。特に、利益をどれぐらいあげたか、どういう負債や債務を負っているのか、資産の状況はどうか。こうした情報を明示してもらう必要がある。

図表２－３－２　会社をめぐる利害関係

■トヨタ自動車　2020年3月末

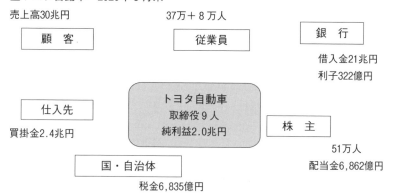

■ 主要な関係者の関心事項
株主（投資者）：取締役は誠実で有能か、株価は値上りするか
銀行など債権者：利子が支払われ、元金は返済されるか
取引先：取引の価格は適切か
従業員：業績からみて給与水準は妥当か
国・自治体：納税額は適切か、規制や補助金は必要か

（出所）　トヨタ自動車（株）の有価証券報告書（2020年3月期）掲載のデータ等に基づき、公認会計士・監査審査会作成。

## (3) 企業会計をめぐる法律

企業会計をめぐっては、主に３つの法制度がある（図表２−３−３）。①前述のように経営者・株主・債権者間の利害関係を調整する観点からの会社法による会計、②情報提供による投資者保護を通じた証券市場の機能の促進を図る観点からの金融商品取引法（以下「金商法」という）による会計、③最後に、公平な課税所得の算定と税額の計算の観点からの法人税法による会計である。

さらに、上記の分野以外にも、有用な場合があり、社会責任会計など、法規制を受けないかたちでの会計もある。

図表２−３−３　企業会計をめぐる３つの法律

もともと会計報告は自然発生的→企業の社会的な影響力が増大
→企業に対する法律の規制→「制度会計」（法律の規制に基づいて行われる会計）

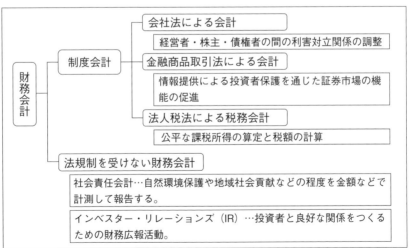

（出所）　櫻井久勝「財務会計議義（第21版）」（中央経済社・2020年）20頁の図に基づき、公認会計士・監査審査会作成。

## (4) 会社法の会計規制の理念と金商法による会計規制の理念

　最も繁栄している会社形態は株式会社である。その理由は、資金調達の有利性と利益分配への参加が出資者にとって有利だということがある。その半面、株主以外のステークホルダーとの関係で利害対立が生じる可能性がある。株式制度によって所有権を細かく分割できるので、1株当りの持分は非常に小さくなりうる。小さい持分であれば全体をコントロールできないが、その半面、個々の資金は零細でもいろいろな者から集めて巨額の資本形成ができる。出資者からみれば有限責任なので、万が一の場合にも、最初に出資したお金、あるいは、株を買ったお金以上に責任を問われることはないので安心できる。

　こういう有利な半面、制度上の限界も出てくる。実質オーナー的な株主がいるような場合は別だが、所有と経営の分離がなされている上場企業のようになると、企業が適正に経営されているかのモニタリングは個々の株主では困難になってくる。他方、出資の有限責任制は、債権者からすれば、倒産時などにおいて、会社財産以外に債権の返還可能性を期待できないという不利益な点であり、債権者保護の必要性も出てくる。

　そうした構図のなかで、株主からしてみれば、経営者が私的利益を優先する利益相反のおそれがある。債権者からしてみれば、儲けは分配してもいいが、会社の財産まで食い潰して配当をされても困る。この辺のことは金商法にも関連するが、会社法上、適正な財務諸表の作成を通じて、こういう利害調整機能を果たすことが期待されている。

　金商法についてはどうか。これは証券市場の発展のためである。証券市場が発展すると何がよいのか。国の資源配分が効率化されるということだ。資金ニーズがあって、よりよいリターンも期待できる事業にお金が回ることが期待される。その結果、経済が発展するとともに、投資者にとっても、よりよい資産形成につながってくる。この証券市場の発展のためにも、投資側と経営側の利益対立のコントロールが必要となる。投資者は、公開された情報

を基本として、投資判断をしているので、会社の状況について正しく適切な情報を提供してもらう必要がある。

## (5) 正確な情報提供機能の重要性

ここで、正しい情報が提供されていると信頼されることがいかに重要かということの一例として、2001年にノーベル経済学賞をとったアカロフ教授の「レモンの市場」論文についてごく簡単に紹介する。中古車を売りたい人がいて、本来の適正な価値（この場合100万円とする）で売りたいとする。そうはいっても、買主からすれば欠陥車の可能性を排除する十分な情報がなく、そのリスク分をディスカウントして、たとえば、70万円なら買ってもいいと考えるとする。その場合、欠陥がない車のオーナーは、70万円で売るいわれはないので、市場から取り下げる。このようなメカニズムが働くと、市場には、基本的に70万円相当のもの、すなわち、レモン（米国では欠陥のある不良品のことをレモンと俗にいう）しか出てこなくなり、市場が崩壊してしまう。

品質に不確実性がある財貨が取引される市場が成立するためには、どういった内容のものなのか、それが正確に評価できるような情報提供がきわめて重要となり、そうした機能を金商法が担保している。

## (6) 財務諸表の信頼性の確保

上述のとおり、財務諸表は会社の成績表であって、株主、経営陣、そして債権者といった利害調整に利用され、それから、金商法のもとで資本市場の機能促進のための情報提供機能も果たしている。

このように重要な財務諸表であるが、これをつくるのは誰か。財務諸表は、公認会計士がつくるものではなく、逆に公認会計士はつくってはいけない。公認会計士や監査法人は、あくまでも会社がつくった財務諸表をチェックする役割である。財務諸表を作成する際、会社の経営側に真実を粉飾するインセンティブが働きうる。端的にいうと、利益を操作することが懸念される。これは、2方向の操作が考えられ、1つは、利益を大きくみせることに

よって、たとえば、有利に資金調達ができる。他方で、状況によっては利益を圧縮するようなインセンティブが働くこともある。

こうした懸念により財務諸表が信じられないとなると、資本市場がうまく成立しない。したがって、利益操作の未然防止と発見のために、独立した第三者がチェック機能を果たすことが期待される。監査とは、会社から独立した会計の専門家である公認会計士が財務諸表の正しさについて行う調査である。会社法でも債権者と株主等との利害調整機能があるので、大会社、つまり、一定の大きい会社については必須のものとなっている。投資家にとっても、財務内容に関する適切な情報がない、あるいは誤っているとまともな投資判断ができない。したがって、金商法においても、経営者と投資者の間に立って、情報の信頼性を確かめる公認会計士による監査を上場会社などに対して必須のものとしている。

## 3 監査業務の状況

### (1) 被監査会社の概要

監査法人等による監査が行われている会社はどれぐらいあるか。2018年3月末現在の数字をみると、金商法・会社法の双方の法律で、会計監査が求められている会社、これは基本的には上場企業ということだが、約3,900社となっている。会社法のみから会計監査が求められている会社が約5,000社。さらに、特別な法律により学校法人等も監査が求められている。以上が法定監査であるが、このほか、任意で監査を受けている会社も約5,000社あるという状況となっている。

日本の上場企業の決算は、3月決算が多く、約3分の2を占めている。その結果、監査法人等の監査作業も4月以降に集中し、繁忙期となっている。株主総会等も集中し、社会全体として集中による渋滞効果で不効率が生じているという問題があり、分散化の必要性が唱えられている状況となってい

る。

## (2)　監査事務所の概況

　監査事務所の分類をみると、大手監査法人が日本の場合は主力で、これは
４つある。大手よりやや小さい準大手と呼ばれる監査法人が５つある。中小
の監査事務所は、事務所数が非常に多く、個人事務所を含めると実は2,000
ぐらいある。このなかで、たとえば金商法または会社法に基づく会社の監査
は大手の４大監査法人がほぼ独占している（図表２－３－４）。こうした状況
のなかで、同じところがずっとみていると、なれあいや懐疑心が不足してく
るのでないかとの問題意識から、監査法人を定期的に変えるべきではないか
という議論がある。

　もっとも、受け皿が４法人しかなければ、選択肢が十分にない。最近の問
題でいうと、新規上場を目指す企業は、監査を受けたいと希望しても、大手

図表２－３－４　金商法または会社法に基づく被監査会社における監査法人の規
　　　　　　　　模別シェア

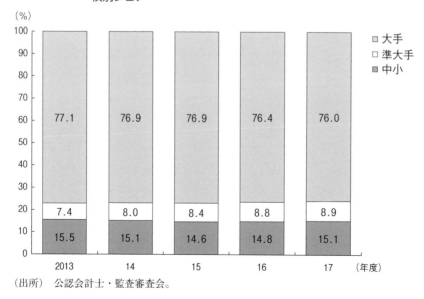

（出所）　公認会計士・監査審査会。

も忙しくてなかなか受嘱してもらえないといった声がある。したがって、大手、準大手もそうだが、中小であっても能力を高めてもらって上場企業をしっかり監査できるような監査法人がもっと増えていってもらいたいと考えている。

　一方で、上場企業等の監査は、社会的責任も大きいため、監査の信頼性確保、品質管理がきわめて重要になる。こうした品質管理体制をしっかりと確保しながら、上場企業等の監査の受け皿を大手だけではなく、重層的な構造にしていくことが期待される。

## 4 　グローバルネットワーク

　このような大手監査法人による寡占傾向は日本だけではなく、世界的にも同様にみられる。たとえば、米国、英国の主要上場企業における監査業務のシェアも同様に4大ネットワークに集中している（図表2－3－5）。

　世界にはいくつかの会計事務所のネットワークがあるのだが、そのなかでも特に中心的な役割を果たしているのがこの4大ネットワークであり、日本の4大監査法人もそこに属している。ネットワークとは何かというと、企業体ほど密接に経営が一体化されているわけではないが、グループとして組織が構成されていて、共通のブランド名を使用し、共通の事業戦略を有し、品質管理なども共有してお互いを高め合っている、よくいえばそういった存在だ。

　4大グローバルネットワークは、具体的には、Deloitte、EY（Ernst & Young）、KPMG、PwCである。これらよりやや小規模のグローバルネットワークもあるのだが、こういったネットワークが監査品質についてきわめて大きな役割を果たしている。

図表２－３－５　監査業務の大手監査法人への集中

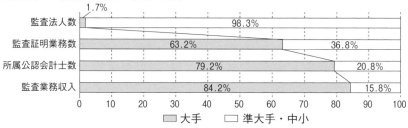

■監査業務収入の約85％が大手監査法人（４法人）に集中。
■寡占傾向は、米国および英国でも同様にみられる。

監査法人の分類別シェア（2017年度）

| | 大手 | 準大手・中小 |
|---|---|---|
| 監査法人数 | 1.7% | 98.3% |
| 監査証明業務数 | 63.2% | 36.8% |
| 所属公認会計士数 | 79.2% | 20.8% |
| 監査業務収入 | 84.2% | 15.8% |

（注１）　2017年度の協会の会員情報および各監査法人から提出された業務報告書から集計。
（注２）　2017年度において大手監査法人１法人が決算期を変更し、８カ月決算となっている。このため、2017年度の監査業務収入は、決算期を変更した監査法人の８カ月の監査業務収入が同水準で１年間発生したと仮定して（12カ月／８カ月を乗じて）補正している。
（注３）　2016年度において準大手監査法人１法人が決算期を変更しており、15カ月分の業務収入が2017年度に計上されている。

主要な上場会社における４大グローバルネットワークの監査業務シェア（会社数ベース）

| | 日本 | 米国 | 英国 |
|---|---|---|---|
| ４大グローバルネットワークの割合 | 96% | 99% | 97% |

（注）　以下の株価指数に採用されている会社数をもとにシェアを算出。
　　　　日本　日経225
　　　　米国　S&P500
　　　　英国　FTSE350

（出所）　公認会計士・監査委員会。

# 5　監査品質の向上に向けて

　わが国および各国の公的な監査監督の実施により、不正会計は根絶できたのかというと、残念ながらそうはなっていない。日本でも、たとえば、近年、東芝をめぐって非常に大きなインパクトのある不正会計事案があった。
　先述のとおり、財務諸表の作成の一義的な責任は会社側にある。その際、

会社にはいろいろと不正会計のインセンティブが働くので、外部の監査人が、会計監査をしている。東芝の事案の場合、たとえば、毎期の会計操作の結果、異常な値が出ているなど、不正の兆候は明らかなものがあった。しかしながら、監査チームのメンバーが長期間にわたって同じ会社をずっと監査しており、会計処理は東芝においてきちんと行われているはずだという勝手な思い込みや先入観があり、あるいは職業的懐疑心の不足等から、十分な深度のある確認が行われておらず、また、チーム内でも十分に情報共有されていなかった。

　こうした不正事案に対して有効な監査が行われるようにするためには、これを見抜けなかった原因を、直接的な事象にとどまらず、根本まで踏み込んで原因を究明し、是正をしていく必要がある。そうしたなかで根本原因をたどっていくと、やはり職業的懐疑心の発揮を促すカルチャーを確立できていなかったことがあげられる。それを確立するのは誰の仕事だったかというと、経営陣を中心としたリーダーシップが重要だったわけである。

　特に、東芝の事案で問題となった決算が行われた時期（2012年3月期および2013年3月期）は、不正リスクへの対応が大きな問題として議論されていた時期であり、東芝の事案は、非常に衝撃的なものとして受け止められた。

　東芝の事件を受けて、金融庁においては、「会計監査のあり方に関する懇談会」が設けられ、有効なマネジメントのもとで、高品質で透明性の高い会計監査を提供する監査法人が評価・選択される環境を整備し、市場全体として監査の品質の持続的な向上が図られるようにするための取組みについて議論が進められた。そこでは、監査法人のマネジメントの強化、会計監査に関する情報の株主等への提供の充実、会計不正を見抜く力の向上、「第三者の目」による会計監査の品質チェック、さらには、高品質な会計監査を実施するための環境整備などについて、具体的な提案がなされている（図表2-3-6）。

　こうした施策は順次実行に移されてきており、また、東芝の事案のショックも受けて、大手監査法人やそれに次ぐ監査法人は、監査品質の確保につい

図表２－３－６ 「会計監査の在り方に関する懇談会」提言（2016年３月８日）

### 1 監査法人のマネジメントの強化

● 監査法人のガバナンス・コード
（監査法人の組織的な運営のための
プリンシプルの確立、コードの遵守
状況についての開示）
● 大手上場会社等の監査を担える監
査法人を増やす環境整備
（コードの適用による大手・準大手
監査法人の監査品質の向上等）

### 2 会計監査に関する情報の株主等への提供の充実

● 企業による会計監査に関する開示
の充実
（有価証券報告書等における会計監
査に関する開示内容の充実）
● 会計監査の内容等に関する情報提
供の充実
（監査法人や当局による情報提供の
充実、監査報告書の透明化、監査
人の交代理由等に関する開示の充
実等）

### 3 企業不正を見抜く力の向上

● 会計士個人の力量の向上と組織と
しての職業的懐疑心の発揮
（監査の現場での指導や不正対応に
係る教育研修の充実等）
● 不正リスクに着眼した監査の実施
（監査基準、不正リスク対応基準等
の実施の徹底）

### 4 「第三者の眼」による会計監査の品質のチェック

● 監査法人の独立性の確保
（監査法人のローテーション制度に
ついての調査の実施）
● 当局の検査・監督態勢の強化
（公認会計士・監査審査会の検査の
適時性・実効性の向上、監査法人
に対する監督の枠組みの検証等）
● 日本公認会計士協会の自主規制機
能の強化
（品質管理レビュー等の見直し等）

### 5 高品質な会計監査を実施するための環境の整備

● 企業の会計監査に関するガバナン
スの強化
（監査人の選定・評価のための基準
の策定、監査役会等の独立性・実
効性確保、適切な監査時間の確保
等）
● 実効的な内部統制の確保
（内部統制報告制度の運用と実効性
の検証）
● 監査におけるITの活用
（協会において検討を継続）
● その他
（試験制度・実務補習等の在り方の
検討）

⬇

有効なマネジメントのもと、高品質で透明性の高い会計監査を提供する監査法
人が評価・選択される環境の確立
⇒ 高品質で透明性の高い監査を提供するインセンティブの強化、市場全体に
おける監査の品質の持続的な向上

（出所）「会計監査の在り方に関する懇談会」提言（2016年３月８日）に基づき金融庁作
成。

て、経営の第一の重点事項としてあげており、それが監査法人にとっても生命線だという認識は深まってきていると考えられる。しかしながら、報道等をみれば、不正事案は引き続き起こっている。こうしたなかで、資本市場に対する信頼を維持し、これを円滑に機能させていくためには、会計監査の強化や企業自体のガバナンスの強化など、さまざまなステークホルダーにおいて、企業の財務報告をめぐるエコシステムをさらに強化する取り組みを引き続き継続していくことが、終わりのない旅のようなところもあるが、重要な課題であると認識している。

## 6 審査会のモニタリング

### (1) 品質管理レビューと審査会のモニタリング

　監査法人の品質管理の状況のモニタリングについては、まずは、日本公認会計士協会による、品質管理レビューがある。これは、プロフェッショナルである自らの品質は、自らの手で維持するということで、1999年度から自主規制として実施しているものである。前述のとおり、公的に監査監督が必要だという国際的な議論をふまえ、審査会が設置され、公認会計士・監督審査会が品質管理レビューの状況、および、必要に応じて、個別の監査事務所についても、報告徴収や検査等を通じて、モニタリングをすることとなっている。

　審査会では、モニタリングの結果、問題があれば、業務改善や業務停止、あるいは登録の抹消などの行政処分について、金融庁本体に対して勧告を行い、処分自体については、金融庁で実施する仕組みである（図表2-3-7）。

　日本公認会計士協会のレビューは、すべての対象事務所に対して、原則で3年に1回、品質管理の状況をレビューするというものである。これに対して、審査会のオンサイト検査では、日本公認会計士協会のレビューの状況をふまえ、対象事務所を絞って、いわば狭く、深い検査を行うこととしてい

図表２−３−７　審査および検査の位置づけ

■審査および検査の概要

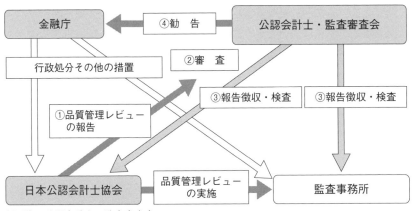

(出所)　公認会計士・監査審査会。

る。なお、大手監査法人については、主要企業のほとんどを監査しているな
ど、資本市場に与える影響が甚大であることから、本検査を２年に１回、
フォローアップの検査を本検査の翌年に実施しており、毎年、品質管理の状
況を検査している。準大手は３年に１回であり、中小規模の事務所について
は、おおむね年に４事務所、５事務所を選定して、検査を行っている。

## (2)　モニタリングの目的および視点

　審査会のモニタリングの目的は、監査の質の向上を図り、信頼性を確保す
ることにある。その際の視点は、個別の監査業務の適否を直接問題にするも
のではない。監査法人の業務が適正かどうかという観点からは個別の企業の
監査の実態も重要だが、それ自体が目的ではなく、監査事務所が品質管理を
含め、業務が適正に行われているか、必要なガバナンスが有効に働いている
か、という問題意識でモニタリングを行っている。

　そのなかで、監査が形式的に基準に準拠していればよいということではな
く、(監査基準は多分にそうした側面もあるが) 形式を満たすことに意義がある

のではない。何か不正があれば適切にスクリーニングできることが期待されている。そのためには、形式的な基準だけではなくて、職業的懐疑心を十分発揮できているか問われることになる。どの会社についても金太郎飴みたいに同じ手続をすればよいということではなく、それぞれ特色ある事業運営をしているのだから、その事業に応じて、どこに重要なリスクがあるのかということを評価したうえで、監査計画等がつくられる必要がある。そうしたリスクベースの計画に基づき、適切に監査が進められているかが重要である。その過程で、何か問題があればしっかりと監査チームなり責任者で情報が共有され、あるいは、事務所内でも的確にモニタリングされるような仕組みになっているか、といった点が重要であり、そうしたところを検証する。

　さらに、業務の適正な実行が図られるためには、監査法人自体が真にそのことを目指して運営されていることが望まれる。この点では、ガバナンス体制がきわめて重要であり、経営陣の意識から始まって、その意識を組織の全体に浸透させるためのメカニズムがどうなっているのか、そうしたことも検証の対象としている。

　モニタリングの実施手法については、①オフサイト・モニタリングで、幅広く、そのタイミングにおいて重要と考えられる事項や継続してフォローすべき事項について報告を求めており、必要に応じてヒアリングや意見交換を行っている。また、前述したとおり、②オンサイトでも深度のある検査を一定数実施している。

　オンサイトの検査に関しては、総合評価を行ってフィードバックをする仕組みがある。これは、「おおむね妥当である」から「著しく不当なもの」まで5段階に区分して評価しているもので、「著しく不当なもの」になれば、行政処分の勧告相当になる。オンサイト検査では、さまざまな点を集中的にみるため、現実には、なんらかの問題点はある。問題点がまったくなければ「妥当」になるのだが、「妥当でない点がある」というのは、上から2番目の評価であるが、これは、おおむね適正な業務運営が行われているというニュアンスの評価である。より重要な問題が認識されれば、それに応じた評価に

なっていく。

## (3) モニタリング結果のフォローアップと情報発信

　検査については、その後のフォローアップが重要であり、気づきの点や問題点等について検査先の監査法人と議論を行う。また、検査結果の通知書について、特に重要な事項については監査事務所を通じて協会、被監査会社等に対して積極的に開示することが期待されている。なお、勧告事案については、審査会のホームページに公表する。さらに、審査会としては、検査結果事例集やモニタリングレポートをまとめて、公表している。これには、検査を通じて得られた教訓について、監査業界の共有知としてほしいというねらいがある。と同時に、会計監査の信頼性を向上させるためには、上場企業をはじめとして、企業会計や監査に関連する人たちの幅広い理解が必要になってくる。そのような面で、審査会では、こうした媒体等を通じて、必要な情報の積極的な発信に努めているところである。

# 監査の未来

　企業や金融機関の「監査」には、内部監査、監査役（監査委員）監査、会計監査の「三様監査」がある。それぞれ役割や権限は異なるがその連携が期待されている。また金融機関の場合には金融庁等による金融検査・監督もauditの考え方で構成されて、三様監査との連携も行われており、三様監査に当局検査（監査）を加え「四様監査」と呼ばれることもある。

　いずれの監査においても近年イノベーションを取り込み、たとえばdata analyticsの活用等により従来サンプルベースで行われていた監査が、すべての取引等を対象にすることも可能になってきている。また人工知能（AI）等により異常値や不正行為を効率的に検知し抽出することも可能になってきている。大手監査法人も会計監査におけるイノベーションの活用を精力的に進め、従来多数の人手を要していた業務を効率化するとともに、イノベーションにより浮いた人的資源を真に人手が必要な分野に振り向けることに注力している。

　しかし、イノベーションの進展は監査の効率化とともに、監査の存在意義を破壊（disrupt）する可能性もあるとの見方も強くなっている。すなわち、3 lines of defenseを含むガバナンスのあり方がイノベーションによって大きく変化する可能性がある。たとえば、1st line of defenseはイノベーションにより業務そのものに内部統制やリスク管理がビルトインされ、その結果1st line自体によるリスク管理の能力が格段に向上し、従来の2nd line of defenseとの境界があいまいになる可能性がある。また2nd line of defenseにおいてもすべての取引やデータをもとにリアルタイムでリスクをモニタリング・管理することが可能になりうる。その場合の3rd line of defenseの役割は、1stおよび2nd lineで利用されるリスク管理等のモデルの妥当性等の検証はともかく、従来の内部監査とは相当異なる可能性がある。

　このように金融機関や事業法人の内部での3 lines of defenseの能力が格段に向上し、たとえば完ぺきな財務諸表を企業自身が作成できるとすると、その場合の会計監査の役割はどうなるのであろうか？　制度上会計監査が義務づけられていることを別にすれば、会計監査法人の存在意義が問われる事態になるかもしれない。さらに金融機関の場合の金融検査監督の役割についても、従来とは相当異なるものになる可能性がある。

　すでに金融業務においては、送金や決済等を中心に非金融のプレーヤーやいわゆるplatformerによる創造的破壊（disruption）が進行しているが、監査の分野でもイノベーションによりdisruptされる可能性がないとはいえ

ない。監査役監査、会計監査、金融検査監督等は制度上求められておりそう簡単にはdisruptされないとの意見もあるが、そのような見方は多くの規制に守られた金融業務自体がすでにdisruptされつつあることをみれば、楽観的すぎるとも考える。いまからイノベーションによってdisruptされない「監査」の意義や役割を再考しておく必要がある。　　　　　　（佐々木清隆）

# 2-4 コーポレートガバナンス改革

油布志行

## 1 コーポレートガバナンス改革とは

### (1) 日本のコーポレートガバナンス改革の進展

　コーポレートガバナンスの分野におけるグローバル・スタンダードセッターは、国際機関のOECD（経済協力開発機構）であるが、私がOECDに勤務していた2000年代の前半、日本は加盟国のなかで「コーポレートガバナンス後進国」とでもいうべき評価に甘んじていた。

　もちろん、日本政府も、たとえば、1993年には社外監査役の設置を義務化し、監査役の半数は社外監査役にすることとしたほか、2002年には委員会設置会社制度を導入するなど、累次の取組みを行っていた。ただ、残念ながら、国際社会やマーケットからの評価は決して高いとはいえなかった。

　それはなぜだったのか。OECDの同僚とよくこの点を議論したが、日本の事情にも大変詳しい、ある豪州の専門家の見解が強く印象に残っている。それは「日本では、organizational issues（機関設計論）ばかりを議論しているから、改革が進まないのではないか」という指摘であった。たしかに、法改正（義務づけ）により会社の機関の独立性を強化しようとか、新しいタイプの取締役会の枠組みを会社法上に導入しよう、といった、いわば「器」に手を加えようとする政策論は何度も繰り返されていたものの、そもそも会社は

78

社外取締役に何を期待すべきなのか、会社の大きな方向性を策定する際には、誰がどうかかわっていくべきなのか、といった「中身」に関する議論は手薄だったかもしれない。

この意味で、今般、organizational issues以外のポイントも幅広くカバーしたソフトロー、すなわち、これから説明する2つのコードの策定によって、日本のコーポレートガバナンス改革が急速に進み出したことは感慨深い。

2013年以降のコーポレートガバナンス改革の進展には、政権交代などもあって、政府も経済界もいわば新規まき直しモードに入ったことも大きい。実際、政権交代後の第一弾の成長戦略（2013年6月）に、スチュワードシップ・コードを策定するという方針が記載され、これを受けるかたちで、翌年2月に「日本版スチュワードシップ・コード」（以下「SSコード」という）が策定された。その後、同様の手順を踏んで、2015年5月には「コーポレートガバナンス・コード」（以下「CGコード」という）が策定された。この間、私は、成長戦略の取りまとめを担う内閣官房の参事官を兼務したり、金融庁で企業統治を担当する課長を務めたりして、こうした一連の流れに携わる機会を得たのは幸運であった。

## (2) 「コード」という規範の特徴

この2つのコードは「ダブルコード」と呼ばれることも多い。このうちCGコードのことを「企業統治指針」と呼ぶメディアもあるが、私は「指針」という表現は避けている。金融庁には、金融業界にはよく知られた「監督指針」という文書があるが、これはソフトローでありながら、実際には相応の強制力を伴うものと受け止められている。その逆に、各省庁のさまざまな「指針」のなかには、単なる参考文書でおよそ規範力を有しないものもある。CGコードは、このどちらとも異なるものであり、「コンプライ・オア・エクスプレイン」という手法を用いた、わが国にはまったく新しいタイプのソフトローであった。

ここで、「コンプライ・オア・エクスプレイン」とは、法令のように一律に義務を課すのではなく、原則を遵守するか、遵守しない場合には、その理由を説明することを求める、という手法である。「ルールだから全部守れ」ということではなく、一部を守らない自由が認められている。実際、CGコードには大小70項以上の原則があるが、むしろ「100％全部守っています」という企業にはどこかに多少のごまかしがあるのではないか、との疑念を私はもっているぐらいである。コードのいろいろな原則のうち、「わが社の事情に照らせばこれはやらないほうがよい」と信ずるのであれば、それは実施する必要はない。むしろ、実施すべきでない。ただし、その場合には、なぜ実施しないのかを正々堂々と説明・公表していただくという手法である。

　「コード」のもう1つの特徴は、「プリンシプルベース・アプローチ」と呼ばれるものであり、これも法令などとは性格を異にする点である。細則主義的な手法のことをルールベース・アプローチというが、その対極にあるものがプリンシプルベース・アプローチである。たとえば、仮に法律で「機関投資家」になんらかの義務を課したいという場合には、誰が機関投資家なのか、をきちんと定義するのが通例である。誰が規制の対象であり、違反した場合にどんなペナルティーを受ける可能性があるのかを明らかにしておく必要があるからである。ただし、この方法だと、時には規制すべき対象が一部漏れてしまうことや、その逆に広すぎる対象を規制してしまうおそれもあるだろう。一方の「コード」はどうか。たとえば、SSコードは機関投資家を規律する規範だが、機関投資家の定義は書かれていない。むしろ、それぞれの投資家に、「自らが機関投資家であるかどうかを、まず自分で考えてください」という建付けである。コードに目を通したうえで、その内容に照らして、自らはこのコードの対象になって然るべき主体なのかどうか、しっかりと判断してもらうという仕組みである。

　コードの中身については、一見、当たり前の記述も少なくない。たとえば、CGコードの基本原則1には、「上場会社は、株主の実質的な平等性を確保すべき」というくだりがある。たしかに、規範としては具体性を欠くよう

に思える文章だが、実はこれには、「形式的・表面的な平等性ではなくて、実質的な平等性のほうが大切ですよ」という趣旨・価値観が込められている。これが法律だと、こうしたフワッとした書き方はまれである。何が「実質的」なのかが一義的に明らかではないからであろう。この「実質的な平等性を確保すべき」という表現は、まさにプリンシプルベースならではのものである。

## 2 ダブルコードの内容

### (1) コーポレートガバナンス・コード（CGコード）

さて、CGコードの内容であるが、まず、これは、上場企業が幅広いステークホルダーと適切に協働しながら、実効的な経営戦略を立てて中長期的な収益力の改善を図るための行動原則である（図表2－4－1）。全部で5章あり、それに対応して「基本原則」も計5つある。その下にそれぞれ「原則」と「補充原則」が連なる三層構造になっており、下位の原則になるほど個別・具体性が高くなる。たとえば、「基本原則1」は株主の権利・平等性の確保を求めるものであるが、その下の「原則1－4」には株式持合いに関する一般的な規律が、さらにその下の「補充原則1－4－①」には、もしも持合いの相手企業から持合い株の売却を提案された場合にはこれを妨げるべきでないことが記載されている、という具合である。

続いて、「基本原則2」は株主以外のステークホルダーとの協働、「基本原則3」はディスクロージャーの充実、を主題としている。「基本原則4」は取締役会等の責務であり、取締役会はこういうことを議論すべきである、というようなことも書かれている。ちなみに、独立社外取締役を2名以上設置すべきである、という有名な規律は、この章の補充原則の1つである。最後に、「基本原則5」は、日本のCGコード独自のもので、株主との建設的な対話を実現するための規範が記載されている。

図表2－4－1　CGコードの概要

> 上場企業が、幅広いステークホルダー（株主、従業員、顧客、取引先、地域社会等）と適切に協働しつつ、実効的な経営戦略のもと、中長期的な収益力の改善を図るための行動原則

枠組み
・証券取引所の上場規則として採用（上場企業には「受け入れる」義務）。
・プリンシプルベース・アプローチ：自らの活動が、形式的な文言・記載ではなく、その趣旨・精神に照らして真に適切か否かを判断。
　　　　　　　　　　　⇔　ルールベース・アプローチ（細則主義）
・コンプライ・オア・エクスプレイン：コードは、法令のように一律の義務を課すのではなく、「原則を実施するか、実施しない場合には、その理由を説明するか」を求める。　　　　　　　　　　　　　　　⇔　一律義務づけ

---

概　要
1　上場会社は、株主の権利・平等性を確保すべき。
　・政策保有株式の保有目的や保有に伴う便益・リスクの検証、政策保有に関する方針の明確化を行うべき。
2　上場会社は、従業員、顧客、取引先、地域社会などのステークホルダーとの適切な協働に努めるべき。
3　上場会社は、利用者にとって有用性の高い情報の提供に取り組むべき。
4　取締役会は、会社の持続的成長を促すため、企業戦略等の大きな方向性を示すことや、実効性の高い監督を行うことなどの役割・責務を果たすべき。
　・持続的成長に資するような独立社外取締役の活用：建設的な議論に貢献できる人物を2名以上設置すべき。
5　上場会社は、持続的な成長と中長期的な企業価値向上に資するよう、株主と建設的な対話を行うべき。

---

（注）　2015年6月1日適用開始、2018年6月1日改訂。
（出所）　金融庁。

　総頁数は20頁強にすぎず、これに5頁ほどの「序文」がついている。もしもCGコードに目を通す機会があれば、必ず「序文」も読んでいただきたいと思う。CGコードの趣旨や性格を明らかにした非常に重要な文書だからで

ある。

日本のCGコードには大きく2つの特徴がある。1つ目の特徴は世界最先端のマルチステークホルダー・モデルだということである。たとえば、日本のCGコードには、コーポレートガバナンスの定義が記載されており、そこでは、「本コードにおいて、『コーポレートガバナンス』とは、会社が、<u>株主をはじめ、……</u>」という書出しで、たしかに株主が最初に置かれてはいる。しかし続けて、「（株主をはじめ、）<u>顧客・従業員・地域社会等</u>の立場を踏まえた上で、透明・公正かつ迅速・果断な意思決定を行うための仕組みを意味する」と記載されている。なお、アングロサクソンの典型である英国のCGコードにも、（遅ればせながら、といっては失礼だろうが）2018年の改訂版から、ついに株主以外のステークホルダーの重要性が記載されるようになった。

2つ目の特徴は、「攻めのガバナンス」と呼ばれるものである。伝統的には、コーポレートガバナンスは守りの仕組み、つまり、監視・監督・制御の仕組みであり、また同時に、利益を誰にどう分配するかという分配のモデルでもある。だが、私は、必ずしもこればかりがコーポレートガバナンス論ではないと考えている。実際に、OECDが制定した 'G20/OECD Principles of Corporate Governance' は、監視・監督・制御や分配だけではなく、中長期的な企業の成長にも目配りを行っている。

日本はそれを参考にしながら、さらに発展させて日本版のCGコードをつくった。先ほど日本のCGコードにおけるコーポレートガバナンスの定義を、「本コードにおいて、『コーポレートガバナンス』とは、会社が、株主をはじめ、顧客・従業員・地域社会等の立場を踏まえた上で、<u>透明・公正</u>かつ……」であると紹介したが、これが「守り」の部分である。ただ、ここで終わるのではなく、続けて「攻め」の部分が書き込まれており、「……<u>迅速・果断</u>な意思決定を行うための仕組み」であると記載されている。

日本の会社は総じてリスク回避傾向が強すぎるのではないかとの指摘がある。そこで、CGコードにおいても、たとえば、「経営陣幹部による適切なリスクテイクを支える環境整備を行うこと」を取締役会の役割の1つに位置づ

けるなど（原則４）、会社が健全なアントレプレナーシップを発揮して、持続的な成長につなげていくことにも力点を置いた「攻めのガバナンス」を目指しているわけである。

## (2)　日本版スチュワードシップ・コード（SSコード）

　さて、日本版スチュワードシップ・コード（SSコード）は機関投資家を対象にしたコードである。機関投資家は、投資先の企業やその企業の事業環境などを深く理解して、自らの運用戦略に応じたかたちでサステナビリティをも考慮しつつ、投資先企業と建設的なエンゲージメント（目的をもった対話）を行うべし、という規範である。こうしたエンゲージメントを通じて、投資先企業の持続的成長を促し、自らの直接のクライアントやその背後に存在する最終受益者の投資リターンが中長期的に拡大することを目指す、という責任を機関投資家に果たしてもらうための原則である（図表２－４－２）。

　とはいえ、機関投資家がSSコードを受け入れるかどうかはまったくの任意である。上場企業を対象とするCGコードは、取引所の規則により、上場企業には少なくとも受け入れる（サインアップする）義務はあるのだが、SSコードにはそれすらない。実際に、短期売買を収益の柱とする機関投資家などはサインアップしないことも多い。

　サインアップしてくれた機関投資家は、金融庁で一覧表にして名前を公表している。彼らは、SSコードの趣旨に賛同して、投資先企業の持続的な成長にコミットし、長めの時間軸で投資リターンを考える旨を宣言した機関投資家だということになる。そこで、私は、「よく知らない機関投資家との面談に応じるのは不安だ」という上場企業に対しては、まずはその機関投資家がSSコードにサインしているのかどうかを調べ、サインアップしていない場合には、「なぜサインしていないのですか」と質問をぶつけてみたらどうですか、と申し上げている。サインアップしている機関投資家だったら、なおのこと、万一にもスチュワードシップ精神に反するような言動や要求があったら、臆せずにそう指摘すべきだと思う。本来、「対話」とは双方向の

図表２－４－２　SSコードの概要

> 機関投資家が、投資先企業やその事業環境等に関する深い理解のほか、運用戦略に応じたサステナビリティ（ESG要素を含む中長期的な持続可能性）の考慮に基づく「建設的な対話」を通じて、企業の持続的成長と顧客・受益者の中長期的な投資リターンの拡大という責任（スチュワードシップ責任）を果たすための行動原則。

枠組み
・機関投資家がコードを「受け入れる」かどうかは任意。ただし、金融庁がコードの受入れを表明した「機関投資家のリスト」を公表する仕組みを通じて、コードの受入れを促す。
・プリンシプルベース・アプローチ、コンプライ・オア・エクスプレインを採用。

概　要
機関投資家は、
1　スチュワードシップ責任を果たすための「基本方針」を策定し、これを公表すべき。
2　顧客・受益者の利益を第一として行動するため、「利益相反」を適切に管理すべき。
3　投資先企業のガバナンス、企業戦略等の状況を的確に把握すべき。
4　建設的な対話を通じて投資先企業と認識を共有し、問題の改善に努めるべき。
5　「議決権行使」の方針と行使結果を公表すべき。
　・議決権行使結果は、個別の投資先企業および議案ごとに公表すべき。
　・形式的に議決権行使助言会社の助言等に依拠せず、自らの責任と判断のもと、議決権を行使すべき。
6　顧客・受益者に対して、自らの活動について定期的に報告を行うべき。
7　投資先企業に関する深い理解に基づき、適切な対話と判断を行うための実力を備えるべき。
機関投資家向けサービス提供者は、
8　機関投資家がスチュワードシップ責任を果たすにあたり、適切にサービスを提供するように努めるべき。

（注）　2014年2月26日策定、2017年5月29日改訂、2020年3月24日再改訂。
（出所）　金融庁。

ものである。エンゲージメントの場で企業サイドから機関投資家に物申すことは少しも不自然ではないはずだ。

　さて、SSコードの内容（図表2－4－2）であるが、こちらは8つの原則がある。順に、機関投資家は、①スチュワードシップ責任を果たすための「基本方針」を策定・公表すべきこと、②「利益相反」を管理するための方針を策定・公表すべきこと、③投資先の企業の状況は的確に把握すべきこと、と続き、④は、投資先企業とのエンゲージメントを通じて認識の共有を図り、問題があれば改善に努めること、である。この④は、機関投資家が声高に要求を突きつけるというのではなく、むしろ企業側と認識を共有して、一緒になって問題の改善に努めるようなアプローチをとるべきだ、という趣旨である。もちろん、現実世界には、これとは異なる強権的なアクティビストも存在しているし、そうした活動も受容する市場の多様性は大切なのだろうが、それはSSコードが推奨する活動とは別のものである。SSコードが想定するエンゲージメントは、派手にマスコミの耳目を集める対決型かつ「劇場型」のアクティビズム活動ではない。

　⑤は議決権行使結果の公表であり、⑥はクライアントへの報告は適切に行うべし、という原則である。⑦は日本のコード独自の原則であるが、投資先企業にあれこれという以上は、機関投資家側もしっかりと体制を整備して実力を備えてほしい、とくぎを刺している。⑧は2020年改訂で新設されたもので、議決権行使助言会社などに対する規律である。議決権行使助言会社とは、機関投資家に対して、賛成票／反対票のどちらを投じるべきか助言したり、情報提供したりする事業者であるが、彼らにも機関投資家に準じた規律をかけることとなった。

## (3)　ダブルコードのねらい

　ダブルコードのねらいを模式図にしたものが図表2－4－3である。図の左側は機関投資家を対象とする規範（SSコード）で、右側は上場企業に対する規範（CGコード）である。上部中央には「車の両輪」と書いてあるが、こ

図表2－4－3　ダブルコードの目的

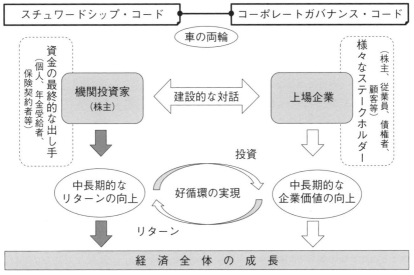

（出所）　金融庁。

れは、ダブルコードは互いに連携して有機的に作用し、1つの目的を目指す
ということを示している。その目的とは、上場企業の企業統治の改善を促す
ことを通じ、中長期的な企業価値の向上と投資リターンの向上を図り、日本
経済全体の成長につなげていく、ということである。

　そして、その際には、次のような資金の流れの「好循環」が実現すること
を期待している。すなわち、建設的なエンゲージメントが奏功して、優れた
ガバナンスのもとで企業業績が向上し、高い投資リターンが達成される。す
ると投資が誘発され投資額が増加し、さらに企業活動（設備投資や研究開発
など）が強化されて企業業績がいっそう改善する。そこで、再び投資リター
ンが向上し、その結果、さらに投資額が増えて……という好循環である。

# 3 コーポレートガバナンス改革の評価

## ⑴ 内外の市場関係者からの評価

ここ数年でコーポレートガバナンス改革はかなり進んだとされる。日本でようやく改革が進み始めたことを評価し、この改革モーメントをぜひ維持してほしいという市場関係者の声も聞く。SSコードを受け入れた機関投資家の数をみると、2014年の同コードの策定・適用当初からすでに127機関にものぼっていたが、その後も増加を続け、2020年には280機関以上に達している。機関投資家は、SSコードにサインアップする義務はなく、無視することもできる。それがここまでの数に達しているということは、「SSコードはそれなりに有意義・有効なものだ」との認識が広がっていることの証左かもしれない。

## ⑵ 実際の効果：買収防衛策への影響

次にコーポレートガバナンス改革の実際の効果はどうだったのか、という点だが、これは検証が非常にむずかしい課題である。たとえば、ここ数年、改革の進展と軌を一にするように、上場企業のROE（株主資本利益率）やROS（売上高利益率）の改善がみられてきた。しかし、この時期はいわゆるアベノミクスのもと、基本的には経営環境に恵まれた期間だったので、これらの指標の改善が直ちに改革の効果だと断定することはむずかしいだろう。

そこで、ここでは、とりあえずの部分的な検証の一例として、コーポレートガバナンス改革が上場企業の買収防衛策にどのような影響を与えているか、をみてみたい。敵対的な買収の一部には、たしかに、買収される企業をいわば「食い物にする」タイプのものも存在するだろう（ちなみに、映画の『ウォール街』におけるマイケル・ダグラスや、『プリティ・ウーマン』におけるリチャード・ギアが演じていたのは、こうした類いの買収を手掛ける乗っ取り屋

である）。それもあって、上場企業のなかには、万一、誰かに敵対的な買収を仕掛けられた場合に、その買収が成就しにくくなるような予防策を平時から導入しているものが存在する。ところが、一般的には、そうした企業では、経営陣に対する牽制が弱まり経営規律が緩んだりして、結果的には企業価値を毀損してしまう場合が多いと考えられている。

　そうだとすれば、買収防衛策の導入は法律で禁止すべきものなのだろうか。たとえば、買収防衛に用いられることが多い特定の行為・手段を一律に禁止してしまうようなことは適切だろうか。仮にそれが適切だとしても、それは他の新たな手段による買収防衛策の発明を招くだけではないのか、という疑問も湧く。では、企業や経営者のまったく自由な判断だけに完全に任せてしまってもよいのだろうか。大方の日本企業が、およそ「買収されてしまうかもしれない」という緊張感を忘れてしまうことは、はたして日本経済全体にとってよいことだろうか。

　そこで、ダブルコードの出番である（図表２－４－４）。まずCGコードでは、原則１－５に、「いわゆる買収防衛策」というタイトルがついている。そこでは、買収防衛策は、「経営陣・取締役会の保身を目的とするものであってはならない」と断じたうえで、続けて、買収防衛策の導入については、取締役会・監査役は「その必要性・合理性をしっかりと検討し、……株主に十分な説明を行うべきである」と書いてある（ちなみに、もしこれが法律だったら、「保身を目的としてはいけない」などと主観的要素を条件として書くことは許されないであろう）。さらに、もう一方のSSコードのほうでは、投資先企業の「企業価値が毀損されるおそれがあると考えられる場合には」、企業側からしっかりと説明を受けて問題の改善に努めるべきである、という旨が記載されている。したがって、仮に投資先企業が買収防衛策を導入したいといってきた場合には、機関投資家たる株主は、本当に導入の必要性があるのか、経営規律が緩み企業価値を損なうおそれはないのか、しっかりと対話を行って見極めるべしということになる。まさに２つのコードが車の両輪として、買収防衛策の導入に適切な歯止めをかけようとしているのである。

図表２－４－４　ダブルコードと買収防衛策

コーポレートガバナンス・コード

原則１－５　いわゆる買収防衛策

　買収防衛の効果をもたらすことを企図してとられる方策は、経営陣・取締役会の保身を目的とするものであってはならない。その導入・運用については、取締役会・監査役は、株主に対する受託者責任を全うする観点から、その必要性・合理性をしっかりと検討し、適正な手続を確保するとともに、株主に十分な説明を行うべきである。

日本版スチュワードシップ・コード

指針４－１

　機関投資家は（中略）、投資先企業の状況や当該企業との対話の内容等を踏まえ、当該企業の企業価値が毀損されるおそれがあると考えられる場合には、より十分な説明を求めるなど、投資先企業と更なる認識の共有を図るとともに、問題の改善に努めるべきである。

（出所）　金融庁。

　実際に、このダブルコードの記載を受けて、買収防衛策を備える企業は減少している（図表２－４－５）。一番多い2008年末には、実に569社が買収防衛策を導入ずみであり、ダブルコードの策定直前の2013年末時点でも511社にのぼっていた。上のグラフが、SSコードやCGコードが策定された頃からの状況で、直近（2020年４月）では311社まで急減している。この減少にはダブルコードの策定が大きく影響しているとみて間違いなさそうである。

# 4　株主至上主義とコーポレートガバナンス改革

　私は、2014年から2015年にかけて金融庁でダブルコードの策定に従事し、それから４年間を経て、2019年の夏から再び両コードを担当する立場となったのだが、あらためて当時を振り返ってみると、この間、ある程度予想されていた変化と、予想を完全に超えた変化の２つが現実のものとなった、との

図表2−4−5　買収防衛策を備えている企業（導入企業）の減少

買収防衛策の導入社数と中止社数の推移（足もとの状況）

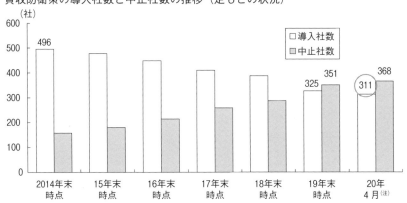

買収防衛策の導入社数と中止社数の推移（2006年〜）

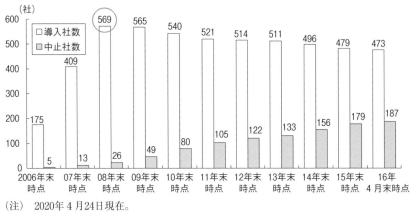

（注）　2020年4月24日現在。
（出所）　レコフM＆Aデータベース（MARR Online）より著者作成。

印象を受ける。

　まず、ある程度予想されていた変化とは、米英における株主至上主義の反省である。2019年8月、米国の経営者の団体であるビジネスラウンドテーブルが株主至上主義の修正を宣言した。これはたしかに画期的であったが、実はこうした動きは何も突然に生じたものではない。米Johnson & Johnson社

の有名な「Our Credo（わが信条）」は、株主に対する責任よりも顧客、社員、コミュニティへの責任を優先する精神をうたったものとしてすでに高く評価されていたし、世界最大の資産運用会社（BlackRock）が毎年、大手企業宛てに出す手紙では、すでに2014年版から、従業員に対して十分な投資（教育訓練や福利厚生など）を行うことの重要性が指摘されていた。こうした動きは、米英において過剰なまでに進行した株主至上主義を、本来あるべき地点に引き戻そうとする当然の修正であろう。

　翻って、わが国において、従来、日本企業は株主をどう扱ってきただろう。「株主軽視」と断ずるには異論もあろう。業績不振に陥った際にも身を削る思いをして安定配当を維持するなど、株主にはちゃんと敬意を払ってきた、と思っている企業は多い。ただしそれは、真の意味での敬意というより、むしろ「敬して遠ざける」ではなかっただろうか。日本企業は、たとえば企業統治の仕組みや経営の方向性などを株主と議論することについては、いまでも総じて消極的である。それは、「株主軽視」ではないかもしれないが、いってみれば「株主軽（敬）視」とでも表現すべき姿勢である。したがって、米英のように、株主至上主義の「行き過ぎ」を正さなければならない状況にあるとは思えない。

　さらにいえば、2015年に策定されたわが国のCGコードは、株主至上主義とは一線を画す基本思想に基づいて設計されたものである。それは、「株主以外のステークホルダーとの協調」に丸ごと１つの章（第2章）を充てて、その重要性を繰り返し強調するなど、現時点でも世界最先端のマルチ・ステークホルダー型のコードである。

　したがって、昨今の米英の動きをとらえて、「アングロサクソンでさえ株主至上主義は誤りだったと認めたのだから、わが国はガバナンス改革などやめるべきだ」と考えるのは間違いである。株主を含む多様なステークホルダーを大切にする「あるべきガバナンス像」は、米英の企業と日本企業との間のどこかに存在しており、現在、両者はそれぞれ右端と左端から、その理想像を追って模索を続けている、と考えるべきである（図表２−４−６）。米

図表２－４－６　日米英の考え方の接近

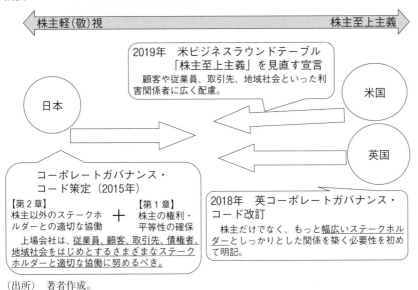

（出所）　著者作成。

英と日本とでは、そもそものスタート地点が異なるため、一見、現時点にお
けるベクトルは互いに逆方向のようにみえるが、実は、目指している最終
ゴール地点は同じ場所にあるのである。

## 5　サステナビリティ課題と コーポレートガバナンス改革

　一方、ダブルコードの策定当時には予想もしなかったスピードで生じた変
化もある。それは気候変動問題や社会的課題などを含むESG、SDGs、サス
テナビリティに関する課題（以下「サステナビリティ課題」という）の急浮上
である。

　もはや具体例をあげる必要すらないかもしれないが、たとえば、2019年の
ダボス会議の主要テーマは、そのほとんどがサステナビリティ課題で占めら

れた。欧州の金融・証券当局を筆頭に、各国の政府当局の動きも加速している。トランプ政権下の米国においては、こうした分野での金融・証券当局の動きは目立たなかったが、そうしたなかにあってすら、2019年秋、国連責任投資原則（PRI）が主催する国際カンファレンスの席上で、米国の証券取引委員会（SEC）のある現職委員は、「政権交代があれば、SECとしては、すぐにでもサステナビリティ開示の義務化に向けた検討に着手するだろう」との観測を述べて会場を驚かせた。

こうしたなか、機関投資家に対する規律であるSSコードは、策定から6年が経過し、2020年3月には2度目の改訂が行われた。そこでは、サステナビリティ課題が著しく重要性を増したことをふまえ、複数の修正が行われたが、なかでも特筆すべきは、「スチュワードシップ責任」の定義そのものの変更である。今回の改訂の結果、次に記す「定義」に新たに下線部分が付け加えられた。すなわち、「スチュワードシップ責任とは、機関投資家が、投資先企業やその事業環境等に関する深い理解のほか投資戦略に応じたサステナビリティの考慮に基づく建設的な『目的をもった対話』などを通じて、当該企業の企業価値の向上や持続的成長を促すことにより、『顧客・受益者』の中長期的な投資リターンの拡大を図る責任を意味する」との修正が行われたのである（図表2-4-7）。

2013年から2014年にかけてSSコードの策定を進めた当時、そこからわずか6年のうちにスチュワードシップ責任の定義自体を変更することになる、と予想した関係者は皆無だったのではないか。2020年は、今度はCGコードが策定されてから6年目に当たる。今回のSSコードの改訂もふまえて、今度はCGコードとして、サステナビリティ課題にどう向き合っていくべきなのかが問われることとなろう。

## 6 ポストコロナ時代のコーポレートガバナンス

さて、いまだコロナ禍が収まらない現状でポストコロナ時代を語ることに

図表２－４－７　2020年のSSコード改訂におけるサステナビリティの記載

・コード前文の冒頭記載を改訂。「スチュワードシップ責任」の定義を変更し、ESG要素などのサステナビリティを考慮すべき旨を追加。

「責任ある機関投資家」の諸原則　≪日本版スチュワードシップ・コード≫について

　本コードにおいて、「スチュワードシップ責任」とは、機関投資家が、投資先企業やその事業環境等に関する深い理解のほか運用戦略に応じたサステナビリティ（ESG要素を含む中長期的な持続可能性）の考慮に基づく建設的な「目的をもった対話」（エンゲージメント）などを通じて、当該企業の企業価値の向上や持続的成長を促すことにより、「顧客・受益者」（最終受益者を含む。以下同じ。）の中長期的な投資リターンの拡大を図る責任を意味する。

　本コードは、機関投資家が、顧客・受益者と投資先企業の双方を視野に入れ、「責任ある機関投資家」として当該スチュワードシップ責任を果たすに当たり有用と考えられる諸原則を定めるものである。本コードに沿って、機関投資家が適切にスチュワードシップ責任を果たすことは、経済全体の成長にもつながるものである。

（出所）　金融庁。

はいささか躊躇もあり、また、私自身には将来を見通す洞察力もないが、このテーマをめぐっては、機関投資家サイドからメッセージが出始めているので、最後にいくつか紹介させていただく。

　1つ目の例は、加盟各社の運用資産の総額が54兆ドル（5,500兆円超）にも及ぶ機関投資家の国際団体ICGNのメッセージである（図表２－４－８）。2020年４月に公表されたメッセージでは、コロナ禍が新たなエンゲージメントの時代をもたらそうとしている、との認識が示されている。そこでは、①ガバナンスや環境を重視しつつあった近年の対話が有効であることがあらためて確認されるとともに、②企業の持続可能性等を左右する重要な因子として、社会的要素（social factors）の重要性が高まっていることが明記されている。

　2つ目の例は、国内の機関投資家が組織する「一般社団法人機関投資家協働対話フォーラム」が４月に発出した文書であるが、こちらは日本企業の取

図表２－４－８　ポストコロナ時代をめぐる機関投資家のメッセージ例①

> ICGN　（International Corporate Governance Network）
> Dear Corporate Leader；Governance Priorities During the Covid-19 Pandemic
> *23 April 2020*

抜粋（意訳）
・Covid-19は、新たなエンゲージメントの時代をもたらそうとしています。
・そこでは、（ガバナンスや環境重視に傾きつつあった近年の）対話の意義が再確認されるとともに、企業の長期的な財務の健全性や持続可能性を左右する重要な因子として、社会的要素（social factors）の重要性が高まっています。
（出所）　ICGN公表文より著者作成。


図表２－４－９　ポストコロナ時代をめぐる機関投資家のメッセージ例②

> 一般社団法人機関投資家協働対話フォーラム
> 緊急エンゲージメントアジェンダ（2020年４月10日）
> パンデミック収束後の世界の変化を見据えた、積極的なガバナンス発揮のお願い

抜粋
【取締役の皆様へのお願い】
　パンデミック収束後は、世界中の人々の意識や行動の変化が想定されます。保健衛生への意識の高まりはもとより、リモートワーク、オンラインイベント、オンライン学習や遠隔医療など、テクノロジーをいままで以上に活用した世界に大きく変化し、これに伴い事業環境も大きく変化する可能性があります。
　こうした危機が、かたちを変えて過去何度も繰り返されてきたなかで、欧米の企業はガバナンスを十分に効かせ、市場機能を活用し、新しい環境に適応して変化し、新陳代謝を遂げてきました。
　日本企業も、「以前の世界、会社に戻る」のではなく「新しい強靭な世界、会社をつくる」ため、大胆な挑戦と改革をお願いいたします。
　とりわけ、社外取締役の皆様には、事業活動に直接携わっていない客観的・大局的な視点で、かつ豊富な経験と高い見識をもつ社外役員ならではの視点で、パンデミック収束後の事業環境の変化、成長機会を見抜き、積極的なガバナンスの発揮をお願いします。
　長期保有の投資家は、危機をチャンスに変えようとする取締役の皆様を応援します。
（出所）　一般社団法人機関投資家協働対話フォーラム公表文より著者作成。

締役に宛てたメッセージというかたちをとっている（図表2−4−9）。この文書によれば、パンデミック収束後には世界中の人々の意識や行動が変化し、リモートワーク、オンラインイベント、オンライン学習や遠隔医療などのテクノロジーをもっと活用した世界に大きく変化し、これに伴って企業の事業環境も大きく変化する可能性があるという。そして、日本企業に対して、「以前の世界、会社に戻る」のではなくて、「新しい強靭な世界、会社をつくる」ために、大胆な挑戦と改革に取り組むよう要請をしている。また、この文書の特色は、社外取締役への期待を特記している点にもある。すなわち、社外取締役に対して、事業活動に直接携わっていない客観的・大局的な視点から、また、豊富な経験と高い見識をもつ社外役員ならではの視点から、パンデミック収束後の事業環境の変化、成長機会を見抜き、積極的なガバナンスを発揮するよう求めているのである。

　さて、この「機関投資家協働対話フォーラム」が公表したメッセージの締めくくり部分にある最後の1行は、私の目には、ポストコロナ時代の新たなコーポレートガバナンスに取り組む際のカギとなる、最も大切で深遠な、そして非常にチャレンジングな主題を提示しているように思えるので、次のとおり、該当箇所をそのまま引用させていただいて、本稿の締めくくりとしたい。

　「長期保有の投資家は、危機をチャンスに変えようとする取締役の皆様を応援します」

## 社外取締役・監査役への期待

### 1　社外取締役

　わが国では、コーポレートガバナンス・コードの策定、会社法の改正等で、社会取締役の役割が重視されてきている。社外取締役の人数だけでなく、資質、能力、実際のパフォーマンス等について期待が高くなっている。特に上場企業である金融機関に対する金融検査監督においては、いわゆる3 lines of defenseの実効性を評価するとともにそれを構築する立場のガバナンス、特に取締役会の実効性を重視している。具体的には、金融機関に対するモニタリングにおいて金融機関の取締役会メンバー、特に社外取締役との意見交換が行われるが、その目的は2つある。

　1つは、社外取締役が実効的に機能しているかどうかの評価を行うこと。経歴は立派な社外取締役であっても金融やリスク管理等に関する知見があるのか、金融機関の執行部門から十分な情報が提供されているのか等を評価するため、社外取締役一人ひとりと面談する。このようなことは監督当局のない一般事業法人では考えられず、金融監督当局との面談に戸惑う社外取締役も少なからずいる。

　もう1つの目的は、社外取締役が機能しているという前提で、金融監督当局の問題意識を共有することで社外取締役によるガバナンスを通じて金融機関の課題の解決につなげること。金融機関の社外取締役と金融監督当局はその法的位置づけ、権限等は異なるものの、金融機関の執行を監督し改善を求めるという点では共通の利害を有するのである。

　このように金融機関の社外取締役は、金融モニタリングの対象として一般事業法人の社外取締役以上の資質、能力、機能発揮が期待されているが、残念ながら金融機関が社外取締役の就任を打診する際には、その点を説明していないことも少なくない。金融機関の社外取締役の打診を受けた場合には、金融モニタリングとの連携を含め、期待される役割を十分金融機関に確認することが不可欠である。

### 2　監 査 役

　上記のように、コーポレートガバナンスの議論のなかで、取締役、特に社外取締役に関しては多く議論されてきているのに対し、監査役については影が薄い。その背景にはコーポレートガバナンスの議論が当初、企業の「稼ぐ力」を強化することを重視したことと、それ以前から企業不祥事等が起きるたびに監査役制度の見直しが行われてきたことがある。

　しかし、残念ながら監査役機能にはまだまだ課題が多い。特に社内出身の

監査役の場合には、監査の知見も乏しく「取締役にはなれなかったかわりに監査役」というケースが散見される。しかし監査役軽視はかつての金融検査でも同様である。以前は金融検査は「監査役と会っても意味がない」と考え金融機関の監査役との意見交換を行ってこなかった。現在では金融検査監督では取締役同様監査役と意見交換して、監査役機能の発揮状況を評価するとともに、金融機関の業務や3 lines of defenseの「監査」という点で共通する役割をもつ監査役との連携も強化している。

　他方、金融機関以外の事業法人については金融当局のような監督当局も存在せず、不祥事を起こした企業を別にすれば、株主・投資家も監査役に対する関心が低いし、「監査役なんてその程度」と諦めている。監査役に対する関心をもち、よい意味でのプレッシャーを与えることが株主、投資家にも期待されている。　　　　　　　　　　　　　　　　　　　　　　　**（佐々木清隆）**

第 **3** 章

# 新たなリスクへの対応

# 3-1 コンダクトリスク

佐々木清隆

## 1 コンプライアンスリスク管理の高度化の必要性

### (1) コンプライアンスの重要性

コンプライアンス（通常「法令遵守」と訳されることが多い）は、金融機関にとっても、金融監督当局にとっても非常に重要な問題である。金融機関の役職員による法令違反は、金融当局による監督上の処分（業務改善命令、業務停止命令等）や罰金等の経済的制裁の対象になることも少なくない。特に、米国等におけるマネーロンダリングやテロ資金対策規制に違反した場合には、当局から巨額の制裁金を課されたり当該国や業務からの撤退を余儀なくされるなど、金融機関経営にも大きな影響を与える可能性もあり、金融機関のコンプライアンス対応態勢強化は必須である。

### (2) 従来のコンプライアンス（法令遵守）の問題（図表3-1-1）

従来から、金融機関のコンプライアンス（法令遵守）管理は強化されてきているが、近年以下のような問題が認識されてきた。

まず第一に、従来コンプライアンスの問題をビジネスモデル・経営戦略とは別の問題として位置づけ、コンプライアンスの対象を銀行法等金融業法の「法令遵守」として狭くとらえることが中心であった（「コンプライアンスの

図表３－１－１　法令遵守としてのコンプライアンス（従来）

●法令遵守：銀行法等の業法の遵守中心
●コンプライアンス部門任せ：経営のリスクとしての認識の欠如
●形式的・事後的・局所的対応
●新たなルールの積み上がり：「コンプラ疲れ」

（出所）　筆者作成。

ためのコンプライアンス」）。したがってその対応もコンプライアンス部門・リスク管理部門等の管理部門中心のサイロ的・部分的な対応任せになっており、経営のリスクとしての認識が低かった。

　第二に、コンプライアンスの対応は発生した問題への事後的、形式的、局所的な対応にとどまることが多く、問題の根本原因を究明したうえでの本質的な改善や類似の問題の未然予防には有効でなかった。

　さらに、上記のような事後的、形式的、部分的なコンプライアンスの対応の結果、過度に詳細かつ厳格な社内規程の蓄積、形式的な法令違反の有無の確認、表面的な再発防止策の策定等の形式的な対応が何重にも積み重なり、いわゆる「コンプラ疲れ」が生じている。

　このような従来のコンプライアンスの問題は、金融機関自身の責任だけではなく、監督当局である金融庁の検査監督に影響されている部分も大きい。約20年前の日本の銀行危機を契機に設立された金融監督庁（現金融庁）は、かつての大蔵省による金融行政が事前介入、不透明な裁量行政であったとの批判をふまえ、法令に基づく透明な事後チェック型の行政に転換した。1999年に策定された「金融検査マニュアル」はいわゆる資産査定を中心として信用リスク管理のほか、金融機関の法令遵守態勢に関するチェックの視点も盛り込まれたが、金融機関は金融検査マニュアルのチェックポイントをもとに詳細な規定や社内ルール、チェックポイントを策定した。また法令違反を形式的に指摘したり、個別事案の「重箱の隅をつつく」部分的な事後検証に焦点を当てたりしていたかつての金融検査の姿勢が、金融機関の上記の対応を助長した点もあった。

## (3) リスク管理としてのコンプライアンスリスク管理の高度化 の必要性（図表3－1－2）

### a 経営を揺るがす不祥事の発生

　金融機関は、従来からもコンプライアンスのための態勢の構築・整備を進めてはきているが、それにもかかわらず、既存の法令には直ちに抵触しないものの、利用者保護や市場の公正・透明の観点および金融機関に対する社会的な要請に照らし不適切であり社会的批判を受ける事例等、金融機関の経営に重大な影響を与え信頼を大きく毀損するような事例が発生している。これらの不祥事の多くにおいては、原因として、経営陣の姿勢、ビジネスモデル・経営戦略、企業文化等、経営の根幹そのものにかかわる問題が関係していると考えられ、従来のような事後チェック型、部分的、形式的なコンプライアンスのアプローチの限界が顕著になっている。問題発生を未然予防し、根本原因の究明をふまえたより本質的、全社的な対応が必要になっている。

### b 金融機関経営のグローバル化およびイノベーション、デジタライゼーションの進展

　金融機関業務のグローバル化、また近時のイノベーションやデジタライゼーションの進展等、金融機関をめぐる経営環境の急速な変化に伴って、新たな金融商品・サービスや新しい取引手法・取引形態が次々に登場し、新たな領域からリスクが発生する可能性がある。特にグローバルに業務展開する

図表3－1－2　コンプライアンスリスク管理の高度化の必要性

| |
|---|
| ●経営を揺るがす不祥事の発生：事後チェック、形式的、部分的→未然予防、本質的、全体的対応 |
| ●金融機関経営のグローバル化、イノベーション、デジタライゼーションの進展：新たなリスクへの対応 |
| ●コーポレートガバナンスの進展：「コンプライアンスのためのコンプライアンス」→「企業価値向上に貢献するコンプライアンス」 |

（出所）　筆者作成。

金融機関においては、活動する国・地域の文化、風土、市場慣行、社会常識等をふまえたforward lookingなリスク管理が必須になっている。また、イノベーションが進む分野では法規制が追い付いていないことも少なくない。そのような法的安定性が乏しい分野は新たなビジネスチャンスでもあるとともに、それに伴うリスクを的確に管理することが重要になっている。

**c コーポレートガバナンスの進展**

わが国においては、この数年コーポレートガバナンスが進展し、上場企業向けのコーポレートガバナンス・コード、機関投資家向けのスチュワードシップ・コード等が策定および実践されてきている。これらのコードのアプローチは、従来の法令のrule baseでの遵守ではなく、コードの各principleへの「comply or explain」が求められる等いわゆるprincipleベースが採用されていることも、金融機関を含めたコンプライアンスのあり方の変化を促進している。特に、コーポレートガバナンスが最終的には「企業価値の向上」を目指すものであることからも、コンプライアンスを含めたいわゆる $2^{nd}$ line of defenseが「defenseのためのdefense」ではなく、「企業価値の向上」ひいては「社会課題の解決」につながることが求められており、この点でも従来の「法令遵守」からの転換が求められている。

## 2 コンプライアンスリスク管理のポイント

金融機関において、事後チェックだけでなく未然予防に有効で、全体を俯瞰した実質的・根本的なコンプライアンスリスク管理を強化するうえでは以下の点が重要である。

### (1) 経営・ガバナンス（図表3－1－3）

**a Tone at the top**

まず、金融機関の経営陣が、「コンプライアンスリスク管理は、まさに経営の根幹をなすものであること」、そして「コンプライアンス上の問題は、

図表3-1-3　経営・ガバナンス

```
●Tone at the top
●内部統制：tone in the middle
●企業文化
●情報開示と外部の視点
```

（出所）　筆者作成。

ビジネスモデル・経営戦略と不可分であること」を認識する必要がある。逆にいえば、コンプライアンスリスク管理はコンプライアンス部に任せておけばよい問題ではなく、経営の問題として経営者自らが率先して関与すべきであり、そのような経営陣の姿勢（tone at the top）を示すことが重要である。

　たとえば、経営陣においてビジネスモデル・経営戦略を議論する際に、コンプライアンスリスクを含むリスクについて幅広く検討し、前広に考慮していく必要がある。たとえば、ビジネスモデルの変化により、提供するサービスや金融商品、対象となる顧客や地域等が変化することに伴い、リスクがどのように変化するのかを検討することが重要である。その際に、コンプライアンス部門に検討を丸投げするのではなく、全社的な視点、またさまざまなステークホルダーと接点のある経営の目線で検討することが必要である。

### b　内部統制とtone in the middle

　経営陣がコンプライアンスリスクを的確に認識し、正しい姿勢で経営に臨んでいたとしても、役職員全員にこれが浸透していなければ、組織として適切にコンプライアンスリスク管理を行うことはできない。したがって経営陣はそのための内部統制の仕組みを構築し運用することが求められる。

　その際、経営陣の姿勢や方針が組織の隅々まで徹底されるには、現場の職員が日々の業務において直接の指示等を受ける中間管理者の役割が重要である。経営陣が示した姿勢を自らの部署等の業務にあわせて具体的に理解し、日々の業務のなかでそれを自ら体現することを通じて浸透させる中間管理者の姿勢（tone in the middle）が重要である。

c 企業文化 (culture)

金融機関の役職員が共有する基本的な価値観・理念や行動規範、すなわち企業文化が、役職員の行動や意思決定に大きな影響を及ぼすことがある。このような企業文化は、コンプライアンスリスク管理に関する経営陣や中間管理者の姿勢および内部統制の仕組み全体に通じるいわば屋台骨をなすものである。健全で風通しのよい企業文化が醸成されていればコンプライアンスリスクの抑止につながる一方、収益至上主義あるいは権威主義の傾向を有する企業文化がコンプライアンス上の問題事象を誘発することもある。

企業文化を定義することはむずかしいが、各金融機関の経営理念、特に社会や地域で果たす役割や使命などを明確にし、あるべき価値観・理念や企業文化を明確にし、その醸成に努めることが重要である。特に、近年のESGやSDGsの進展、さらにはコロナショックをふまえた金融の役割が重要になっている現在においては、よい企業文化がコンプライアンス上の問題を未然予防するだけではなく、社会課題の解決への貢献を通じて金融機関の本業の成長にもプラスになると考えられる。

d 社外の目と情報開示

コンプライアンス上の問題の背景や根本原因として、「社内の常識」が「世間の常識」から乖離していることがある。また、コンプライアンスリスク管理においては、金融機関をめぐる経営環境の急速な変化等に関する情報を感度よく適時に入手することが重要となる。そこで、社外取締役を含む取締役会、監査役（会）、監査等委員会、監査委員会等を中心に、経営陣に対する牽制機能が働く適切なガバナンス態勢を構築し、これらの問題に関する気づきを得ることが重要となる。

また社外取締役以外の投資家や利用者を含む社外の目による牽制が働くうえで、十分な情報開示も重要である。近年は上場企業を中心にコーポレートガバナンス・コードによる投資家等への情報提供と対話が進展しているが、単なるコードのコンプライアンスではなく、企業価値の向上に向けた投資家等ステークホルダーとの共通価値の創造の一環としての観点での開示内容の

充実も重要になっている。その点に関連して、開示の内容も財務情報等の定量的な情報に限らず、非財務情報等定性的な情報の開示の充実が有益と考えられている。

## (2)　リスク管理態勢（図表3−1−4）

### a　事業部門（1ˢᵗ line of defense）

リーマンショックの後に世界中の監督当局に共通の考え方として導入された3つの防衛ライン（3 lines of defense）の考え方のポイントは、事業部門（1ˢᵗ line of defense）である。すなわち、リーマンショック以前は、金融機関のトレーディング部門等の営業・事業部門は、「リスク管理はリスク管理部署の仕事であり、収益の最大化を目的とする自分たち事業部門は関係ない」との発想が過剰なリスクテイクを生み金融危機につながったとの反省がある。

事業部門は収益を生み出す事業活動に起因するリスクの発生源であり、リスク管理の第一義的な責任と防衛の役割を有するというのが現在の考え方である。事業部門自身による現場での管理態勢については、コンプライアンスリスク管理の責任を担うのはまさに自分自身であるという主体的・自律的な意識のもとで、業務を実施していくことが重要となる。

### b　リスク管理・コンプライアンス部門（2ⁿᵈ line of defense）

リスク管理部門・コンプライアンス部門等の管理部門は、事業部門の自律

図表3−1−4　リスク管理態勢

> ● 事業部門（1ˢᵗ line of defense）
> ● リスク管理・コンプライアンス部門（2ⁿᵈ line of defense）
> ● 内部監査部門（3ʳᵈ line of defense）
> ● Defenseのためのdefense→企業価値の向上、持続可能なビジネスモデルへの貢献

（出所）　筆者作成。

的なリスク管理に対して、独立した立場から牽制すると同時にそれを支援する役割を担う。またリスクを全社的にみて統合的に管理する役割も担う。そのため、管理部門は、事業部門の業務およびそこに潜在するリスクに関する理解と、リスク管理の専門的知見とを併せ持つことが求められる。管理部門がこれらの重要な機能を十分に果たすためには、経営陣が主導して、管理部門の役職員に十分な権限や地位を付与するとともに、その独立性を担保することや十分な人材を質および量の両面において確保することが必要となる。

　また、3 lines of defenseの考え方との関連では、リスク管理・コンプライアンス部門がdefenseの役割をもっていることはリーマンショック以前と以後では変わらず、その点では1$^{st}$ line of defenseとは異なる。むしろ、問題は先のとおり、コンプライアンス部門が経営戦略やビジネスモデルと乖離して、「コンプライアンスのためのコンプライアンス」「defenseのためのdefense」になってしまっていることである。2$^{nd}$ line of defenseとしての独立性や客観性を維持しながらも、経営戦略・ビジネスモデルと一体になった全社的な観点から機能することが重要である。

**c　内部監査部門**（3$^{rd}$ **line of defense**）

　内部監査部門は、事業部門や管理部門から独立した立場で、コンプライアンスリスクに関する管理態勢について検証し、不備があれば経営陣に対し指摘して是正を求め、あるいは管理態勢の改善等について経営陣に助言・提言をすることが期待されている。

　わが国金融機関では、伝統的に内部監査の独立性が不十分な事例のほか、事務不備の検証や規程等への準拠性の検証にとどまる等の傾向がみられた。金融庁においては、すでに20年以上前からリスクベースの内部監査の重要性とそのためのビジネスモデルに基づくリスクアセスメントの実施、それを支える人材の配置を求めてきており、大手金融機関を中心にこの段階に達してはいる。

　コンプライアンス上の問題事象が生じ、内部監査部門による調査等が実施される場合、経営陣の主導により問題事象が生じた背後にある構造的問題に

さかのぼり、実効的な再発防止策を策定することが重要となる。特に、コンプライアンスリスクを経営戦略やビジネスモデルと一体のリスクとしてとらえ、そのリスク管理態勢の実効性を検証するためには、内部監査部門自体が同様の発想をもつことが不可欠である。そのためには内部監査部門には経営的な視点、全社的な知見をもつ人材を質・量ともに十分配置することが必要である。また内部監査部門と社外取締役、監査役（会）、監査等委員会、監査委員会、外部監査等との間で、それぞれの法的位置づけ等は異なるものの適切に連携し、実効的な監査を実施していくことも重要である。

## (3)　リスクベースのアプローチ

　従来のコンプライアンスを転換するためには、先の経営・ガバナンスおよびリスク管理態勢の見直しとともに、態勢の運用にあたってのリスクベースの発想が必要である。

　従来、金融機関においては、法令や検査マニュアルのチェックリストを形式的かつ厳格に遵守するというルールベースの発想が強く、その結果、①リスクベースの発想が弱く、実効性・効率性を十分に考慮しないまま、過大な負担を生じる管理態勢が構築される、②発生した問題事象への事後的な対応に集中しがちとなり、将来にいかなるリスクが生じうるかを考え、それを未然に防止するという視点が弱い、③新たなリスクへの対応という視点が弱く、法令・制度が必ずしも十分に整備されていない新たな領域等からリスクが管理の対象から抜け落ちるといった問題があった。

　上記の問題を解決するためには、費用対効果や、法令の背後にある趣旨等をふまえたうえで、自らのビジネスにおいて、利用者保護や市場の公正性・透明性に重大な影響を及ぼし、ひいては金融機関自身の信頼を毀損する可能性のある重大な経営上のリスクの発生を防止することに重点を置いて、リスク管理を考える必要がある。

　こうしたリスクベースの発想が求められている新しいリスクの分野として、近時「コンダクトリスク」が注目を集めている。

# 3 新たなリスクへの対応：コンダクトリスク

## (1) コンダクトリスクと具体例（図表3－1－5、3－1－6）

　近時、コンダクトリスクという概念が世界的にも注目を集めている。コンダクトリスクについては、まだ必ずしも共通した理解が形成されているとはいえないが、従来のリスク管理の枠組みのなかで捕捉および把握されておらず、いわば盲点となっているリスクがないかを意識させることに意義があると考えられる。そのようなリスクは、法令として規律が整備されておらず直ちに法令違反とはいえないまでも、①利用者保護に影響する行為、②市場の透明性や公正性に影響する行為、③金融機関の風評（reputation）に影響する行為等につながり、結果として企業価値が大きく毀損される場合が少なくない。従来から、金融機関は、その業務の公共性や社会的役割に照らし、利用者保護や市場の公正性・透明性に積極的に寄与すべきと考えられてきた。したがって、コンダクトリスクは、金融機関に対する上記のような社会的な期待等に応えられなかった場合に顕在化するリスクを、比較的新しい言葉で言い換えているにすぎないと考えることもできる。

　具体的なコンダクトリスクとしては、まず国連のSDGs（Sustainable Development Goals）があげられる。また近年の気候変動に関するTCFD

図表3－1－5　新しいリスク：コンダクトリスク

●法令等のルール違反ではないが、金融機関の行動等により
　1．利用者保護への影響
　2．市場の公正性・透明性への悪影響
　3．金融機関の風評（reputation）への影響
●上記類型以外のリスクの把握：issue identification→risk assessment→agenda setting→risk management, implementation　（全体のPDCA）

（出所）　筆者作成。

図表 3 - 1 - 6　近時のコンダクトリスク例

- ●国連SDGs（Sustainable Development Goals）
- ●FSB TCFD（Task Force on Climate-related Financial Disclosures）
- ●気候変動（climate change）、地球温暖化（global warming）：英国、オランダ等で、コンダクトリスクにとどまらない、信用リスク等のリスク管理の枠組みに取り込む動き（資本賦課、ストレステスト等）

（出所）　筆者作成。

（Task Force on Climate-related Financial Disclosures）等の動きも同様である。いずれも法令上求められているものではないが、金融機関や企業として対応することが期待され、またそれがビジネスモデルの持続可能性にもプラスであると考えられている。

## (2)　コンダクトリスクから金融規制への進化（図表3 - 1 - 7）

コンダクトリスクの対象となる事象は、当初は「海のものとも山のものともわからない」状態であり、金融機関にとってリスクになることの認識も乏しい。いまから10年近く前に「気候変動」が話題になり始めた頃、それが金融機関にとってリスクになるという発想はほとんどなかったといえる。

しかし当該事象に対する社会的関心が高まり、金融機関の関与や役割（たとえば地球温暖化の原因といわれる二酸化炭素を大量に排出する石炭火力発電所への銀行融資等）が認識されると、それが金融機関にとってのリスク（風評リスク等のコンダクトリスク）として顕在化し、金融機関経営にとって無視できない段階になってくる。こうなると金融機関の経営戦略と一体になった対応が必要になってくる（ただしこの段階では、基本的に個別の金融機関の経営判断に任されている）。

さらに当該事象やリスクが、個別金融機関の経営判断にとどまらない金融システム全体の問題や国家としての対応が求められるとの認識に至ると、さらなる対応が必要になる。まずは、コーポレートガバナンス・コードのよう

112

図表3－1－7　コンダクトリスクから当局規制・監督への発展

```
1．海のものとも、山のものともわからない問題
2．コンダクトリスクとしての認識：経営戦略と一体となった対応
3．具体的なリスク管理の対象としての取込み
 ①principle base：principleの策定（業界団体、自主規制等）、自発的な管
  理、ベストプラクティスの参照等
 ②rule base：法令等の策定、当局の監督・執行、最低基準検証
```

（出所）　筆者作成。

なcomply or explainベースでのprincipleの策定や業界団体の自主規制等の
ソフトローのアプローチが採用されることが多い。金融機関等の自発的な対
応やownershipを尊重しながら進める点で特徴的である。しかし、業界や政
府全体でのより強力な対応が求められる段階になると、法令等の策定、当局
による検査・監督の対象への取込み等のrule baseへの対応に移行する。

このような、「海のものとも山のものともわからない」→「コンダクトリ
スク」→「principle baseでの対応」→「rule baseでの対応」の典型例が気
候変動をめぐる動きである。わが国では現状principle baseの対応であるが、
英国やオランダ等の欧州諸国では気候変動リスクを信用リスク等と並立の単
独のリスクカテゴリーとして位置づけ、資本賦課やストレステストの対象と
するrule baseのアプローチに移行している。

このようなリスクの遷移とそれに伴う金融規制監督上のアプローチの変化
に金融機関として敏感に情報収集および対応することが重要である。

## (3)　金融機関にとっての課題（図表3－1－8）

コンダクトリスクの問題は、金融機関のこれまでのリスク管理に対し、大
きな課題を提起している。

日本の金融危機後20年以上が過ぎ、わが国の金融機関では自らの損失にな
るリスクに対する管理態勢は強化されてきている。特に数値的に把握しやす
く、またモデル等による検証管理が確立してきた信用リスク、流動性リス

図表 3 - 1 - 8　金融機関の課題

●自らの損失につながるリスク（信用リスク、流動性リスク、市場リスク、巨額の罰金等を伴う法令違反等）：リスク管理としての対応が進展（除く一部の業態・会社）
●直ちに自らの損失にならないリスク、課題（含むコンダクトリスク）：リスクとしての認識不十分、ビジネスモデルの持続可能性に影響
●経営陣の感度の重要性、外部の視点の有効性

（出所）　筆者作成。

ク、市場リスクの管理については強化が図られてきている。またコンプライアンスに関しても、巨額の罰金や経済制裁の対象となる事象については未然予防も含め強化されてきている。

　他方、直ちに自らの損失として明確でないもの、数値化・計量的な把握が困難なリスクについての管理は課題である。コンダクトリスクのような定量的なリスクではなく、定性的なリスクの把握と管理が必要となっているが、この点でのリスク管理手法は世界的にも未確立である。

　このようなリスクの多くは、リスクとして認識された段階ではすでに対応が遅いケースも少なくない。リスクになるかどうかわからないものの、金融機関を取り巻く内外環境変化を敏感に感じ取り、「リスクになるかもしれない」事象を把握（identify/recognize）したうえで、考えられるリスクの評価とそれに基づくリスク管理の戦略・方針をつくること、そして策定されたリスク管理戦略・方針を見直すPDCAサイクルを回すことが有効ではないかと考える。そのうえでも経営陣の感度と外部の視点が有効である。

## ◆ コラム ◆
### 顧客本位の業務運営

　近年、金融庁をはじめ金融当局が「顧客本位の業務運営」を推進しているが、これは「コンダクトリスク」の議論とも非常に関連する。

　金融規制のなかには顧客、特に個人顧客に対し商品や契約内容の説明と顧客の理解を確認することや契約書面等の交付などがルールとして規定されているものも少なくない。特に、複雑で高リスクの金融商品の販売をめぐって顧客に被害が生じるような事態が起きるつど、法令や業界の自主規制等で詳細な規制が設けられてきた。しかし、そのような規制と金融機関の販売姿勢等のギャップは埋まらない。顧客への詳細な説明や書面の交付が規制で求められると金融機関は顧客の属性や理解度等にかかわりなく画一的に対応するあまりかえって顧客に不便をかける事例や、金融機関職員による規制の遵守が形骸化し顧客の同意を示す印鑑をもらえば後は従来と販売スタンスが変わらないという事例もみられた。

　このように「顧客保護」のための規制はリスク管理・コンプライアンスの問題としてとらえられてきたのが、かつての金融当局であり金融機関の姿勢である。数年前に単なる「顧客保護」にとどまらない「顧客本位の業務運営」の議論が始まった頃、自動車会社、化粧品メーカー等の個人顧客対象のメーカー等事業法人から、顧客本位の業務運営の実態をヒアリングさせていただいた。その際に、「顧客本位は当社のビジネスそのものです。金融機関は顧客のために仕事をしていないんですか？」といわれ、まさに「目からうろこ」であった。すなわち、「顧客本位の業務運営」はリスク管理・コンプライアンスではなく、会社の経営理念、ビジネスモデルに埋め込まれていること、またそれを実現するために3 lines of defenseが機能しており特に2nd line of defenseのリスク管理・コンプライアンスでは、たとえば製品に欠陥がないか等の品質・安全管理を確保しているということである。

　「顧客本位の業務運営」とは簡単にいえば「顧客をみて、顧客の利益になるように業務を行う」ことであるが、長年金融検査マニュアルのコンプライアンスのマインドセットに慣れきった金融機関としては、金融庁が「顧客本位の業務運営を行うことが重要である」というと、「顧客をみて」ではなく「金融庁をみて」「コンプライアンスの問題として」対応してしまう傾向から抜けきれない。

　金融庁が「顧客本位の業務運営に関する原則」を定め、ルールベースではなくプリンシプルベースで対応しているのも、この問題を金融機関の経営戦略やビジネスモデルそのものに落とし込むことを重視するとともに、コンプ

ライアンスの問題として形骸化することを避けることが目的である。コンダクトリスクの問題と同様、金融機関の経営戦略、ビジネスモデルをふまえて、それぞれの金融機関の「顧客の利益」が何なのかから考えることが有効と思われる。

(佐々木清隆)

# 3-2 金融デジタライゼーションへの対応①（規制）

松尾元信

## 1 はじめに

　本項では、まず金融分野でのデジタライゼーションがどのように起こっているのか、近時のコロナ禍がどのように影響しているのか紹介する。次に金融庁がデジタライゼーションをどのように推進しているのかについて法制度の見直し、金融行政自体の変化を含めて紹介する。さらにデジタライゼーションの典型例である暗号資産（仮想通貨）とブロックチェーンについて議論する。

## 2 デジタライゼーションで起こっていること

### (1) デジタライゼーションとは何か

　第一に、デジタライゼーションがどのようなものか、当局がどう取り組んでいるか説明する。スマホやAI、ビッグデータ解析によって、金融情報のやりとりが瞬時にでき、オーダーメイドの金融製品もすぐ安価に提供できるようになった。昔の伝統的な金融機関は、足で稼いだ限られた顧客情報をアナログで蓄積、共有して仕事を行っていたため、支店で集めた情報を利用して定型的な商品を提供し、個別商品は富裕層や大企業向けのものしか提供で

きなかった。供給側の事情で製品が提供されていたといえる。

それが現在ではスマホに情報が蓄積し、顧客情報がどんどん集まる。これをビッグデータとしてAIで処理することで、顧客一人ひとりのテーラーメイドの金融商品を非常に安価に、かつ瞬時に提供できる。いわば、顧客ニーズからビジネスへ、というビジネスモデルが可能になる。

さらに、いままでは顧客の金融情報だけを相手にしていたのが、その人がどこで食事をしたか、どれだけ歩いたかなど非金融の情報、生活情報も分析し、総合的なサービス、アドバイスなどをしていくというサービスも可能になる。

すなわち、従来型の融資など限定的な種類の金融サービスの提供から、金融サービスと非金融サービスをあわせて提供できるようになる。その情報は足や支店でなくスマホで集まるため、金融サービスへのエントリーも非常に簡単になる。AIを用いることで人の手を介さないで商品が提供できるため、安い手数料でサービスの提供が可能になる。

伝統的な金融機関は、店舗網や伝統的なシステムなどを力の源泉に、フルラインの商品をそろえ、そのなかには利潤が薄いものもあれば参入障壁により超過利潤が確保できている分野もあり、儲かるものも儲からないものも全部提供していた。それが、スマホ、AIやビッグデータにより、サービス提供者のエントリーコストも下がって、かつ非金融を通じた情報の利活用も提供するかたちに変わっている。このため、店舗網、支店網などこれまで強みであったものが、レガシーアセットになっていく面も出てきている。

また、スマホが支店の役割を果たすことで、決済、外国への送金やカードなど、ネットワークの参入障壁などの理由で利潤が高かった金融のなかの一分野だけを切り出す（アンバンドリング）ようになる。これは初期のフィンテックのイメージ（モノライン業者）であり、その後、プラットフォーマーといわれる、複数のサービスを1つのアプリで総合的に提供して、ポイントの活用などにより顧客をアプリのなかで囲い込む、そのアプリで顧客ニーズが全部完結する、顧客がそのなかで生きていけるようにエコシステムをつく

図表3－2－1　フィンテック企業／プラットフォーマーの出現

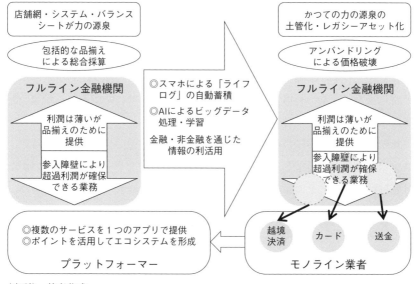

（出所）　筆者作成。

るかたちが出てきた（図表3－2－1）。

　さらに、金融ネットワークの姿がどんどん変わってきている。従来は金融
機関が必ず顧客や企業の仲介に立っている、仲介型であった。それが、いろ
いろな商品をインターフェースでつなぎ、非金融ともつないだエコシステム
を構築するものが出てくる（プラットフォーム型）。また、ブロックチェーン
のように、分散型ネットワークの場合、P to P（Person to Person）でやりと
りができ、仲介する金融業者がいない金融も出てくる。

## (2)　金融当局としての対応

　このようななか、金融当局はいったいどのように考えるべきか。「経済の
持続的な成長と安定的な資産形成を通じた国民の厚生の増大」に寄与するこ
と、国民経済の発展、安定的な資産形成について金融が貢献することが重要
である。そのためには、質がよい金融サービスを安価、瞬時に提供できるよ

うな担い手が出てくることはいいことであり、フィンテック企業を含めて、デジタル化や新しい挑戦をするようなインフラを整備したり、エントリーなどが容易になるように規制を変えていく必要がある。個人情報に配慮しながら情報の利活用はどんどん進めて、サービスの水準を上げていかなければいけない。一方で、金融は他人のお金を預かるのが本質であり、利用者保護が非常に重要になる。利用者保護についてはタイムリー、かつ過不足のない弊害防止策を講じていく必要がある。

　伝統的な金融機関についても、情報の利活用や新しいデジタルへの対応、スマホを通じた取引など、いろいろな意味で先をみたサービスをしていかなければいけない。そのような意味で、先を見据えた経営で変化する企業は、当局としてもどんどん後押ししていかなければいけないと思っている。この点で、フィンテック企業と伝統的な金融機関がオープンイノベーションでいろいろな面で協働していくことも重要である。

　このチャレンジを進めるうえで、金融システムの規制、銀行規制、証券規制、保険規制の面で、日本の金融庁は非常に都合のいい組織形態になっている。米国をみると金融システム、銀行、証券、保険の規制当局が10あまりあるうえ、各州の規制当局も存在する。英国でも３つぐらいに分かれている。日本の場合は金融庁だけで全部完結しているので、たとえば銀行・証券・保険を通じて、いろいろな規制を見直すようなときに、他国では規制当局同士で厳しい折衝を重ねなければいけないが、金融庁は自己の組織で実現できる。また、いままでないような業態、たとえばビットコインなどの暗号資産を制度として導入するときに、各国だと「これは証券か、貨幣か」というところから入らなければならず所管がなかなか決まらないが、日本の場合はいずれにせよ金融庁なので、スムーズに法制の整備がなされている。

## ⑶　コロナ禍での変化

　次に、今回コロナ問題が生じ、デジタライゼーションにどのような変化が出てくるか。まず、デジタライゼーションが加速的に進展するだろうという

のは間違いない。金融、非金融を通じたデジタル化したサービスの提供が加速化する。銀行などもいま必死に取り組んでいるが、非対面や非接触型の金融サービスがどんどん発展し、キャッシュレスもどんどん進んでおり、中央銀行のデジタル通貨の議論もこの流れでとらえることもできる。また、金融行政自体がデジタル化をどんどん進めていかなければならないという流れが待ったなしに出てくる。たとえば、金融機関の監督自体もオンライン・リアルタイムにデジタル化してきている。

2点目の変化として、インフラとしての銀行の威力、重要性が危機に際して再確認されている。コロナで大変な危機に陥ったときに、企業にきちんと資金繰りをつけていかないと、経済が大ダメージを受ける。このときインフラとしての銀行がワークすることの重要性が、信金、信組を含めて、大きく認識されている。

## (4) デジタライゼーション推進のポイント

フィンテック企業や金融機関と接した経験から、各プレーヤーがデジタライゼーションを推進するためのポイントについて私見を述べたい。

まず、サービスの発想にあたり、供給側の理論か、顧客側に立つかという点が重要である。金融の相手方を顧客、ユーザーととらえ、サービスが悪ければ離れていってしまうユーザーの視点でサービスを発想すべきである。供給側の論理で、「自分の組織ではこういうものなら提供できる」からスタートすると、うまくいかない。

フィンテック企業は、ユーザーが何を求めているかというのを、カスタマージャーニーの手法を用いて徹底的に考える。ユーザーがサービスを受けるプロセスについて、それぞれのプロセスのなかでお客さまの苦痛に感じる点を洗い出し、その点を徹底的に改善するような議論を彼らは毎日している。そういうなかで、金融や非金融を通じて、データを利活用する。非金融と組み合わせたサービスを考えていかなければいけない。他企業との合従連衡でサービスを提供するのも重要である。

また、職員をIT系と営業系とに分けるのではなく、会社のIT系の人にも営業をやらせて、営業の人もITを考えて、ユーザー視点で「こういうところが直せる」みたいにするとよりよいサービスができる。

　組織面では、フィンテック企業のように、試行しながら考えて修正してサービスの水準を上げていく、アジャイルといわれているスピード感ある意思決定方式が重要である。長い時間をかけて意思決定をして、計画はそのときには完ぺきで、時間がたてばすぐに完ぺきではなくなるが修正はなかなか利かないというのはデジタライゼーションに向かない。

　このためには、まずトップがデジタルについてのビジョンをもち、デジタル化を進めないとうまくいかない。コンプライアンスや組織内のカニバリズムを口実として反対のための反対がなされる場合が多いが、よく見極めて判断していく必要がある。子会社のほうが伸びるなら子会社に吸収してもらえばいいのではないか、というぐらいの発想も必要になる。

　こうしたデジタルの新しい仕事は、若い方でないとなかなかむずかしい面もあり、外部の力の活用が非常にポイントになってくると思う。このためには、トップに直結した組織をつくるのも1つの方策である。また、伝統的な大きな組織になると意思決定が迅速にできにくいので、子会社を使って権限委譲することも考えられる。

## 3　金融庁の「金融デジタライゼーション戦略」

　次に金融庁でデジタライゼーション戦略をどのように進めているか、重点5分野に沿って説明する（図表3-2-2）。

### (1)　データ戦略の推進

　第一にデータの利活用があげられる。データの利活用はフィンテック企業のみならず金融機関も進めていく必要がある。具体的なデータの利活用方法は、AIを活用した与信や利用者ニーズの把握、テレマティクス保険、ウェ

図表3－2－2　金融デジタライゼーション戦略の推進

● 2018事務年度は、たとえば以下の取組みにより一定の成果
✓ FinTech Innovation Hubの立上げと100社ヒアリング等による情報収集
✓ FinTechサポートデスクとFinTech実証実験ハブによるイノベーションの支援
✓「フィンテック・サミット2018」「ブロックチェーン・ラウンドテーブル」の開催など国際的なネットワークの強化
✓ 金融機関による情報の利活用に係る制度整備

● データの利活用によって金融のあり方が大きく変わる状況にあるなか、海外では、ビッグデータの利活用が飛躍的に進展。データ政策をめぐって国際的な議論が活発化。また、暗号資産に関連した新たな構想も出現。

**重点5分野の新たな取組み**

(1) データ戦略の推進
● データの利活用の促進等のデータ戦略の推進（情報銀行の活用も含めた、金融機関の取組みの促進等）

(2) イノベーションに向けたチャレンジの促進
● 新たな金融サービス創出を目指す多様なプレーヤーを後押し（FinTech Innovation Hubによる情報収集・支援機能の強化等）

(3) 機能別・横断的法制の整備
● デジタライゼーションに伴う金融サービスの変容に対応するため、機能・リスクに応じた金融法制を整備（「決済」分野の横断化・柔構造化や横断的な金融サービス仲介法制の実現）

(4) 金融行政・金融インフラの整備
● 効率的な行政・デジタライゼーションの基盤を整備（RegTech/SupTechエコシステムの具体化に向けた取組み）

(5) グローバルな課題への対応
● サイバーセキュリティへの対応やブロックチェーン等最新技術の動向把握など（分散型金融システムについてマルチステークホルダー型アプローチで議論するガバナンスフォーラム（仮称）の開催、暗号資産に関連した新たな構想の出現をふまえた対応の検討等）

（出所）　筆者作成。

アラブル端末、ロボ・アドバイザーなどがあるが、今後非金融ビッグデータを活用した運用や保険分野では健康情報を利用した健康のアドバイスなど、金融だけでとどまらないところで付加価値をつくって、総合的なサービスを提供していく動きが出てくる。

　法制面では、2019年の法律改正で、金融の銀行・証券・保険の各業法のなかで、付随業務として、保有する情報を第三者に提供する業務を付け加えている。個人情報保護は当然の前提として、金融機関が自分のもっている情報をサービス向上のため使っていくことが期待される。

　最近の情報をめぐる動きとして、2020年5月に国会で成立した特定デジタルプラットフォーマー法、デジタルでいろいろな商品を売るプラットフォーマーについての立法も重要である。デジタルプラットフォーマーはeコマースで出店している人たちに大きな影響を有するため、デジタルプラットフォーマーの振興とのバランスをとりつつ、その運営の適正を促す仕組みを導入している。具体的には、プラットフォームに出店する人などに対して、取引条件などの情報を開示したり、また、自主的な手続として、体制の整備や運営状況のレポートとモニタリングを行っていくという内容である。

## ⑵　イノベーションに向けたチャレンジの促進

　戦略の第二が、イノベーションの推進である。まず、2015年に創設したサポートデスクがあげられる（図表3－2－3）。これは、電話やメールでフィンテック企業へのワンストップサービスを提供している。たとえば、「こういう仕事をやりたいけれども、これは規制で問題になるか」ということについて、フィンテック系や既存の金融機関から問合せをいただいた場合、その回答をだいたい5営業日以内に回答している。行政側のコストはかかるがフィンテック企業には大変評判がよく、規制がかからない場合、すぐ開業できる。

　また、2017年に「Fintech実証実験ハブ」の取組みを始めている（図表3－2－4）。実験的に新しい業務をやろうとする人について、金融庁が監督

図表３－２－３　FinTechサポートデスク（フィンテック企業に対応する金融庁
　　　　　　　　のワンストップサービス）［2015年12月設立］

┌─「FinTech サポートデスク」の概要─────────────────────┐
│ ○ フィンテック企業の相談にワンストップで対応　　　┌──────────┐
│ 　する相談・情報交換窓口。　　　　　　　　　　　　 │ tel：03-3506-7080 │
│ ○ 既存の法令に触れないこと等の法令解釈の明確化や、 └──────────┘
│ 　個別事案のガイダンスについて、平均１週間程度で対応。
│ ○ IT技術の進展が金融業に与える影響を前広に分析するとともに、金融イノベー
│ 　ションを促進。
└────────────────────────────────────────┘

┌────────────────────────────────────────┐
│ ● 開設（2015年12月14日）以来、2019年９月末までに、問合せ総数は919件
│ ● 法令解釈に関する問合せ767件のうち、開業規制（事業開始にあたっての許可・
│ 　登録の要否）に関するものが９割弱（655件）。業務規制・行為規制に関する
│ 　ものは１割強（112件）
│ ● 相談終了済案件（477件）のうち、規制がかからないとの回答をしたものは約
│ 　４割、回答期間はおおむね１週間程度
└────────────────────────────────────────┘

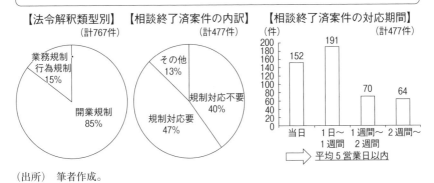

【法令解釈類型別】　【相談終了済案件の内訳】　【相談終了済案件の対応期間】
　　（計767件）　　　　（計477件）

（出所）　筆者作成。

局や企画局など、関連部局で専門チームをつくって実験の後押しをする施策
である。採択した案件は公表しており、本人確認情報をブロックチェーンで
保有する実験や、顔認証を使っての本人確認、AIを使った金融機関のコン
プライアンス、おつりを使って、投資に回すようなことができないか、など
の実験が採択された。
　2018年には、チャレンジの促進のためFinTech Innovation Hubを設立し

図表 3 － 2 － 4　FinTech実証実験ハブの開設（2017年 9 月設立）

> ✓「未来投資戦略2017」（平成29年 6 月閣議決定）をふまえ、金融庁は、フィンテック企業や金融機関が、前例のない実証実験を行おうとする際に抱きがちな躊躇・懸念を払拭するため、 9 月21日、「FinTech実証実験ハブ」を開設。
>
> > tel：03-3581-9510
> > email：pochub@fsa.go.jp
>
> ✓①明確性、②社会的意義、③革新性、④利用者保護、⑤実験の遂行可能性の観点から、支援の可否を判断。
> ✓個々の実験ごとに、
> > ➢金融庁内に担当チームを組成し、必要に応じて関係省庁とも連携し、フィンテック企業や金融機関がイノベーションに向けた実証実験を行うことができるよう、支援。
> > ➢実験中および終了後も、継続的にアドバイスを行うなど、一定期間にわたってサポート。

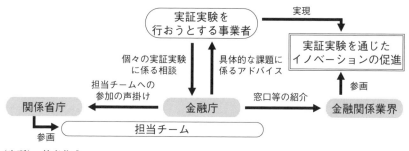

（出所）　筆者作成。

た。規制当局でない専門のチームを立ち上げ、いろいろなフィンテック企業の最新トレンド・状況を把握し、今後の金融行政にも役立てていくことを目的としている。フィンテック企業だけでなく金融機関におけるいろいろなイノベーションについてヒアリングをしたり、フィンテック・サミットやフィンテック協会とのミートアップを行ったりしている。ブロックチェーンやAIなど、最新の動向のヒアリングに基づき、「10の主要な発見（Key Findings）」としてまとめ、公表している。AI・データ活用について、データ利活用により、変わりゆく金融マーケティングのアプローチや、データ活用を

容易化する技術やモデル構築・検証技術の高度化の動きについて説明している。ブロックチェーンについても、分散型金融システムにおけるステークホルダー間連携の必要性や許可型ブロックチェーン等を活用した、金融と商流をつなぐB2Bユースケース創出の動きについて解説している。

## (3) 機能別・横断的法制の整備

次にあげられるのが、これまでの法制面における対応である。日本の金融は、ATMの機能も高いなど、非常に優れている面がある。他国に比べかなり早い段階からネット系の銀行なども出ている。技術面でみてもSuicaなどのプリペイドカードで用いられている技術もきわめて優れている。

一方で、金融機関のIT投資をみると、新規サービスへの投資が欧米では6割ぐらいあったのが日本では2割ぐらいで、エンジニア数でみても自前のエンジニアが日本の金融機関では少ない。このままでは日本の金融のIT化が取り残されるのではないか、ユーザー目線に立ったサービスの開発に支障が生じないか、との問題意識があった。

このため、「ITの進展に伴う技術革新への対応」として2016年に法改正を行い、金融機関はIT企業を子会社としてもてるよう銀行業高度化等会社の制度をつくった。同じ法改正で、G7サミットの要請等もふまえ、仮想通貨交換業者（当時の名称）の制度も法制化した。

その翌年には、フィンテック企業と銀行が共同して、オープンAPIにより、いろいろなサービスを提供すれば顧客のためにもなるとの考え方から、電子決済等代行業者についての制度を創設する法改正を行っている。オープンAPIというかたちで、いままではお互いに協調もなかった銀行とフィンテック業者が協働してサービスを提供できるようにすることで、国民の利便が向上する。

さらに、決済分野の横断化と、横断的な金融サービス仲介の資格を実現するための法改正が成立した（図表3－2－5）。特に横断的な金融サービス仲介については、既存の金融機関も含め、いろいろなプレーヤーにとって大き

図表3－2－5　金融サービスの利用者の利便の向上および保護を図るための金融商品の販売等に関する法律等の一部を改正する法律の概要

| 情報通信技術の進展とニーズの多様化 |
|---|

| オンラインでのサービスの提供が可能となるなか、多種多様な金融サービスのワンストップ提供に対するニーズ | キャッシュレス時代に対応した、利便性が高く安心・安全な決済サービスに対するニーズ |
|---|---|

こうしたニーズに対応し、金融サービスの利用者の利便の向上および保護を図るため、金融商品販売法を「金融サービスの提供に関する法律」に改めるほか、資金決済法等を改正する

| 金融サービス仲介法制 | 決済法制 |
|---|---|
| 金融サービス仲介業の創設<br><br>○1つの登録を受けることにより、銀行・証券・保険すべての分野のサービスの仲介を行うことができる金融サービス仲介業を創設※<br>※さらに、一定の要件を満たせば、電子決済等代行業の登録手続も省略可能とする。<br><br>[主な規制]<br>・特定の金融機関への所属は求めない<br>・利用者財産の受入れは禁止<br>・仲介にあたって高度な説明を要しないと考えられる金融サービスに限り取扱い可能<br>・利用者に対する損害賠償資力の確保のため、保証金の供託等を義務づけ<br>・利用者情報の取扱いに関する措置や利用者への説明義務、禁止行為などは、仲介する金融サービスの特性に応じて過不足なく規定<br>・このほか、監督規定や、認定金融サービス仲介業協会および裁判外紛争解決制度に関する規定を整備 | 資金移動業の規制の見直し<br><br>○高額送金を取扱い可能な類型を創設<br>- 海外送金のニーズなどをふまえ、100万円超の高額送金を取扱い可能な新しい類型（認可制）を創設<br>- 事業者破綻時に利用者に与えうる影響をふまえ、利用者資金の受入れを最小限度とするため、具体的な送金指図を伴わない資金の受入れを禁止※<br>※事業者は、送金先や送金日時が決まっている資金のみ、利用者から受入れ可能。<br><br>○少額送金を取り扱う類型の規制を合理化<br>- 送金コストのさらなる削減の観点から、利用者の資金について、供託等にかえて、分別した預金で管理することを認める（外部監査を義務づけ）<br><br>○現行の枠組みは維持（上記とあわせて、資金移動業は3類型に）<br>利用者保護のための措置<br><br>○いわゆる収納代行のうち、「割り勘アプリ」のように実質的に個人間送金を行う行為が、資金移動業の規制対象であることを明確化 |

（注）　上記のほか、店頭デリバティブ取引について、取引情報の報告先を取引情報蓄積機関に一元化するための規定を整備等。

（出所）　筆者作成。

なサービス変革の手がかりとなることが期待される。

その１つが決済である。いままで資金移動業者はリスクなども考えて、１回100万円までに限られる制度になっていたが、これからは100万円を超えたところについても、認可制でリスクに応じた規制を入れることで参入できるようにする。また、少額のところについては規制を若干緩くしてできるようにする。さまざまなプレーヤーがリスクに応じた規制をつくることにより決済にシームレスに入れるようになる。

もう１つは、横断的な金融サービス仲介法制であり、いままで銀行・証券・保険の仲介は金融商品仲介業者とか、保険仲立ち人、電子決済代行業者、銀行代理業者など、独自の仲介業者資格に限られていたが、金融サービスの仲介という共通項に着目し、ネット時代に対応して、一定のサービスについて１つの資格でできるようにした。これはフィンテック業者にも役に立つと思うが、銀行・証券・保険にも大きなチャンスであり、プラットフォーマー的なアプローチの道も開けるのではないか。

## ⑷　金融行政・金融インフラの整備

第四に、金融行政自体のデジタル化や金融インフラのデジタル化である。コロナへの対応としても、金融モニタリング、金融検査などを非対面で行ったり、デジタルを使ったりする必要性が格段に増し、モードが切り替わっている。補正予算なども活用し、金融機関とのテレビ会議などができるように変わってきている。あわせてデータの利活用も進め、金融全体のモニタリング能力を上げていかなければいけない。

また、決済インフラとして、決済情報に商流情報を載せて、決済プロセス全体を高度化するZEDIを全銀システムに導入している。送金情報に商品、数量、単価等の情報を自由に載せられることが実現している。大企業だけでなく中小企業にも利用が進めば業務コストを格段に下げることが期待される。

また、オンラインの本人確認も、警察と協力して実現している。いまま

で、金融機関は犯罪やテロ資金防止の観点から、たとえばネット口座を開くときなどでも、基本的に本人確認は対面で免許証を出したりしなければいけなかった。スマホのビジネスにこれはそぐわず、本人確認の段階でほとんどの客が契約に至らない状況であったが、ビデオ通話とかスマホで顔や免許証を撮影したりすることで本人確認し、口座や金融サービスを利用できるようになり、たとえばスマホ1個でNISA口座や証券口座が開けるようになった。

　なお、インフラに関しては、中央銀行デジタル通貨（CBDC）の動きにも注目が必要である。日本銀行もいろいろなプロジェクトを進めており、2020年1月にカナダ銀行、イングランド銀行、日本銀行、欧州中銀、スウェーデン・リスクバンク、スイス国民銀行、BISが協働して知見を共有しようというグループを設立している。また、2020年12月には日本銀行による実証実験のプロセスが示されている。

### ⑸　グローバルな課題への対応

　第五に、サイバーセキュリティへの対応やブロックチェーン等最新技術の動向把握など、グローバルな課題への対応を進めている。

## 4　暗号資産の法制度とブロックチェーン

　ある人からある人にお金が移ったというのは誰かが帳簿を閉めなければ確定しないが、従来の金融というのは、これを日銀とか日本証券取引所など、中央の機関が台帳をもって金融取引を完結させるかたちであった。このメリットは一義的に決済が確定するということだが、デメリットは中央管理者が立派なシステムを、バックアップを含めてもっていなければいけないので、コストがかかるといわれている。

　これに対し、ブロックチェーンの利点は、全員が同じ台帳をもつことで、中央システムが一般には不要となるため、システム構築が容易である点である（図表3−2−6）。皆がもつその台帳に一定期間のすべての取引記録台帳

図表3－2－6　ブロックチェーンについて

○参加者が取引記録を共有し、検証できる仕組み。一定期間内に行われたすべての取引が1つのブロックとして記録され、そのブロックが鎖（チェーン）のように時系列で順次追加される。
※取引の改ざんが困難、取引コストが安いといったメリットがあるといわれている。

従来の手法

全員が、中央管理者の「台帳」を信頼するため、互いに信頼のない人との間でも取引をしている。

ブロックチェーン

一人ひとりが「台帳」を管理し、情報が正しいことを常に全員で確認し合うことで、取引の信頼性を担保しようとするもの。

ブロックチェーンの改ざん防止策

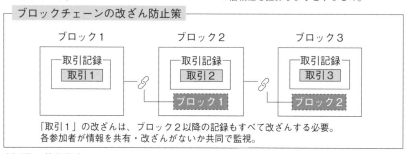

「取引1」の改ざんは、ブロック2以降の記録もすべて改ざんする必要。
各参加者が情報を共有・改ざんがないか共同で監視。

（出所）　筆者作成。

がブロックのように連なることから「ブロックチェーン」という名がつけられており、台帳自体を全員が同時にもつため、偽造・改ざんに強度をもった新たなシステムを非常に安く構築することができるといわれており、たとえば権利の所在の記録など、その移転の時期も含め、全員で真正情報を共有できる。貿易への利用を想定すると、どこにどういう積み荷があるといった情報を、たとえば港とか受取人とか、同時に全員で共有できるため、注目されている技術である。

　ブロックチェーンの金融面での一番のユースケースはビットコインをはじ

めとする暗号資産である（図表3－2－7）。暗号資産には一般的にブロックチェーン技術が使われており、各人が暗号資産のブロックチェーンの台帳をもつ。これに加え各人が秘密鍵という暗証番号みたいなものを自分だけでもち、ほかの人に暗号資産を送るときは、この秘密鍵を使って送ることで権利者であることが担保される。したがって、秘密鍵が盗まれれば、その人のもっている暗号資産を移転できてしまう。一般的に、ビットコインなどの暗号資産が違法にとられるケースは、秘密鍵がオンラインで保管されている場合にそれがとられてしまうケースである。

　暗号資産は、業者を通じて送ることもできるが、業者を経由しなくても送れる仕組みであり、その場合はPtoPといわれるが、当局は送付の相手方が誰なのか把握しにくく、マネーローンダリングやテロ資金についてのリスクが高い面がある。

　現在の各国の合意は、暗号資産を現金と替える者（暗号資産交換業者）を規制でとらえるというアプローチである。明文化した法制で対応しているのは日本が世界でも最も早いと思う。

　ブロックチェーン自体についてみると、パブリック型というビットコインのように中央管理者がいない状態で個人間において権利の移転ができるかたちのものもあれば、許可型として参加者が限られた、たとえば銀行だけシステムにする、といった設計もできる。ブロックチェーンはいわばコンピュータのプログラムみたいに、かなり自由な設計ができると考えていただいたほうがいいのではないかと思う。

　ブロックチェーンを当局からみたときに、個人個人での移転が可能であるため、業者がいなくても価値の移転ができる。したがって、たとえばマネーローンダリング等を規制したくてもいったいどこを規制したらいいのだろうというところから考えなければいけないため、従来の規制の枠組みでとらえきれない面がある。不正な取引がなされる場合でも、業者がいなくても転々と流通していくので、当局が取引をやめろといってもやめられない。問題が起こったときに規制自体で禁止しても、どんどん勝手に取引が進んでいって

図表3－2－7　暗号資産の仕組みについて

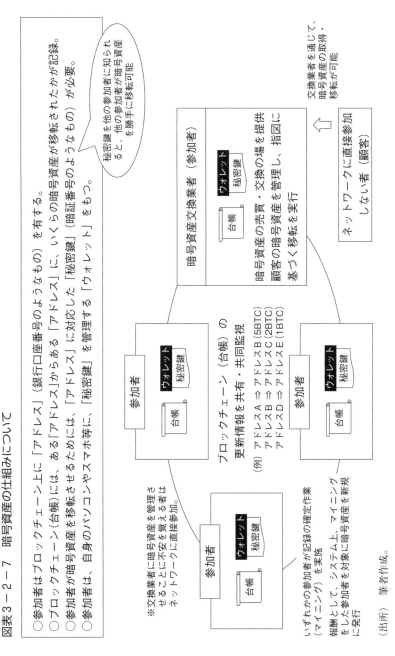

○参加者はブロックチェーン上に「アドレス」（銀行口座番号のようなもの）を有する。

○ブロックチェーン（台帳）には、あるアドレスからある「アドレス」に、いくらの暗号資産が移転されたかが記録。

○参加者が暗号資産を移転させるためには、「アドレス」に対応した「秘密鍵」（暗証番号のようなもの）が必要。

○参加者は、自身のパソコンやスマホ等に、「秘密鍵」を管理する「ウォレット」をもつ。

秘密鍵を他の参加者に知られると、他の参加者が暗号資産を勝手に移転可能

暗号資産交換業者（参加者）

ウォレット
秘密鍵
台帳

暗号資産の売買・交換の場を提供
顧客の暗号資産を管理し、指図に基づく移転を実行

交換業者を通じて、暗号資産の取得・移転が可能

ネットワークに直接参加しない者（顧客）

参加者

ウォレット
秘密鍵
台帳

ブロックチェーン（台帳）の
更新情報を共有・共同監視

（例）アドレスA ⇒ アドレスB（5BTC）
　　　アドレスB ⇒ アドレスC（2BTC）
　　　アドレスD ⇒ アドレスE（1BTC）

参加者

ウォレット
秘密鍵
台帳

参加者

ウォレット
秘密鍵
台帳

※交換業者に暗号資産を管理させることに不安を覚える者はネットワークに直接参加。

いずれかの参加者が記録の確定作業（マイニング）を実施
報酬として、システム上、マイニングをした参加者を対象に暗号資産を新規に発行

（出所）筆者作成。

第3章　新たなリスクへの対応　133

図表3－2－8　分散型金融システムの新たな国際協調

G20等の議論をふまえ、分散型金融システムにおいて健全なガバナンスを構築するために、規制当局や技術者、学識経験者等の幅広いステークホルダーが世界中から参加し議論する「Blockchain Global Governance Conference（BG2C）」の開催を予定。（一部ガバナンスに関するセッションは、2020年3月10日にオンラインで開催⇒Blockchain Governance Initiative Network（BGIN）の設立を発表）

**2019年3月**
**第3回ブロックチェーンラウンドテーブル（金融庁）**

**2019年6月**
**G20 財務大臣・中央銀行総裁会議**
・首脳会合（福岡・大阪）

・マルチステークホルダーガバナンスの必要性について議論。
（出典：Goodway）

「G20 技術革新にかかがるハイレベルセミナー」
村井純（教授、慶応義塾大学）、Adam Back（CEO, Blockstream）、Brad Carr（Senior Director, Digital Finance, International Institute of Finance）、Klaas Knot（President, De Nederlandsche Bank, and Vice Chair, FSB）、松尾真一郎（Research Professor, Georgetown University）

**2019年9月**
**FIN/SUM 2019（東京）**

・マルチステークホルダーガバナンスの論点や設計を議論。
（出典：日本経済新聞社）

**2020年3月10日**
**Blockchain Global Governance Conference [BG2C]**
特別オンラインパネル討論

（出典：日本経済新聞社）

⇒BGIN 設立

BG2C、FIN/SUM BB
※新型コロナウイルス感染症の感染拡大を受けて開催を延期（時期未定）

（出所）筆者作成。

しまう。

　また、匿名性、取引がわからないようにする技術も加速度的に進化している。暗号資産のなかには、どこにどう流れたかわからないような設計のものもある。また、ブロックチェーンの定義として、取引記録がブロックのかたちでつながっているので、取引が間違っていたとしても修正ができないため、事後補正ができない。また、個人個人のパソコン同士で価値を送ることができ、外国にもパソコンを通じて瞬時に送れるため、国境を越えて地下に潜っていくこともある。そのシステムも開発したのがいったい誰だかわからないものがある。金融商品は業者が開発しているわけだが、暗号資産は誰もが開発できるため、どこに責任を問うたらいいかもわからない場合がある。

　このような性質があるので、さまざまな規制を考えるためにも、技術面も含めてステークホルダーを集めて議論することが重要になる。ブロックチェーンのエコシステムはregulator、consumer、ビジネスを含め、いろいろな人が技術面も勘案したガバナンスを考えていかなければいけないという問題意識を金融庁は有している。

　G20でもこのような問題意識に立ったうえで、分散型金融システムについての議論を進めていくことが重要だと思っている。金融庁も含め、国際協調のシステムとしてBGINというのをこの間立ち上げた。本来は会議を開いて行いたかったが、ネットで金融庁長官なども参加したイベントで始めている。ここでいろいろなブロックチェーンの課題などについて議論していくために、さまざまな仕掛けを考えている（図表3－2－8）。

# ITをめぐる金融検査監督の変遷

現在の金融規制監督上、デジタライゼーションへの対応が非常に重要な課題であるが、ITシステムのリスクに関しての金融規制監督上の対応については、従来以下のような変遷を経て進化してきている。

## 1　システム統合・更改等のモニタリング

大蔵省から分離した金融監督庁における金融検査監督でまず認識されたITシステムリスクの問題は、いわゆる2000年問題（Y2K問題）である。西暦2000年になった瞬間にコンピュータが誤作動するリスクが世界中で認識され特別検査等が行われたが、結果的には大きな問題は生じなかった。

他方、不良債権を抱える銀行に対する集中検査等をふまえ不良債権処理と金融機関の統合再編が相次いだこともあり、2000年代に入りシステム統合・大規模更改が増加し、それに伴うITシステムリスクのモニタリングが重要になる。特に2002年に発生したみずほ銀行の統合されたシステムのトラブル等が個別銀行にとどまらず、金融システム全体や経済社会に広範な影響を与えたことから、システム統合・更改のモニタリングが強化された。

## 2　インターネットバンキング等の安全対策

次に、2000年代半ば頃からインターネットによる非対面の金融取引が普及するに伴い、フィッシング詐欺等による不正送金、その他インターネット取引を対象にした犯罪手口が巧妙化し、利用者保護の視点から金融機関によるセキュリティレベルの向上や顧客説明・啓発等の状況をモニタリングすることがあわせて重要になった。

## 3　サイバーセキュリティ対策

2010年代に入ると世界的にサイバー攻撃の脅威の高まりが認識された。インターネットバンキングの利用拡大、サイバー攻撃の高度化が進み、特に地政学的リスクとの関連でサーバーテロの脅威が増大した。グローバルな金融機関のトップ10のリスクの上位にサイバーリスクが登場するようになるのもこの頃である。金融庁においても、2015年7月に初めて「金融分野におけるサイバーセキュリティ強化に向けた取組方針」を公表している。

## 4　ITガバナンス

2010年代半ばになると、デジタライゼーションの進展とともに、ITシステムをめぐる安全性やサイバーリスクへの対応にとどまらず、経営戦略やビジネスモデルと整合的なIT戦略の重要性が認識された。経営者がリーダーシップを発揮し、ITと経営戦略を連携させ、企業価値を向上させるための仕組みとして「ITガバナンス」というコンセプトが金融規制監督上も取り込まれ

た。デジタライゼーションが既存の金融機関のビジネスモデルの持続可能性を左右するような現状においては、従来のような「ITリスクマネジメント」ではなく、「ITガバナンス」が金融機関に求められている。**（佐々木清隆）**

# 3-3 金融デジタライゼーションへの対応②（暗号資産等の監督）

森　拡光

## 1　はじめに

　資金決済法に基づく暗号資産、資金移動、前払式支払手段（プリペイドカード）に係る検査・監督について本項で述べたい。具体的には、①暗号資産、資金移動、プリペイドカードを規制している資金決済に関する法律（資金決済法）の概略、②暗号資産は、IT技術・デジタライゼーションの進展に伴って新しく監督対象となったものであること、③資金移動、④プリペイドカードにおいてもデジタライゼーションの進展で新しく監督対象となった部分があることを中心に、現在の規制の内容・考え方等についてである。

　そのうえで、2020年の通常国会で行われた決済法制の見直し（資金決済法の改正）について説明した後、最後に、これらをふまえた金融行政の方針・考え方について個人的な見解を述べる。

## 2　資金決済に関する法律（資金決済法）について

　資金決済法は、2010年4月1日に施行されているが、暗号資産交換業者は資金決済法の施行後に入ってきた新しい規制対象であり、この部分は2017年4月1日に施行されている。具体的には、登録制を導入したうえで、利用者保護の観点から自分の財産と顧客の財産を分別することを義務づけた。な

図表 3 - 3 - 1　資金決済に関する法律（2010年4月1日施行）

○暗号資産交換業者（2017年4月1日施行）
➤登録制を導入。
➤利用者保護の観点から、利用者財産の分別管理等を義務づけ。
⇒マネーローンダリング対策として、アカウント開設時等に本人確認を義務
　づけ（犯罪収益移転防止法）。
○資金移動業者（2010年4月1日施行）
➤登録制を導入。
➤利用者保護の観点から、未達債務の全額保全を義務づけ。
⇒マネーローンダリング対策として、アカウント開設時等に本人確認を義務
　づけ（犯罪収益移転防止法）。
○前払式支払手段発行者（2010年4月1日施行、ただし、前身の商品券取締法
　は1932年に、前払式証票規制法は1990年にそれぞれ施行）
➤形態に応じて、事後届出制・事前登録制を義務づけ。
➤利用者保護の観点から、未使用残高の半額保全を義務づけ。
⇒本人確認義務なし（原則として払戻しを行わないため）。

（出所）　筆者作成。

お、マネーローンダリング対策として、犯罪収益移転防止法に基づき、顧客
がアカウントを開設する際などに本人確認を義務づけている。
　資金移動業者は、資金決済法が施行された当初から規制対象とされてい
る。具体的には、登録制を導入したうえで、利用者保護の観点から未達債務
（顧客から送金をするために金銭を預かり、まだ送金を終えていないもの）の全額
保全を義務づけている。また、暗号資産と同様にマネーローンダリング対策
も手当されている（図表 3 - 3 - 1）。
　一方で、前払式支払手段発行者（プリペイドカード事業者）は、資金決済法
の施行当初から規制対象とされていたが、もともとは1932年施行の商品券取
締法、1990年施行の前払式証票規制法でも規制対象とされていたものであ
る。具体的には、形態に応じて事後届出制・事前登録制としたうえで、利用
者保護の観点から未使用残高（顧客にプリペイドカードを発行し、まだ使用さ
れていないもの）の半額を保全するという義務がある。なお、プリペイドカー

ドは原則として現金の払戻しをしないことから、マネーローンダリングのリスクが低いと考えられるため、暗号資産交換業者や資金移動業者と異なり、本人確認は求められていない。

## 3 暗号資産交換業者について

### (1) 暗号資産交換業者を取り巻く現状について

　直近では暗号資産交換業者は24社が登録されている（2020年7月7日時点、図表3-3-2）。各社によりビジネスモデルは異なるが、主なものは「販売所」であり、事業者が相手方となって顧客との間で暗号資産を売買するものである。また、証拠金取引などの暗号資産デリバティブ取引も「販売所」の一類型となる。このほか、「取引所」といわれているものがあり、これは顧客同士の取引を事業者が媒介するビジネスモデルである。

　各事業者の背景をみると、独立ベンチャー系や海外の事業者が日本に進出しているケース、また金融系ということで親会社が金融商品取引業者であるようなケースや、親会社が大手IT企業などの事業会社であるケースもある。

　2018年10月には、資金決済法上の自主規制団体、これは業界が自主ルールなどをつくって自らを律していくという仕組みであるが、日本暗号資産取引業協会を、この自主規制団体として認定した。認定後は当局と連携して会員である事業者のモニタリングを実施しているところである。

　わが国における暗号資産の取引状況をみると、2017年末から2018年のはじめにかけてビットコインの価格が200万円まで高騰した。2013年頃は1万円だったので相当上がったのだが、その後は価格が下落した。足元では100万円ぐらいで推移している。国内の業者における口座数は協会が公開しているが331万口座（2020年3月末時点）ということで、月に3万～5万口座程度増加しているようである。取引される暗号資産の種類であるが、やはりビットコイン、イーサリアム、リップル、この3つで80%以上を占めている。ま

図表３−３−２　暗号資産交換業者を取り巻く現状

┌─ 暗号資産交換業者に対するこれまでの対応と現状 ─┐

●暗号資産交換業者は、24 社（2020 年 7 月 7 日時点）。
●各社によりビジネスモデルは異なるが、主なものは、販売所（暗号資産の売買・交換・暗号資産デリバティブ取引）、取引所（顧客同士の取引を媒介）の運営。
●2018 年 1 月のコインチェック社における事案を含め、これまで 3 社において、暗号資産の不正流出事案が発生したことをふまえ、当局として登録審査・モニタリングを強化。
●2018 年 10 月に資金決済法上の自主規制団体として日本暗号資産取引業協会を認定。認定後、当局と連携してモニタリングを実施（同協会は、金融商品取引法に基づく暗号資産デリバティブに係る自主規制団体としても認定）。
●利用者保護の確保やルールの明確化のため、資金決済法、金融商品取引法等を改正し、2020 年 5 月 1 日から施行。

┌─ 登録暗号資産交換業者一覧（2020 年 7 月 7 日時点）─┐

─ 独立ベンチャー ─
・QUOINE・テックビューロ
・BITOCEAN・bitFlyer
・Xtheta・FXcoin
・ビットバンク・Bitgate

─ 海外事業者 ─
・フォビジャパン
・オーケーコイン ジャパン
・BTC ボックス

─ 金融系 ─
・マネーパートナーズ・GMO コイン
・SBI VC トレード・コインチェック
・コイネージ

─ 事業会社グループ ─
・ビットポイントジャパン・LVC
・フィスコ・TaoTao・Last Roots
・DMM Bitcoin・楽天ウォレット
・ディーカレット

（出所）　筆者作成。

た、取引の大半（約80％）は決済に使われるということではなく、証拠金取引などの暗号資産デリバティブ取引であり、価格が大きく変動すると取引が増加しており、投機の対象になっているといわれている。

## (2)　資金決済法等の改正について（2017年 4 月施行）

　暗号資産（仮想通貨）についてはこれまで 2 回法制度を整備している（図表 3 − 3 − 3）。まずは、2017年 4 月に施行された最初の法整備について述べ

図表 3 - 3 - 3　暗号資産に係る法制度の整備

┌─ 1．MT GOX の事案について ──────────────
│ ○2014 年、ビットコインの交換所である MT GOX 社が破産手続開始（破産手
│ 　続開始時、約 48 億円の債務超過）
└─────────────────────────────

┌─ 2．国際的な議論の状況 ──────────────
│ ○FATF（金融活動作業部会）ガイダンス（2015 年 6 月）
│ 　「各国は、暗号資産と法定通貨を交換する交換所に対し、登録・免許制を課
│ 　すとともに、顧客の本人確認義務等のマネロン・テロ資金供与規制を課すべ
│ 　きである」
└─────────────────────────────

┌─ 3．日本における法制度の整備状況 ──────────
│ 　　　　　　　　　　　　　　　（2017 年 4 月 1 日施行）
│ ┌─────────┐
│ │ 法制度の概要 │
│ └─────────┘
│ ○暗号資産と法定通貨の交換業者について、登録制を導入
│ ○利用者の信頼確保のため、利用者が預託した金銭・暗号資産の分別管理等の
│ 　ルールを整備
│ ┌──────────────────────────────┐
│ │ ●利用者が預託した金銭・暗号資産分別管理　●利用者に対する情報提供 │
│ │ ●最低資本金・純資産に係るルール　　　　　●分別管理および財務諸表 │
│ │ ●当局による報告徴求・検査・業務改善命令、　についての外部監査 　 │
│ │ 　自主規制等　　　　　　　　　　　　　　　●システムの安全管理 　 │
│ └──────────────────────────────┘
│ ○マネロン・テロ資金供与対策として、口座開設時における本人確認等を義務
│ 　づけ
│ ┌──────────────────────────────┐
│ │ ●口座開設時における本人確認　●本人確認記録、取引記録の作成・保存 │
│ │ ●疑わしい取引に係る当局への　●社内体制の整備 　　　　　　　　　 │
│ │ 　届出 　　　　　　　　　　　　　　　　　　　　　　　　　　　　 │
│ └──────────────────────────────┘
└─────────────────────────────

（出所）　筆者作成。

たい。この法整備については、2つのきっかけがあり、1つはMT GOXの
事案である。2014年にビットコインの交換所であったMT GOX社が破産手
続を開始され、顧客保護の必要性が出てきたということである。2番目が国
際的な議論の状況ということである。FATF（金融活動作業部会：Financial
Action Task Force）という国際的にマネーローンダリングを防止するために
設けられた会議体において、各国は、暗号資産と法定通貨の交換所に登録・
免許制を課すとともに、本人確認の義務を課すべきであると決定されたた

め、これをふまえて法制度を整備したということである。

　規制の概要としては、暗号資産交換業に登録制を導入すること、顧客財産と自分の財産は分別管理すること、マネーローンダリング対策としてアカウント開設時等に本人確認を義務づけることといった措置が盛り込まれた。このときは暗号資産が決済手段として用いられることを想定してこのような規制を入れたものである。

## (3)　金融商品取引法・資金決済法等の改正について（2020年5月施行）

### a　暗号資産に係るさらなる法制度整備が必要となった背景

　暗号資産に係る法制度を2017年4月に施行した後に、大きく4つの問題が生じたところである。具体的には、①暗号資産交換業者において、顧客の暗号資産が流出するという事案が相次いで発生したこと、②暗号資産が決済手段ではなく、投機の対象となっていたこと、③事業規模の急拡大の一方で、暗号資産交換業者の態勢整備が不十分という問題があったこと、④暗号資産を用いた証拠金取引やICOといった新しい取引が登場してきたということである（図表3-3-4）。

### b　暗号資産交換業者における事業規模の急拡大と態勢整備の不備について

　上記のうち、③の点について述べる。2017年末から2018年はじめにかけて、ビットコインをはじめとする暗号資産の価格が急上昇し、暗号資産交換業者もテレビ広告を行い、顧客の数、取引の数が急拡大したが、この拡大に内部管理態勢が追いついていなかった。たとえば、本人確認をきちんとやってから取引を始めるなど、そういったものがおろそかになってしまったという状況があった。その背景には、当時の事業者のカルチャー、利益を優先した経営姿勢や、仲のよい人たち同士で会社をつくり、取締役や監査役の牽制機能が十分に発揮されなかったとか、あるいは金融業としてのリスク管理に知識を有する人材が不足していたといったような問題があった。

　現在では、自主規制団体が設立され、当局と連携したモニタリングを行っ

図表3－3－4　暗号資産に係るさらなる法制度整備

マネロン・テロ資金供与対策に関する国際的な要請等を受け、暗号資産の交換業者に登録制を導入（2017年4月施行）
✓ 口座開設時における本人確認等を義務づけ
✓ 利用者保護の観点から、一定の制度的枠組みを整備
（最低資本金、顧客に対する情報提供、顧客財産と業者財産の分別管理、システムの安全管理など）

顧客の暗号資産の流出事案が発生　　　　　暗号資産が投機対象化

事業規模の急拡大の一方で、　　　　　暗号資産を用いた新たな取引が登場
交換業者の態勢整備が不十分　　　　　（証拠金取引、ICO）

利用者保護の確保やルールの明確化のための制度整備（2019年6月公布、2020年5月施行）

| 暗号資産交換業者をめぐる課題への対応 | 暗号資産証拠金取引・信用取引への対応 | ICO（Initial Coin Offering）への対応 |
|---|---|---|
| ◆暗号資産の流出リスク等への対応<br>◆業務の適正な遂行の確保<br>◆問題がある暗号資産の取扱い | ◆証拠金取引であることをふまえた対応（FX取引に係る制度を参考）<br>◆暗号資産の特性等をふまえた追加的な対応<br>◆暗号資産信用取引への対応 | ◆さまざまな問題への指摘が多い一方で、将来の可能性への指摘もふまえつつ、規制を整備 |

◆暗号資産の不公正な現物取引への対応　　◆業規制の導入に伴う経過措置
◆暗号資産カストディ（保管）業務への対応　◆国際的な動向等をふまえ、「仮想通貨」の呼称を「暗号資産」に変更

（出所）　筆者作成。

ているほか、事業者側でもリスク管理の高度化や金融機関経験者を採用するなど、態勢の充実を図っていただいているところである。

**c　具体的な改正内容について**

　まずは、①暗号資産の不正流出事案発生をふまえた対応として、顧客の暗号資産を信頼性の高い方法、コールドウォレットで管理するということを原則とした。コールドウォレットというのはインターネットに常時接続していないなどのウォレットであり、不正アクセスのようなものがないだろうということである。一方で、すぐに取引をするためにインターネットに接続して

あるウォレットにいくらか暗号資産を置いておかなければならない場合があるので、そのような場合には万一のことがあっても見合いの弁済原資（同種・同量の暗号資産）をもっておくことが義務づけられた。

また、②暗号資産を用いた新たな取引が登場したことをふまえた対応として、証拠金取引などの暗号資産デリバティブ取引に、金融商品取引法の規制をかけるように整備をした。さらに、ICO（Initial Coin Offering、会社がトークンを発行して、投資家から資金調達を行う行為の総称）については、収益の分配を行うもの（いわゆるセキュリティトークン）については、金融商品取引法が適用されることを明確にした。すなわち、これを自分で発行して自分で販売する場合は金商二種業の登録が、発行者から委託を受けて販売を行う場合は金商一種業の登録がそれぞれ必要となる。なお、事業収益等を分配する債務は負っていないトークンについては、暗号資産に該当する可能性があり、その場合には、トークンを販売する者は暗号資産交換業の登録が必要となる。

このほか、「仮想通貨」という名称を「暗号資産」に変更するとともに、暗号資産交換業者に対する広告や勧誘に係る規制の整備や、FATFにおける国際的な議論の結果をふまえ、暗号資産を管理するだけの事業者にも登録制を導入し、規制対象とすることとした。

## 4 資金移動業者について

### (1) 為替取引の定義について

資金移動業の定義としては、資金決済法上は「為替取引（少額の取引として政令で定めるものに限る）を業として営むこと」としか定められていない。銀行は銀行法上の免許を受けて為替取引ができるが、そこにも為替取引の定義は定められていない（図表3-3-5）。

このように、法令上に為替取引の定義はないが、最高裁決定（2001年3月

図表3-3-5　資金移動業の定義

| |
|---|
| 「資金移動業」とは（資金決済法2条2項）<br>→銀行等以外の者が<u>為替取引</u>（<u>少額の取引</u>として政令で定めるものに限る）を業として営むことをいう。 |

100万円に相当する額以下の資金の移動に係る為替取引をいう（政令2条）

※「為替取引」とは何であるかについて、銀行法、資金決済法に定義はなく、以下の最高裁決定における判示に基づくこととしている。
〔最高裁決定（最三小決平13.3.12）〕
「銀行法2条2項2号にいう『為替取引を行うこと』とは、顧客から、<u>隔地者間で直接現金を輸送せずに資金を移動する仕組みを利用して資金を移動することを内容とする依頼</u>を受けて、これを引き受けること、又はこれを引き受けて遂行することをいう」

（出所）　筆者作成。

12日）における判示がある。ここでは、「顧客から、隔地者間で直接現金を輸送せずに資金を移動する仕組みを利用して資金を移動することを内容とする依頼を受けて、これを引き受けること、又はこれを引き受けて遂行することをいう」とされており、実務上は、これに基づいて為替取引の該当性を判断してきている。なお、銀行は為替取引を金額の上限なく行えるが、資金移動業者が営めるのは「少額の取引として政令で定めるものに限る」ということで、1回100万円までの為替取引ができるという仕組みになっている。

## (2)　資金移動業者の分類について

　資金移動業者は、①営業店型、②インターネット・モバイル型、③カード・証書型の3種類に分類される（図表3-3-6）。

### a　営業店型

　たとえば、資金移動業者の店舗Aと店舗Bにある程度お金がプールされて

図表3−3−6　資金移動業の例

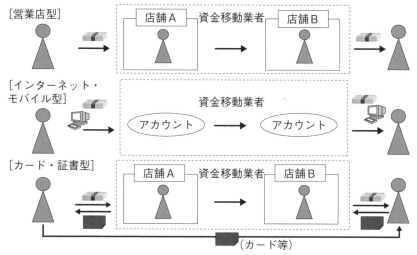

［営業店型］

店舗A　資金移動業者　店舗B

［インターネット・
モバイル型］

資金移動業者

アカウント　　　アカウント

［カード・証書型］

店舗A　資金移動業者　店舗B

（カード等）

（出所）　筆者作成。

いるなかで、送金人が資金移動業者の店舗Aに来て対面で送金をお願いし、店舗Aが店舗Bに受取先等の情報を連絡し、受取人は店舗Bで送金相当額のお金を受け取るものである。

**b　インターネット・モバイル型**

　送金人が資金移動業者のホームページ上でアカウントをつくり、送金人は作成したアカウントに自分の銀行口座などから入金をしたうえで、受取人のアカウントに送金指示をする。受取人は同じ資金移動業者のアカウントでお金を受け取るものである。

**c　カード・証書型**

　送金人が資金移動業者のアカウントに入金してカードを作成し金銭をチャージする。そして、送金人は、たとえば、そのカードをもって海外に行き、この資金移動業者が提携する先のATMで金銭を引き出すことができる。また、たとえば送金人が証書をつくって、これを受取人に郵送し、受取人はその証書を資金移動業者の店舗で示してお金を受け取るというようなか

たちもある。

## (3) 銀行と資金移動業者との規制の違い

銀行法に基づき、為替取引は銀行のみが行うことができることとなっている。一方で、資金決済法で資金移動業者としての登録を受けることにより、銀行以外でも為替取引を行うことができる。ただし少額取引、1回の送金100万円以下に限定されている。

また、銀行は、免許制であり、原則として兼業は禁止され、最低資本金は20億円、自己資本比率規制、預金保険制度の対象という厳しい規制がある。一方で、資金移動業者は、特に兼業の規制はなく、登録制であり、業務の確実な遂行に必要な財産的基礎は確保する必要はあるものの、最低資本金の規制はない。一方で、未達債務については、その全額を保全することとされており、保全の額は最低でも1,000万円となっている。

## (4) 資金移動業者の送金実績・事業者数について

資金決済法で資金移動業者の規制が導入された2010年度の年間の送金件数は21万7,000件であった一方、現状（2018年度）は1億2,600万件まで増加している。年間取扱件数も同じく140億円から1兆3,500億円となっている。登録を受けた事業者数は、同じく11業者から64業者へ、直近では75社（2020年7月末時点）となっている。

## 5 プリペイドカード事業者について

## (1) プリペイドカードの定義について

資金決済法上、プリペイドカードの定義としては、4つの要件を満たすものとなっている。具体的には、①金額等が証票やサーバ等に記載または電磁的方法で記録されていること（金額のほか、ワイシャツ1枚、ビール1ダース

など）、②対価が支払われていること（この点で、たとえば、ポイントのような
ものは対価が支払われていないということで、プリペイドカードではないと解さ
れる）、③証票または番号、記号その他の符号が発行されていること、④商
品の購入、サービスの提供を受ける際に、証票や番号、記号が使われるとい
うこと、である（図表3－3－7）。

　上記の4要件を満たすとプリペイドカードになるが、適用除外があり、た
とえば、発行の日から6カ月以内に限って使用できるものはあえて規制対象
にはしていない。また、乗車券や美術館等の入場券、社員食堂の食券もプリ
ペイドカードに該当しうるが、こういったものまで規制する必要はないとい
うことで、規制の適用除外となっている。

## (2) プリペイドカードの分類について

### a 資金決済法上の分類（図表3－3－8）

　資金決済法上、プリペイドカードには①自家型と②第三者型の2つが存在
する。このうち、①自家型とは、具体的には、自分がプリペイドカードを発
行し、これは自分のお店でしか使えないというものである。こういった方に
ついては未使用残高が1,000万円を超えた場合に事後届出制となっている。

図表3－3－7　前払式支払手段の定義について

---

　○前払式支払手段は、以下の4つの要件をすべて満たすものを指す。
　　①金額等が証票やサーバ等に記載または電磁的方法で記録されていること。
　　②対価が支払われていること。
　　③証票等または番号、記号その他の符号が発行されていること。
　　④商品の購入、サービスの提供を受ける際に、証票等や番号、記号その他の
　　　符号が、提示、交付、通知等により使用されること。
　　　ただし、上記の4要件を満たしていても、①発行の日から6月内に限って
　　使用できるもの、②乗車券、③美術館等の入場券、④社員食堂の食券等、法
　　の適用除外になるものもある。

---

（出所）　筆者作成。

図表3－3－8　自家型と第三者型のスキーム

| 自家型前払式支払手段 | 第三者型前払式支払手段 |
|---|---|
| 自家型前払式支払手段とは、発行者（発行者と親族関係がある等密接な関係者を含む）に対してのみ使用ができる前払式支払手段をいう。 | 第三者型前払式支払手段とは、発行者以外のサービス等提供者に対して使用ができる前払式支払手段をいう。 |

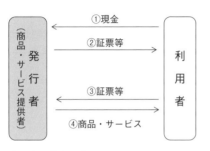

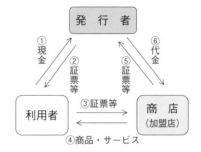

（出所）　筆者作成。

また、②第三者型とは、具体的には、プリペイドカードの発行者以外のいろいろな店で使えるというものであり、発行者がいて、利用者が発行者と提携した加盟店でこのプリペイドカードが使えるというもので、こちらは事前登録制となっている。

**b　実際のスキームによる分類**

　プリペイドカードの種類としては、①紙型や磁気カード、②IC型、③サーバ型の3つがある。①紙型というのは昔からあるクリーニング券やビール券といったことで、チャージできない。磁気カードも同じでチャージできないかたちになる。

　一方、②IC型は券面に価値が記録され、追加的にチャージができる。たとえば鉄道会社が発行しているようなプリペイドカードがあろうかと思う。

　最後に③サーバ型というものがある。これがデジタライゼーションの進展などに伴い新しく出てきたもので、資金決済法でも①②は前からあったが、サーバ型というのはあらためて規制の対象にされたもの。これはカード自体に金銭の記録がされないということで、従前は規制がかかっていなかった。

カードには番号しかないが、金銭の価値は発行者がもっているサーバに記録されている。たとえば大手QRコード事業者などはこういったかたちだといえる。

## (3)　プリペイドカードの発行額・事業者数について

資金決済法が施行された2010年度は年間の発行額が18.2兆円であったが、2018年度では24.5兆円まで増えている状況である。一方で事業者数をみると、2010年度は自家型・第三者型をあわせて約1,800業者であるが、2018年度では約1,900業者となっている。

## 6　資金移動業者とプリペイドカード事業者との規制の違いについて

利用者保護の重要な点として資産保全の義務がある。プリペイドカードについては、保全金額は未使用残高の半分とされている。また、未使用残高が1,000万円以下の場合は資産保全が不要である。保全の期限については、具体的には、3月末の未使用残高分を5月末までに積み上げる、9月末までの残高を11月末までに積み上げるという枠組みになっている。

一方で、資金移動業者については、未達債務を全額保全することとなっており、保全が必要な資金が1,000万円以下の場合には1,000万円を保全することとされている。また、保全の期限については、基本的に1週間における未達債務額の最高額を翌週のうちに供託することとされている。

また、プリペイドカード事業者には、犯罪収益移転防止法上の本人確認義務はかかっていないが、資金移動業者には、顧客がアカウントを開設する際などに本人確認が義務づけられている。

# 7  資金決済法の改正について（2020年6月5日成立）

## (1)  改正法の基本的な考え方

　決済法制の見直しということで、2020年の通常国会で資金決済法が改正された。現在、関係する政令、内閣府令、事務ガイドラインの検討が進んでいるところである。

　この改正法の背景としては、IT技術やデジタライゼーションの進展で決済サービスの多様化が進んできていることがある。そのうえでキャッシュレス時代ということで、利便性が高い、安全・安心な決済サービスを実現するため、柔軟な規制を整備してはどうかということが基本的な考え方である。現在は資金移動業者が行える為替取引は一律上限100万円までとされているが、100万円を超える為替取引を行える事業者を認めたり、もっと少額でいいというところはもう少し規制を緩めたりといった柔軟性のある規制を入れてはどうかという議論が金融審議会で行われ、その結果、資金移動業者に、以下の3つの類型を創設することとされた（図表3-3-9）。

## (2)  第1類型（「高額」（100万円超）送金を取り扱う事業者）

　まず、高額送金を取り扱う事業者であり、100万円を超える送金ができる一方で、認可制を創設した。また、具体的な送金指図を行わない資金の受入れを禁止することとしている。これは、現在の資金移動業者のなかで、一部ではあるが100万円までしか送金できないにもかかわらず、それを超える資金が顧客のアカウントに滞留している事実がある。したがって、高額類型の制度を導入する場合には、送金に関係ないような資金の滞留は出資法などにも抵触しかねないので、規制をかけることとしている。送金できる限度額は引き上げるが、具体的な送金指図のない滞留資金は受入れを禁止する規制をあわせて導入するものである。

図表３－３－９　決済法制の見直しについて

【基本的考え方】
キャッシュレス時代の利用者ニーズに応え、利便性が高く安心・安全な決済サービスを実現するため、柔軟かつ過不足のない規制を整備。

【資金移動業】
①「高額」（100万円超）送金を取り扱う事業者（第１類型：認可制）
　新しい類型（認可制）を創設。具体的な送金指図を伴わない資金の受入れを禁止。
②現行規制を前提に事業を行う事業者（第２類型：登録制）
　利用者資金残高が送金上限額（100万円）を超える場合、事業者が送金との関連性を確認し、無関係な場合は払出し。
③「少額」（数万円程度）送金を取り扱う事業者（第３類型：登録制）
　利用者資金について、供託等の現行の保全方法にかえて、自己の財産と分別した預金での管理を認める。
④収納代行
○「割り勘アプリ」について、資金移動業の規制対象であることを明確化。
　⇒たとえば、宴会の精算に用いられる場合、債権者は幹事、債務者は参加者となり、実質的には一般利用者間の送金サービス。
○宅配業者の代金引換・コンビニの収納代行
　⇒利用者保護上の深刻な問題は指摘されていない。また、債権者が事業者であり、かつ、債務者（一般利用者）に二重支払いの危険がないものについては利用者保護上の懸念は少ない。
○エスクローサービス
　⇒エスクローサービス自体が、利用者保護の機能を果たすエコシステムであるとの指摘がある。

【前払式支払手段】
○チャージ残高の譲渡が可能なものについて、利用者に対する情報提供事項として「利用者資金の保全に関する事項」を追加する等。
　⇒利用者資金の保全額（半額）の引上げについては、共通の認識が得られず（直ちに実施せず）。

（出所）　筆者作成。

## (3)　第２類型（現行の規制を前提に事業を行う事業者）

　次に、現行規制を前提に事業を行う事業者で、引き続き登録制のもとで

100万円以下の送金をする場合である。一方で、顧客のアカウントに滞留する資金については、事業者が送金との関連性を確認し、無関係な場合は払い出していただく。具体的には今後内容を検討していくこととなるが、たとえば、100万円を超えて滞留している資金については、基本的には顧客の銀行口座などに払い出していただく体制を整備することが考えられる。

### (4) 第3類型（「少額」（数万円程度）送金を取り扱う事業者）

最後に、少額、数万円程度の送金を行う場合である。少額とは、金融審議会の報告書などでは5万円がメドではないかということがいわれている。こちらは登録制とされており、送金が少額であることを考慮し、少し規制を緩めるかたちになっている。具体的には、利用者の資金について供託といった現行の保全方法にかえて、自己の財産と分別した預金での管理を認めるということである。

### (5) 収納代行について

**a　割り勘アプリ**

資金移動業の検討に関連して、収納代行の取扱いをどうするかという問題がある。収納代行には「割り勘アプリ」というものがある。たとえば宴会の精算などで幹事がいったんお金を払い、参加した人が債務者となって幹事に後でお金を払うというものがある。実質的には一般利用者間の送金サービスに当たるのではないかということで、この割り勘アプリのようなものについては資金移動業の規制の対象であることを明記した。

**b　宅配業者の代金引換えやコンビニの収納代行**

宅配業者の代金引換えは、利用者が商品を買って、代金は商品をもってきた運送業者に払うものである。また、コンビニの収納代行は、たとえば電力会社から請求が来て、利用者が電力会社に行って払うのではなく、コンビニで払うというものである。いずれも宅配業者やコンビニ業者は、債権者から代理受領権を付与されていて、利用者は、運送会社やコンビニに支払ってし

まえば債務は解消する。万一、運送会社やコンビニが破綻することになっても、債権者からもう1回払えとはいわれない取引である。こういった代金引換えや収納代行も、為替取引に当たりうるという意見もあるが、一方で、現段階では、利用者保護上の問題は指摘されていないし、債権者が事業者であり、かつ債務者に二重払いの危険がないものについては利用者保護上の懸念が少ないということで、引き続き規制の対象にはしていない。

**c　エスクローサービス**

エスクローサービスとは、物品の販売者とその購入者の間を仲介し、取引の安全を守るために、購入者から代金をいったん預かって、入金が確認された時点で販売者に商品を発行するよう通知するサービスである。これ自体が利用者保護の機能を果たしているエコシステムであるということや、いまのところ特に利用者保護上の問題は指摘されていないので、あえて規制の対象とすることはしていない。

## (6)　プリペイドカードについて

プリペイドカードのなかには、チャージした残高を顧客の間で譲渡するものがある。こちらも為替取引に当たりうるという意見がある一方で、金銭の払戻しができないところは変わらない。したがって、資金移動業として規制を入れるのではなく、利用者に対する情報提供事項として「利用者資金の保全に関する事項」を追加することとしている。具体的には、これはプリペイドカードなので半額保全であることを説明するといった措置を講じることになる。なお、プリペイドカード事業者の半額保全については、金融審議会でも議論されたが、現段階で、保全が半額であるため、プリペイドカード事業者が破綻した場合に、顧客に金銭が返ってこないということがあまり起こっていないため、現状の規制を変更していない。

# 8 最 後 に

　IT技術の進展・デジタライゼーションの進展により、新しい監督対象として暗号資産交換業者が出現したほか、これまでも監督対象としていた資金移動業者・プリペイドカード事業者においても、たとえば、インターネット上のアカウントを使った資金移動業者や、カードの券面に金銭価値を記録せず、インターネットを経由して業者のサーバに記録するサーバ型と呼ばれるプリペイドカード事業者など、新しいビジネスモデルの事業者が出てきたところである。

　特に、新しい監督対象として出現した暗号資産交換業者においては、最初は規制がまったくないなかで現実社会に広がり、一定の制度整備を行った後、あまり想定していなかったビジネスモデルとなり、さらに利用者保護やマネーローンダリングに関してさまざまな問題が生じたため、再度、制度整備を行うという流れとなった。

　そのさまざまな問題の背景には、伝統的な金融機関では考えられないような事業者のカルチャー、ガバナンス・内部統制の脆弱性があったと考えている。現在では、金融庁も自主規制団体と連携した検査監督に努めており、各事業者でもリスク管理の高度化や金融経験者の採用といった体制充実を図っていただいているところである。

　デジタライゼーションを推進していくことは、金融仲介機能の発揮と並ぶ金融行政の主要施策の1つではないかと考えている。具体的には、デジタライゼーションを推進していくための金融関連規制の見直し、民間の取組みをサポートするための施策の強化などの前向きな取組みを行う一方で、利用者保護というミッションを果たすべく、たとえば、暗号資産交換業者に対しては、引き続き、2020年5月に施行されている改正資金決済法・金融商品取引法への対応も含めて、自主規制団体と連携した検査監督に努める必要があると考えている。また、資金移動業者・プリペイドカード事業者に対しては、

今後、改正資金決済法の施行を迎えるため、政令・内閣府令・事務ガイドラインなどのルールを作成・検討しながら、各事業者にこのルールに対応していってもらうということが必要である。この業界は、デジタライゼーションを駆使した巨大なQRコード事業者から、小さな事業者まで存在することから、それぞれのビジネスモデルをよく理解して、リスクベースで検査監督を行うことが、よりいっそう必要となると考えている。

　デジタライゼーションの推進のため、金融庁も民間の取組みに資する規制の見直しや民間への直接のサポートを強化する一方、利用者保護の観点から、デジタライゼーションの進展により出現した事業者の方に、ビジネスモデルやそれに伴うリスクに応じて、しっかりと検査監督をしていくということが必要ではないかと考えている。

## イノベーションのpurpose

　仮想通貨（暗号資産）の検査監督に関与した経験から、仮想通貨のようなイノベーションの大義、purposeは何か、社会課題の解決に役に立っているのか考えさせられた。

　仮想通貨は、当初、安価で効率的な決済手段としての役割を期待され、2017年4月改正資金決済法の対象として位置づけられたが、実際には決済手段ではなく「投機手段」として利用されることが大半であった。またいくつかの仮想通貨交換業者から大量の仮想通貨の流出を招き、その後資金決済法が改正され規制が適用されるとともに、新たに「投資対象」として金融商品取引法が適用された。

　このような法改正の国会審議のなかで、「仮想通貨が世の中のためになっているのか」「金融庁が多大なコストをかけて監督するに値するような社会的な価値があるのか」等の疑問が出された。

　金融分野に限らずイノベーションが人類の生活を豊かにし、また病気や生命の不安からの解放に大きく貢献してきたことは事実である。他方、イノベーション自体はそのような社会課題の解決の「手段」「tool」であり、イノベーションによって何をしたいのか、どのように社会に貢献するのかが重要であると考える。

　2020年度金融行政方針においても、金融デジタライゼーションに関連し、「金融機関を含む事業者は、単に従来の業務のやり方をデジタルに置き換えるのではなく、デジタル技術により新たなかたちで利用者のニーズを満たし、社会的課題を解決し付加価値を創出するという発想が求められる」としている。仮想通貨に限らず、デジタライゼーションを含むイノベーションは、金融に期待される社会課題の解決、顧客の利便の向上につながることが重要である。

　その際に重要なのが「ITガバナンス」の構築である（別途第3章3－2コラム参照）。経営戦略と整合的なIT戦略の構築により、企業価値の向上につなげるうえで「ITガバナンス」が重要であるが、その際にはCEO等の経営陣、社外取締役を含む取締役会が、イノベーションの技術的側面の議論にとどまらず、イノベーションにより目指す社会的課題の内容、それに伴う企業価値の向上、あわせてその際の各種リスクを議論することが期待されている。

（佐々木清隆）

# 3-4 ESG、SDGs、気候変動リスク等

池田賢志

## 1 リスク・リターンの計測とのかかわり

　そもそも金融の重要な機能の1つは、さまざまな事象の金銭的な価値評価である。たとえば、金融的にみれば、企業価値というものは、将来キャッシュフローを資本コストで割り引いた現在価値として表現できる。したがって、企業の金銭的な価値評価のためには、将来のキャッシュフローを推計しようとしたり、マーケットで観測される市場価格から株式や負債の資本コストを割り出して加重平均資本コスト（WACC）を計算しようとしたりするわけである。もちろん企業は、金銭的な価値にとどまらない、さまざまな社会的な価値や環境的な価値の実現に貢献しているわけだが、そうしたものを含めて全体として最終的に金銭的な価値に変換して表現していく。そのための技術が金融であるともいえる。

　こうした企業の価値算定に関して、ESGやSDGs、あるいはそのなかでも気候変動などが、企業の売上げ、費用、利益の見通し、そしてそれらの見通しのボラティリティに大きく影響を与えるとの認識が高まってきている。すなわち、SDGsに内包されるさまざまな社会的課題、環境的課題というものは、それが適切に解決されない場合には、企業が将来にわたりキャッシュフローを稼得する基盤を不安定化するおそれがある。また同時に、そうした課題の解決のためにとられるさまざまなアクションは、既存企業のビジネスモ

デルの転換を迫り、また、新たなイノベーターの新規参入の機会を開くものとなる可能性があり、やはり企業のキャッシュフローの稼得能力やその確実性を変動させるおそれがある。こうしたことが、金融の観点からみても、企業への融資や投資のリスク・リターンの計測に影響を与える切実な問題として認識されるようになってきている。

## 2 金融上の重要性をめぐる認識の広がり

　では、なぜいまこうした認識が広がっているのだろうか。まず、環境的側面についていえば、地球環境の限界についての警鐘が、「プラネタリー・バウンダリー」というかたちであらためて提示され、深刻に受け止められるようになっていることがあげられよう。すなわち、産業革命以降、生産性の著しい向上を伴う経済成長が始まり、それに伴って世界の人口と人間の経済活動は劇的に拡大してきたわけだが、それに応じるかたちで、人間の活動領域の拡大やさまざまな自然資源の利用とそれに伴う排出・廃棄の増大が地球環境に負荷をもたらし、そうした負荷が一部で限界を超え、また一部では限界に近づきつつあり、これが不可逆的かつ急激な環境変化を引き起こす可能性があると警告されている（なお、これと同様の警告をするため、「人新世」という新たな地質年代の概念が用いられることもあるが、この「人新世」の開始年代については学術上の議論が継続中であり、ここでは用いない）。産業革命以降目覚ましく拡大した人間活動の規模と範囲およびそのなかで実現されてきた生活の質というものは、化石燃料を利用した動力や熱利用、農地の拡大や窒素・リンを利用した化学肥料による農業生産性の増大に支えられている。こうした人類史の流れを受け止めれば、「プラネタリー・バウンダリー」で警告されている地球環境の限界を超えた、二酸化炭素排出、窒素やリン循環、土地利用の変化（農地への転換）などについて、人類がその問題解決に成功するにせよ失敗するにせよ、これらの問題が経済活動や企業活動への甚大な影響をもたらしうることは想像を大きく超えるものではないだろう（図表3

－4－1）。

　また、もう1つの社会的側面については、社会的な格差の広がりをあげることができる。先進国そして新興国ともに、所得格差および資産格差といったものが広がっている状況にある（図表3－4－2）。歴史的なトレンドをみると、トマ・ピケティの『21世紀の資本』で議論されているように、第二次世界大戦を契機として格差はいったん縮まったわけだが、1970年代の後半から1980年代以降に再び格差の拡大がみられるという経過をたどっている。こうした社会的な格差は、歴史的にみれば、疫病や災害、あるいは戦争や革命によってそのつど縮小してきたという不都合な事実がある。それゆえに、こうした格差の拡大は、国内では政治体制を不安定化させ、また、国際的には移民問題を激化させるといった可能性を想起させ、こうした社会的な大転換

図表3－4－1　Planetary Boundary

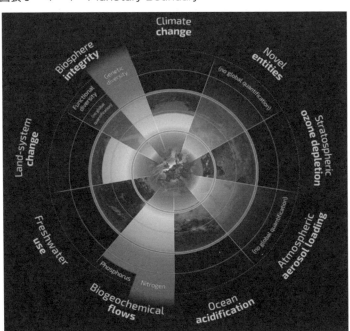

（出所）　J. Lokrantz／Azote based on Steffen et al. 2015.

の前触れとして恐怖されているということがいえるだろう。

　こうした環境的要素や社会的要素をめぐる認識の広がりは、現象面では、ダボス会議でのダボス・マニフェストや米国のBusiness Roundtableが、「ステークホルダー主義」、すなわち、企業は株主のために利益を稼得することを基本としつつも、さまざまなステークホルダーに対し価値を生み出していくということが求められる旨を打ち出すようになったことに表れている。また、リスク認識の面においては、環境的課題が先行しており、これはWorld Economic Forumで毎年まとめているグローバルリスクレポートの2020年版で、発生可能性が高いリスクのトップ５がすべて環境関連の事象になったこ

図表３－４－２　所得格差の拡大

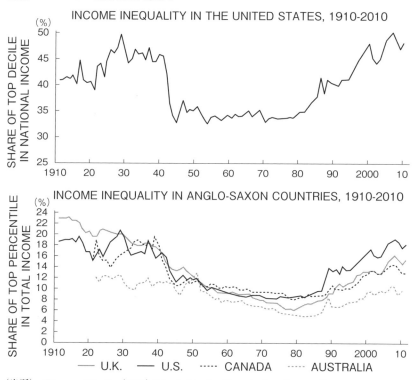

（出所）　Thomas Piketty（2013）"Capital in the Twenty-first Century".

とに表れているといえるだろう（図表3-4-3）。こうしたなかで、世界最大の資産運用会社であるBlackRockのチェアマン/CEOであるLarry Finkが投資先企業に対しサステナビリティについて呼びかけ、SASB（Sustainability Accounting Standards Board）やTCFD（Task Force on Climate-related Financial Disclosures）に整合的な開示を求め、こうしたことに取り組まない企業からの投資撤退を辞さないとまでいうに至っているのである。

　以上を総合すると、企業の活動、そしてこれを取り巻くビジネスや金融というものは、環境的要素や社会的要素をまったく無視して存立することはもはやむずかしくなってきているといえよう。1972年に、ローマクラブが「成長の限界」を警告した。これは人口増加や環境汚染が当時の傾向のまま続けばいずれ地球上の成長は限界に達するとの警鐘であった。しかし、「プラネタリー・バウンダリー」の警告は、いまや多くの分野で「地球環境の限界」に達しているとの切迫した警鐘である。いずれ限界が来るがまだ余地があるという状況と、もはや限界に達しておりそうした余地はないという状況とでは、そうした脅威の経済活動や企業活動への潜在的な影響可能性の程度にはおのずと大きな違いが生まれるだろう。こうした認識に立てば、SDGsについてのWedding Cake Illustrationで描写されるように、地球環境の基盤と社会の基盤のさらにその上に構築される経済の基盤を前提に企業活動があるとの見方に沿って、地球環境や社会の変動が企業活動に大きな影響を与えうるとの想定を立てて対処を図ることは、リスク管理を生業とする者にとって自然な反応といえるだろう（図表3-4-4）。

　そうした影響に対する対処の巧拙が将来的なキャッシュフローを企業が生み出す力と大きくかかわってきて、ひいてはそうした将来キャッシュフローを資本コストで割り引いた現在価値である「企業価値」とも密接にかかわってくる可能性を100％の確信をもって否定することはできないからである。そして、それが仮に可能性は低いとしてもその影響が甚大となりうるものなのであれば、それは重要コンティンジェンシーとして対処を図ることがリスク管理者としては求められるからである。

図表 3 − 4 − 3　WEF: The Global Risks Report 2020

<グローバルリスク トップ 5：予想発生確率>

| 2018 | 2019 | 2020 |
|------|------|------|
| Extreme weather | Extreme weather | Extreme weather |
| Natural disasters | Climate action failure | Climate action failure |
| Cyberattacks | Natural disasters | Natural disasters |
| Data fraud or theft | Data fraud or theft | Biodiversity loss |
| Climate action failure | Cyberattacks | Human-made environmental disasters |

<グローバルリスク トップ 5：予想インパクト>

| 2018 | 2019 | 2020 |
|------|------|------|
| Weapons of mass destruction | Weapons of mass destruction | Climate action failure |
| Extreme weather | Climate action failure | Weapons of mass destruction |
| Natural disasters | Extreme weather | Biodiversity lose |
| Climate action failure | Water crises | Extreme weather |
| Water crises | Natural disasters | Water crises |

（出所）　The Global Risks Report 2020, World Economic Forum.

図表3−4−4　SDGs Wedding Cake Illustration

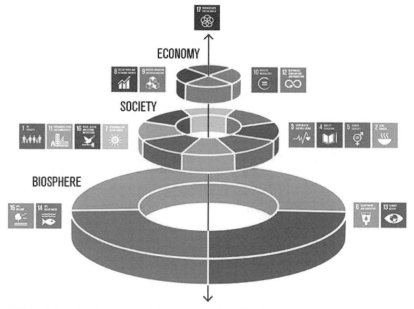

(出所)　Johan Rockström and Pavan Sukhdev（2016）"How food connects all the SDGs" Stockholm Resilience Centre, Stockholm University.

## 3　いかに備えるのか―レジリエンスを高めるために―

### (1)　フォワードルッキングな対応

　こうしたESGやSDGsに内包される社会・環境上の事象に関連したリスクを取り扱うにあたって厄介なのは、こうした事象が過去の延長線上でとらえることができず、過去のパターン分析をそのまま使えない点である。こうした特性について、これらは非線形リスクであるとも指摘されるところである。とはいえ、こうしたリスクを金融上の問題としてとらえようとする以上は、なんらかの金銭的な価値評価はやはり必要である。一般的に信用リスク

や市場リスクの定量モデルはその有効性をバックテストにより過去データで検証するものであり、上述のリスク特性から、こうしたバックワードルッキングな定量モデルをそのままでは使えないことから、これをなんらかのフォワードルッキングな手法により補完・代替することが求められる。モンテ・カルロ法が使えればよいのだが、ここでもやはり社会・環境上の事象の起こり方（確率分布）の情報などが必要となる。結局のところ、①こうした事象がどのくらい起こりうるのか（発生可能性）、②それが起こった場合に企業活動にどのような影響を与えるのか（影響度・エクスポージャー）の2つを、どれだけ離散的になるか連続的になるかの程度はあるにせよ、定量的に表現することを試みていくことになる。以下では、こうした試みを行ううえでの基本的な考え方を整理していきたい。

## (2)　企業活動への影響度の見極め―2つの経路分析―

まず、こうした社会・環境上の事象というものは、どのような経路で企業活動に影響をもたらすかを整理することが有用であろう。この点については、気候変動をめぐる議論が参考になる。気候変動では、大きく分けて、①気候変動そのものがもたらす物理的影響と②気候変動を抑制しようとすることに伴う社会システム転換がもたらす影響、の2つが指摘されている。たとえば、気候変動などで平均気温が上昇し、その結果として、海水面の上昇や自然災害の頻度や規模が増大することで企業が影響を受けるというのが前者の物理的影響である。また、後者の社会システム転換に伴う影響に関しては、2050年に向けて平均気温上昇を2度以下に抑制すべく、世界全体で温室効果ガスの排出を抑え込んでいくための国際的な枠組みがパリ協定として実現しており、これに伴い、2050年に向けて温室効果ガスをどの程度排出できるか（炭素制約）が一定の前提のもとで計算可能となっている。その結果として、たとえば、炭素制約により、石炭・石油・天然ガスなどの埋蔵資産のうちでも採掘して金銭化できずに価値を失う座礁資産が生じ資源エネルギー企業で資産の減損や損失が発生するのではないかといった議論がされている

わけである。

　このように、ある社会・環境上の事象そのものが企業活動に影響を与える
のか、あるいは、そうした事象を抑制しようとするさまざまな動きが企業活
動に影響を与えるのかという、影響経路分析の枠組みは、気候変動に限らず
適用可能なものである。たとえば、新型コロナウイルスの例をとると、企業
においては、自社や取引先の従業員などにおける感染の発生そのもので影響
を受けたというよりも、社会として感染拡大を防止するために実施された休
業要請や自粛措置（海外であればロックダウン）、あるいは感染をおそれる消
費者の行動変化により影響を受けたところが多いと考えられる。ここから得
られる重要な教訓の1つは、ある社会・環境上の事象がもたらす物理的影響
が甚大と見込まれる場合には、これを予防するための措置の実施や人々の行
動変化がそうした物理的影響に先立って起こることになり、その影響も甚大
になりうるということであろう。

## (3)　発生可能性と影響度の分析—メガトレンド分析とシナリオ分析—

　これに関連して、新型コロナウイルスのケースでは、感染症がもたらす影
響の脅威は知られていたとしても、個々のウイルスの特性はまちまちであ
り、社会における爆発的感染拡大に適した特性をもつ新型コロナウイルスの
ようなウイルスの発生に不意をつかれたのにはやむをえない面もあったかも
しれない（もっとも、後述のメガトレンド分析とシナリオ分析を行っていれば、
新規の感染症がどのようなかたちで現れるかわからないという不確実性に対して
も、より効果的に備えられた可能性はあるのだが）。実際に、その問題の端緒の
把握から、感染拡大の発生、感染拡大防止のための措置の実施までに至る時
間軸は数週間から数カ月単位と急速なものであった。他方で、気候変動や海
洋プラスチックの問題などがもたらす物理的影響の態様は具体的な影響発生
時期の不確実性は孕みつつも相当の確度で予測されており、物理的影響の発
生やこれを防止するための措置の実施などに至る時間軸は数年から数十年単

位というものとなる。これは、新型コロナウイルスと対比すると、いわば緩慢なプロセスとなることで、十分な時間的余裕をもって備えを進められる可能性もあるが、他方で、茹でガエルとしてゆっくり茹で上がるだけに終わる可能性も孕んでいる。

　このように外部環境の突然の変化に不意をつかれたくない、あるいは、外部環境の長期的な変化に応じた適切な対応をとりたい、とは誰しもが思っているところであるわけだが、現実には正確な予測はむずかしいわけである。そうだとすると、①メガトレンドとして、いつそれが起こるかどうかタイミングはわからないけれども、世の中はこちらの方向に進んでいくはずであるというさまざまなトレンドを把握していくこと（メガトレンド分析）、そのうえで、そうしたトレンドが早く起きるのか、遅く起きるのか、具体的な現れ方がどうなるのかというのは個々のシナリオを立てていくこと（シナリオ分析）が、現実的な解となる。これから1年の間にそれが起こるかどうかを予測するのはむずかしいが、20〜30年の間にはほぼ確実に起こるという事象はたしかに存在する。とりわけ、SDGsに内包される社会・環境上の事象は、こうした性質をもつものが多く、メガトレンド分析と親和的である。このメガトレンド分析は、そうした事象のなかから企業活動に大きな影響を与えるものを抽出していく作業といってもよいだろう。また、シナリオ分析は、そうして抽出された影響度の高いメガトレンドについて、具体的なリスクの現れ方を財務的影響としてシミュレーションする作業であり、かつ、最悪のケースは何かを探る作業であるといえる。注意すべきなのは、シナリオ分析は、最も確度の高いシナリオを選定しようとする作業ではないということである。また、自社にとってありたいシナリオを選定する作業でもない。リスク管理の観点から、これらの誤解を排することはきわめて重要である。むしろ、ありうる（plausible）シナリオのなかから自社にとって最も影響度の大きい、その意味で最悪のシナリオを抽出し、それを今後の備えを図るうえでの座標軸としていく作業でなければならない。また、こうしたシナリオ分析の副産物として、各シナリオに対しエクスパートジャッジメントにより確率

図表3－4－5　長期的な企業価値とメガトレンドの動向

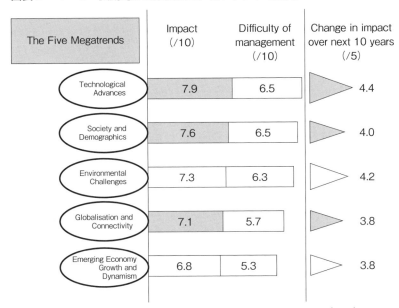

| The Five Megatrends | Impact (/10) | Difficulty of management (/10) | Change in impact over next 10 years (/5) |
|---|---|---|---|
| Technological Advances | 7.9 | 6.5 | 4.4 |
| Society and Demographics | 7.6 | 6.5 | 4.0 |
| Environmental Challenges | 7.3 | 6.3 | 4.2 |
| Globalisation and Connectivity | 7.1 | 5.7 | 3.8 |
| Emerging Economy Growth and Dynamism | 6.8 | 5.3 | 3.8 |

（出所）　PRI and Willis Towers Watson, Responding to Megatrends（2017）.

を付与することにより、シナリオごとの財務的影響の試算と組み合わせることで、ある社会・環境上の事象についての発生可能性と影響度を定量的に表現することができるようになる（図表3－4－5、3－4－6）。

## (4)　時間軸と企業価値―中長期のキャッシュフローのもつ重要性―

こうしたメガトレンド分析とシナリオ分析の重要性に関連して、時間軸と企業価値の関係について付言しておきたい。(3)で述べたとおり企業として備えを図ることは、気候変動の文脈で語られる「時間軸の悲劇（Tragedy of the Horizon）」の問題の解決につながるものである。経営者なり投資家が、いつか起きるだろうと認識はしているが、それがまだまだ先のことだということで、個々の経営判断なり投資判断のなかで、そうした情報が十分に反映されずに判断がなされると、それが不意に早く起きた場合に、そこに個々の

図表3－4－6　NGFSによるシナリオ分析のフレームワーク

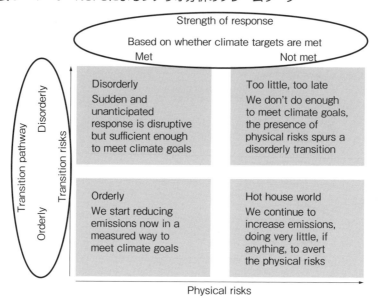

（出所）　NGFS（2019）, A Call for Action: Climate Change as a Source of Financial Risk.

企業や金融機関、さらには金融システムに対するショックが起きてしまう。気候変動に関するTCFDというのは、そうしたショックを和らげるために、今後何が起きるか、それに対して企業に十分な備えがあるかということについて開示を促すことで、企業自身の備えを高めるとともに、その企業に投融資している金融サイドの備えを高めることをねらっている。

　企業価値というのは将来キャッシュフローを資本コストで割り引いた現在価値と金融的にはとらえられるわけだが、○年先までのキャッシュフローを現在価値にした場合に、企業価値全体との比率でどのぐらいになるかということを整理することができる。仮にキャッシュフローが毎期一定で100、資本コストが10％というケースを考えると、無限の先のキャッシュフローを現在価値にすれば当然100％になるが、3年先までのキャッシュフローを現在価値にすると企業価値全体の24％ぐらい、5年先だと37％、10年先だと

60％、20年先だと84％ということになる（図表3－4－7）。また、このケースによって計算すれば、1年先までのキャッシュフローが企業価値に占める割合は9.09％であるとともに、21年先から30年先までの10年間のキャッシュフローが企業価値に占める割合は9.13％である、ということもわかる。どうしても短期志向というか、ある程度確実に予測がきく範囲でものごとを決めようとすると、1年とか、せいぜい3年、長くても5年ぐらいの判断の時間軸になるが、それでは企業価値全体を管理していくには足りないというのがここから明らかになる。一般的に、日本企業の中期経営計画は3〜5年程度の時間軸で策定されることが多いが、企業価値に占める中長期の先のキャッシュフローの重みをふまえれば、より長期の時間軸で判断を行う枠組みの整備が必要となろう。このために、先に述べたメガトレンド分析とシナリオ分析の組合せが重要になってくるのである。

図表3－4－7　企業価値と時間軸

| | |
|---|---|
| 無限 | 100％ |
| 3年 | 24％ |
| 5年 | 37％ |
| 10年 | 60％ |
| 20年 | 84％ |
| 30年 | 93％ |
| 40年 | 96％ |
| 50年 | 98％ |

（出所）　筆者作成。

## ⑸　社会・環境上の事象と企業活動の関係性―マテリアリティ評価とレジリエンス評価―

　企業価値については、貸借対照表のような財務報告に典型的に記載される資産だけでは、もはや十分に捕捉できなくなっているともいわれる。財務報告は基本的には過去の実績を表している。企業はそれを出発点として将来に向かっていくわけなので、財務報告はスナップショットとしては重要な情報である。しかし、そこを出発点として企業がどちらの方向に将来向かっていこうとしているかの重要性が増しており、そこが財務報告だけでは捕捉しきれない側面といえよう。こうしたものの金銭的な評価は、時価総額と貸借対照表上の簿価との差額として、「無形資産」として表現されることになる。

　企業が今後どういうことをしていくかというなかには、社会・環境上の事象に対して、どのように対処するのか、そうした事象に対する対処への巧拙も無形資産の価値のなかに含まれる。そのなかには２つの要素がある。

　１つは、社会・環境上の事象がその企業にとってもつ財務影響上の重要性の評価（マテリアリティ評価）であり、もう１つがそうしたマテリアリティをふまえた企業の備えや対応能力の評価（レジリエンス評価）である。こうしたことを、気候変動との関係で表現することを求めるのがTCFDの枠組みであり、また、社会・環境上の事象全般との関係で同様のことを求めるのが広くサステナビリティ開示の枠組みであるといえる。その代表的な枠組みとしては、IIRCやSASBによるものがあるが、これらはいずれも、上述のマテリアリティ評価とレジリエンス評価の要素を具備している。たとえば、IIRCによる国際統合報告フレームワークであれば、企業価値の源泉である資本について、財務資本、製造資本、知的資本、人的資本、社会・関係資本、自然資本の６つに資本概念を拡張することで、その企業の価値創造活動を表現する枠組みとなっている。このなかで、社会・環境上の事象と企業とのかかわり（マテリアリティ）は、主に、人的資本、社会・関係資本や自然資本との関係で表現されることになり、これに応じた企業の対応（レジリエ

ンス）に係る開示の大枠が示されている。

　また、SASBによるフレームワークでは、より直截的に、マテリアリティマップとして、業種を77に分類したうえでそれぞれの業種ごとにマテリアルなサステナビリティ項目を特定している。その項目は、環境6項目、社会・関係資本7項目、人的資本3項目、ビジネスモデルとイノベーション5項目、リーダーシップとガバナンス5項目の合計26項目となっており、これらの項目のうち業種ごとにマテリアルと特定されたものについて、その項目に応じた企業の対応（レジリエンス）に係る業種別の開示の指針が示されている。

　実際、こうしたIIRCやSASBのフレームワークと企業価値評価をつなげる試みも進められている。たとえば、企業価値評価の手法を国際統合フレームワーク（IIRC）の枠組みと接続しようという試みが、柳良平氏が提唱されるIIRC-PBRモデルである。IIRC-PBRモデルでは、財務資本が株主資本簿価に対応するとして、その株主資本簿価を上回る市場付加価値（PBRが1を上回る部分）は、知的資本、人的資本、製造資本、社会・関係資本、自然資本といった財務資本以外のいわゆる非財務資本に対応してくることを示している（図表3-4-8）。

　また、ハーバードビジネススクールのGeorge Serafeim教授らは、SASBの枠組みに基づいて、企業群の株価パフォーマンスを比較したスタディを行っている。これによれば、SASBのマテリアリティマップに照らし、①自社にとって重要性の高いサステナビリティ課題に取り組んでいる企業のグループと②そうでない企業のグループの株価パフォーマンスを調べ、前者①のパフォーマンスが後者②を上回ることを確認している（図表3-4-9）。ここで注目すべきは、サステナビリティといわれるものに取り組んでいるが、実は自社にとって重要でないものに取り組んでいる企業は後者②に分類されていることであろう。同じサステナビリティに取り組んでいるといっても、何に取り組むかによって株価パフォーマンスが変わってくることが示唆されているといえよう。

# 図表３−４−８　サステナビリティと企業価値：非財務資本とエクイティ・スプレッドの同期化モデル

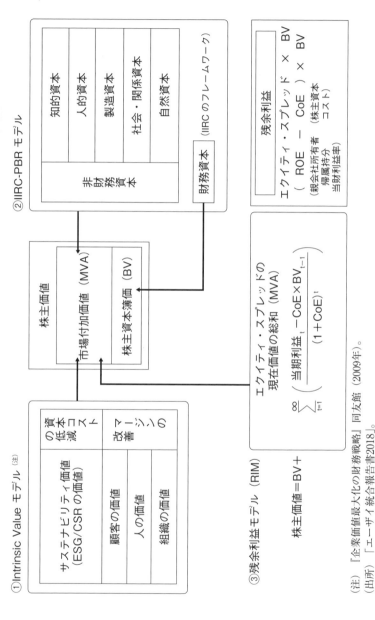

（注）『企業価値最大化の財務戦略』同友館（2009年）。
（出所）「エーザイ統合報告書2018」。

図表 3 － 4 － 9　SASBに沿ったサステナビリティに係る取組みの有無と株価パ
　　　　　　　フォーマンス

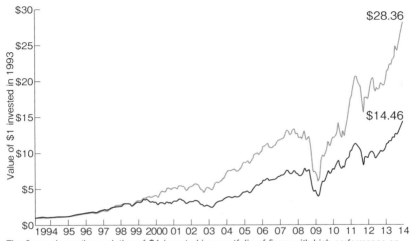

The figure shows the evolution of $1 invested in a portfolio of firms with high performance on
the material sustainability issues versus competitor firms with low peformance on material
sustainability issues. Materiality of sustainability issues is industry-specific and it is defined by
the Sustainability Accounting Standards Board. Source: Mo Khan, George Serafeim and Aaron
Yoon. Corporate Sustainability: First Evidence on Materiality. HBS working paper, 2014.

（出所）　George Serafeim（2014）"Turning a Profit While Doing Good: Aligning Sus-
　　　　tainability with Corporate Performance." Brookings Institute.

　こうした分析の枠組みを援用することにより、市場で観察される価格に依
拠しながら、自社にとってマテリアルな社会・環境上の事象と企業価値の関
係を定量的に表現していくことが可能となる。この場合は、そうした事象の
発生可能性・影響度の評価とともに、これに対する企業のレジリエンスをめ
ぐる評価も定量化のなかに含まれることになるだろう（図表 3 － 4 － 8、3
－ 4 － 9）。

## ⑹　オルタナティブデータの活用

　社会・環境上の事象に対してリスク管理を行ううえでは、伝統的な財務情
報等以外のオルタナティブデータの活用も課題となっている。たとえば、金
融機関が投融資判断を行うにあたって、気候変動をはじめとする自然環境上

のリスクを評価するには、企業の生産設備の所在地、そのサプライチェーンにおける原料の調達地から仕入先の生産設備の所在地などのロケーション情報が重要となってくる。

　これに関連して、UNEP-FIが開発したENCORE（Exploring Natural Capital Opportunities, Risks and Exposure）は、自然資本と個々の企業活動とのつながりを整理して示した概念フレームワークであるが、これは個々の企業活動が自然環境上のリスクにさらされているかを明らかにすることで、そうした活動情報とリスク情報とをどのようにロケーション情報とつなげればよいかを整理するツールとなりうるだろう。

　また、こうしたオルタナティブデータの個別リスクについての提供の例として、たとえばTRASE（Transparent Supply Chains for Sustainable Economies）というツールは、大豆、パーム油や肉牛などが、どの業者を通じて、どの地域から調達されているかを追跡するツールであり、その調達に伴う森林破壊等の社会・環境上のリスクが明らかになるようになっている。また、Global Forest Watch Proというツールは、こうしたコモディティの調達地域が判明している場合に、そうした地域を指定することで、当該地域の森林などの状況を継続してモニタリングすることが可能になるものとなっている。今後は、こうしたツールが幅広い社会・環境上のリスクに関連して提供されるようになっていき、地理位置情報や衛星情報などを含め、これらをいかにリスク管理上活用していくかが問われることになろう。

## 4 　まとめ─企業価値向上を見据えたリスク管理のために─

　以上整理したようなことを企業の全社的なリスク管理に取り込んでいくうえでは、COSO（The Committee of Sponsoring Organization）の"Enterprise Risk Management Framework"が参考になるだろう（図表3 − 4 −10）。実際に、COSOはWBCSD（World Business Council for Sustainable Development）とともに、このERMのフレームワークにESGの要素を入れていくこ

図表 3 − 4 −10 COSO's Enterprise Risk Management Framework

ENTERPRISE RISK MANAGEMENT

MISSION, VISION, & CORE VALUES

STRATEGY DEVELOPMENT

BUSINESS OBJECTIVE FORMULATION

IMPLEMENTATION & PERFORMANCE

ENHANCED VALUE

**Governance & Culture**

1. Exercises Board Risk Oversight
2. Establishes Operating Structures
3. Defines Desired Culture
4. Demonstrates Commitment to Core Values
5. Attracts, Develops, and Retains Capable Individuals

**Strategy & Objective-Setting**

6. Analyzes Business Context
7. Defines Risk Appetite
8. Evaluates Alternative Strategies
9. Formulates Business Objectives

**Performance**

10. Identifies Risk
11. Assesses Severity of Risk
12. Prioritizes Risks
13. Implements Risk Responses
14. Develops Portfolio View

**Review & Revision**

15. Assesses Substantial Change
16. Reviews Risk and Performance
17. Pursues Improvement in Enterprise Risk Management

**Information, Communication, & Reporting**

18. Leverages Information and Technology
19. Communicates Risk Information
20. Reports on Risk, Culture, and Performance

（出所）COSO, "Enterprise Risk Management -Integrating with Strategy and Performance-" (2017), COSO & WBCSD, "Enterprise Risk Management -Applying Enterprise Risk Management to Environmental, Social, and Governance-related Risks-" (2018).

第3章　新たなリスクへの対応　177

とを提言している。こうした仕組みを全社的に整備し、第1線、第2線、第3線のリスク管理体制を備えたうえで、手続・手順遵守型のリスク管理ではなく、リスク探索型のリスク管理を実施できるかが問われることになるだろう。

　一般的に、この10〜20年の間に、信用リスクや市場リスクなどの分野において、ヒストリカルなデータに基づく計量化モデルの精緻化を通じてリスク管理の高度化が図られてきた。この結果として、極端なことをいえば、こうしたモデルを利用して一定の手順さえ踏めば、誰でもリスクを見える化した気分を味わえるようになった。他方で、そうした従来の枠組みでは、直ちには計量化がなかなかむずかしいもの、一見すると非定型あるいは非計量的な新たなリスクを探索してそれにいかに備えるかが現在ますます問われるようになっている。そして、SDGsやESGに関連したリスクはまさにこうしたものであり、このリスク管理の巧拙が最終的には企業価値と密接につながっているといえる。

　そもそもリスク管理は、リスク管理それ自体が自己目的化すべきものではなく、企業価値の向上のために行われるべきものである。リスク管理を通じて、企業のキャッシュフロー稼得能力のレジリエンスを高めることは、①将来の期待キャッシュフローの増大および②資本コストの低下（期待キャッシュフローのボラティリティ低下）という恩恵をもたらし、企業価値を向上させるものである。とりわけ、リスクに上手に対処することで、資本コストが低くなるというルートで企業価値が向上するという点を認識するのが、資本コストを意識した経営の重要な出発点であり、リスク管理部門が経営陣に伝えるべき重要なメッセージである。

　このように整理してくると、ESG、SDGs、気候変動リスク等の新たなリスクへの対応というものは、リスク管理のためのリスク管理や手続・手順遵守型のリスク管理から脱却し、日本企業が真に資本コストを意識した経営に踏み出していくための試金石であり、また、格好の練習台ともいえるのではないだろうか。こうしたリスクに対処すべくそれを定量的に表現しようとす

る知的な格闘を通じて、日本におけるリスクカルチャーが成熟していくことを願う次第である。

## コロナショックとSDGs

　SDGsについては、この数年政府および民間の取組みが大きく進展している。金融分野でも全銀協、日本証券業協会、生命保険協会、損害保険協会等業界団体および各金融機関における対応も進展している。また金融庁においても、2018年6月に初めて「金融行政とSDGs」を策定・公表し、金融行政の各施策をSDGsとの関連で整理している。

　この金融庁の方針を策定した立場から、SDGsの議論は金融規制監督のうえでも非常に有益であると考えている。まず、これまでの金融規制監督上の施策をSDGsと紐づけて議論することで、国内はもとよりグローバルにSDGsの「共通言語」により理解を得ることが容易になり、各施策の意義や目的についてグローバルな支持を得ることができる。たとえば、地域金融に関しては従来わが国での人口の少子高齢化や地域での経済の縮小をふまえてさまざまな施策が講じられているが、それを単なる「人口の少子高齢化」等のわが国固有の事情で説明するのではなく、地域金融による「顧客との共通価値の創造」としてSDGsのgoalの8「働きがいも経済成長も」や、9「産業と技術革新をつくろう」と紐づけで整理することで国際的な理解を得やすくなる。

　また、金融規制監督上の新たな施策を考えるうえで、SDGsの視点は新たな気づきや観点を提供してくれ施策の厚みを増すことができる。たとえば、金融庁が重視している金融経済教育の推進については、従来学校等の教育の現場での理解を得ることが容易ではなかった。しかし、SDGsのgoalの4「質の高い教育をみんなに」と1「貧困をなくそう」との観点で考えた場合、金融経済教育の意義は金融リテラシーの向上を通じて国民一人ひとりが人生100年時代を見据えた人生設計に向けた「生きる力」を強化するものとして、従来の金融行政を超えた幅広い視点を盛り込むことにつながった。

　さらにいえば、金融そのものが、経済の持続的成長に貢献し国民の厚生の増大に資するという点で、まさにSDGsのコンセプトと合致する。このような観点では、今回のコロナショックでは、コロナウイルスによる直接のリスクは「人」の命と健康ではあるが、感染拡大を防止するためにとられた都市封鎖等に伴う実体経済の縮小とそれに伴う「人」の雇用、教育、地域等に対応するうえで、金融機能の発揮がきわめて重要である。

　しかしながら、小生の知人から聞いたところでは、ある企業経営者は「コロナショックでSDGsどころではありません」といっていたとのこと。SDGsが単にSDGsバッジをつけた「お付き合い」「道楽」「政府主導のコ

ンプライアンス」ではなく、各企業の本業を活用しながら社会課題の解決に貢献するという本来のSDGsのコンセプトを本当に理解し実践しているかが、コロナショックを通じて図らずも明らかになったといえる。

（佐々木清隆）

## 3-5 企業不祥事の予防・発見・対応

竹内　朗

## 1 不祥事対応のサイクル

　企業が不祥事と向き合うときに、不祥事が発生する前の「予防」、不祥事が発生してから発見するまでの「発見」、そして不祥事を発見した後の「対応」という3つの場面に分けて説明する。

　この3つを時間軸のなかに置いたのが、図表3−5−1である。時間軸が

図表3−5−1　不祥事対応のサイクル

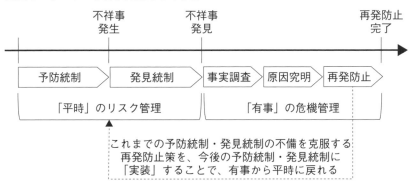

（出所）　筆者作成。

182

左から右に矢印で流れている。

「予防統制」は、不祥事が発生する前の予防策である。どこの会社でも上場会社であれば、規程をつくる、社内研修をするといったある程度のことは行っている。

次の「発見統制」という観点がない会社、弱い会社が多いのではないか。不祥事が発生してから発見するまでのスパンが非常に長く、発見したときには取返しのつかない事態になっている。だから、発見機能をどのように高めていくか。この予防と発見とが相まって平時のリスク管理体制が完成するのではないかと考えている。

「有事の危機管理」の話は後ほど触れるが、再発防止とは、これまでの予防統制・発見統制の不備を克服する再発防止策を、今後の予防統制・発見統制に「実装」すること、これができてはじめて会社は有事から平時に回帰することができる。これが不祥事対応のサイクルである。

不祥事の発生後は、経営トップがこれに気づいていないだけで、客観的にはすでに「有事」に至っている。人間の体でいえば、足に大けがをしてドクドク血が流れているのに本人は気づいていないような危険な状態であるから、発見機能を鍛えることが大事である。

また、どんなに未然防止を尽くしても、不祥事を完全に防ぐことはできない。犯罪のない街をつくれないのと同じだ。完全に防ぐことを目的にする必要もないと考えている。だからこそ、不祥事を早期に発見し、早期に是正できる体制を整備して、不祥事発生後のダメージコントロールを図る必要がある。

## 2 近時の不祥事にみられる経営と現場の乖離

近時の不祥事にみられる3つの傾向がある。

1つ目は、不祥事が発生してから経営トップが発見して是正するまでの時間が長期化してダメージが深刻化する。たとえば、タカタというエアバッグ

の会社は、不祥事を是正するまでの間にたくさんの不具合のあるエアバッグを世界中にばらまいてしまい、自分の財務体力では処理ができなくなって倒産した。

　2つ目は、中間管理層が不祥事の社内隠ぺいを働いて経営トップの発見を遅らせる。たとえば、日産自動車の無資格完成検査の問題では、内部監査や国土交通省の定期的な検査の時には無資格者をどこかに隠しておいて、あたかも資格者だけがやっているように見せかけて発覚を免れていた。

　3つ目は、不祥事を社員から知らされず、社外から突如として攻撃を受け、経営トップの対応が後手に回る。先ほどの日産自動車の無資格完成検査では、国交省の立入検査を受けてようやく経営トップは問題を知ることになった。

　これらの傾向は、いずれも経営トップにとっては容認しがたい事態のはずだ。これらが示すのは「経営と現場の乖離」、現場で起きている実態を経営トップはまったく把握できていないという現実である。このような事態を招かないために、経営トップは平時から何をしておくべきか、平時の内部統制にどのようなコントロールを組み込んでおくべきか、これが平時のリスク管理体制の問題意識だ。

## 3　不祥事予防のプリンシプル

　日本取引所自主規制法人が2018年3月30日に公表した「上場会社における不祥事予防のプリンシプル〜企業価値の毀損を防ぐために」は、こうした問題意識のなかで生まれた。2017年秋に、日産自動車とSUBARUで無資格完成検査、神戸製鋼所と三菱マテリアルと東レで検査データ改ざんという問題が立て続けに噴出し、危機感をもった証券取引所がつくったものと理解されている。

　［原則1］　実を伴った実態把握
　［原則2］　使命感に裏付けられた職責の全う

［原則3］　双方向のコミュニケーション

［原則4］　不正の芽の察知と機敏な対処

［原則5］　グループ全体を貫く経営管理

［原則6］　サプライチェーンを展望した責任感

という原則が並んでいる。原則4が目的で、原則1ないし3はそのための手段、原則5および6は応用とされている。

# 4　リスク情報伝達のメインラインとヘルプライン

　予防プリンシプルの原則1・3・4をふまえて、図表3−5−2をみてほしい。現場層にあるリスク情報をどうやって経営層に伝達（エスカレーション）し、経営資源を投入して現場の問題や課題を是正するか、この縦のサイクルをいかに回していくかが大事だ。

　このような話をすると、皆さん、内部通報の話に飛びついてしまう。いま内部通報窓口が1つあるから2つにしよう、窓口が2つあるから3つにしようといった話になるが、私は違うと思っている。

図表3−5−2　リスク情報伝達のメインラインとヘルプライン

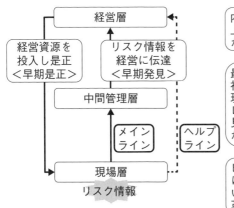

内部通報制度に飛びつく前に、職制上のレポートライン（報連相）をしっかり鍛えることから始める

最も多くの解決策をもっているのは社長
現場の課題や問題を経営層にエスカレーションし、会社全体で最適解を見つけ出し、経営資源を投入するのが合理的行動

ヒトがいない、カネがないというのは言い訳にすぎない
いまいる中間管理層の「意識」を変革できれば「行動」も変革できる

（出所）　筆者作成。

通常の企業活動のなかにはメインラインとしての職制上のレポーティングラインがある。中間管理層が現場からしっかりリスク情報を収集して上に伝達する。このような本来のメインラインをいかに鍛えて太くするかが重要であり、それでもメインラインが目詰まりしたときに情報をバイパスさせるヘルプラインとしての内部通報制度がある。この主従関係を理解せず、メインラインを放っておいてヘルプラインの話ばかりするのは話が違う。

　組織のなかで最も多くの解決策をもっているのは社長である。組織の上層に行くほど解決策の選択肢は増える。現場の問題や課題を経営層にエスカレーションし、会社全体で最適解を見つけ出し、経営資源を投入するのが合理的行動である。

　日本の企業は、昔ながらの現場神話のようなものにとらわれており、中間管理層が自分の問題をエスカレーションすることが、自分の管理能力のなさを露呈することのようにみられることがある。外資系企業では、現場の問題をエスカレーションすると、経営からは「ありがとう」といわれる。君のおかげで現場の問題が理解できた、あとは経営が片づけるという健全なサイクルが回っている。

　ヒトがいない、カネがないというのは言い訳にすぎない。中間管理層の意識と行動を変革することはできるはずで、そのためには教育研修が大事になる。

## 5　中間管理層に対する教育研修

　発見統制を強化するための中間管理層への研修では、
①　中間管理層の重要な仕事は、リスク情報の下層からの「収集」と、上層への「伝達」である
②　「部分最適」の意識と行動を捨て、「全体最適」の意識と行動に変革せよ
③　リスク情報のエスカレーションを止めることが、会社にどれだけのリスクをとらせることになるのか、よく考えよ

④　中間管理層による「自己保身」や「社内隠ぺい」が、いかに身勝手で全体最適を阻害する行動かを、よく考えよ

⑤　「バッドニュースファースト」を自ら体現せよ、部下に体現させよ

といったインプットを繰り返して中間管理層を鍛えていく。

　図表3－5－3、3－5－4はある電機メーカーから中間管理職研修の依頼を受けた際、担当者の方と膝詰めで話し合ってつくったものをベースにしている。テーマは機密データの持出しである。左側に陥りやすい発想と行動、右側にあるべき発想と行動を整理している。問題文だけ読んでグループワークで討議してもらい、考えを発表してもらってから解説することになる。中間管理層だから知っていて当然というものではない。しっかり教育研修しないと、ここにあるあるべき行動をとることは期待できない。

図表3－5－3　中間管理層研修サンプル①

【機密データ持出し】
1　あなたの部下である社員Aが機密データを持ち出しているのではないか、という噂を、複数の社員から聞いた。注意をしてみていると、必要のない休日出勤や大量のデータ取得など、たしかに怪しげな行動がある。あなたはどうするか？

＜陥りやすい発想＞
●単なる噂だから、気にすることはない
●証拠がないのだから、Aを犯人扱いはできない
●自分が行動することで、余計な仕事を増やしたくない
●そのうち誰かが問題にしてくれるだろう

＜あるべき発想＞
●噂が本当だとしたら、会社は重大なリスクに直面している
●Aが犯人かどうかは、調べてみないとわからない
●ここで行動するのは、余計な仕事ではなく本来の仕事
●1日も早く確認しなければデータが漏洩するかもしれない

＜陥りやすい行動＞
●みないふり、聞かないふり

＜あるべき行動＞
●自ら調べる、会社に伝える

（出所）　筆者作成。

図表３－５－４　中間管理層研修サンプル②

【機密データ持出し】
2　あなたがＡに訊ねたところ、「データを持ち出したが、まだどこにも売っていない。明日必ず返却するので、どうか会社には黙っていてほしい」といわれた。
　　翌朝、Ａは大量のデータが入った記憶媒体と、「すべてのデータを返却し、コピーも残していません」との念書を差し出して、「これで一件落着です、約束どおり、どうか会社には黙っていてほしい」と頼み込んだ。あなたはどうするか？

<陥りやすい発想>
●これで一件落着した、データ売却を阻止できた
●自分の行動でＡの人生を壊したくない、Ａに恨まれたくない
●自分の部署でデータ漏洩事故が発覚したとなると、人事評価に響く

<あるべき発想>
●１日も早くセキュリティホールを塞がなければ、次の事故が起きる
●Ａの行為が処分に値するかどうかは会社が決めること
●会社に黙っていることは社内隠ぺいという重罪に当たる

<陥りやすい行動>
●自分の胸にしまっておく

<あるべき行動>
●会社に伝えて再発防止につなげる

（出所）　筆者作成。

# 6　3線ディフェンス

　3線ディフェンスについては、数年前は金融機関の方しか知らなかったが、2019年6月に経済産業省が公表したグループガイドラインに正面から取り上げられたことで、いまでは事業会社の方でも普通に3線ディフェンスの話をされるようになった。すでにどこの会社も、導入の是非ではなく、導入していかに機能させるかに実務の力点が移っている。私は内部統制のフレームワークとしてとても優れていると思っている。

　金融庁が、2019年10月15日に出した「コンプライアンス・リスク管理基本方針」から、「3線ディフェンスの意味」を整理している（図表3－5－5）。

図表３－５－５　３線ディフェンスの意味

| 事業に内在するリスク → | 事業部門による自律的管理<br>＜１線＞ | 管理部門による牽制と支援<br>＜２線＞ | 内部監査部門による検証<br>＜３線＞ |
|---|---|---|---|
| | ・収益を生み出す事業活動に起因するリスクの発生源<br>→リスク管理の第一義的な責任 | ・事業部門のリスク管理を独立した立場から牽制および支援<br>・リスク管理を全社的・総合的に管理 | ・事業部門・管理部門から独立した立場で、コンプライアンスリスクに関する管理体制を検証 |
| | １線に「リスクオーナー」の自覚はあるか？ | ２線は１線を「支援」しているか？ | ３線は「２線」を監査しているか？ |

（出所）　金融庁2019年10月15日「コンプライアンス・リスク管理に関する検査・監督の考え方と進め方（コンプライアンス・リスク管理基本方針）」をベースに筆者作成。

　３線ディフェンスを機能させていくのに重要な役割を担うのが、１線の現場に身を置きながら２線機能を果たす「1.5線」である。図表３－５－６をご覧いただきたい。支店長は１線に属していて売上げ・利益のプレッシャーを強く受けている。このプレッシャーから独立して２線機能を果たす1.5線は「経理担当者」であり、①支店で適正な会計処理が行われるように管理して支援すれば、予防統制が効く。さらに大事なのが②で、支店で不正な会計処理が行われたことを発見し、本社のCFOにエスカレーションする。この発見統制が機能すれば、トップダウンで支店の不正な会計処理は即座に是正され、四半期をまたぐことがなく会計不正に至らない。③内部監査室の支店に対する往査では、上記①②の予防統制と発見統制が有効かどうかを監査する。

　図表３－５－７は、会計不正を検査データ改ざんなどの品質不正に置き換えたものである。登場人物が変わり、１線は生産部門、生産本部長がいて、工場には工場長がいる。工場長は納期・コストの強いプレッシャーを受けている。２線は品質保証部門、本社には品質保証本部長がいて、工場には「品質保証担当者」という1.5線がいる。①工場の品質保証担当者として、工場

図表 3 - 5 - 6 　会計不正における1.5線の有効活用

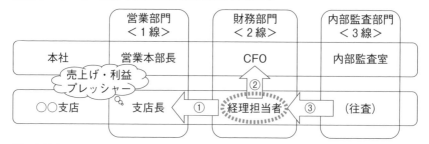

① 　支店の経理担当者として、支店で適正な会計処理が行われるように管理して支援する＜予防統制＞

② 　支店で不正な会計処理が行われたことを発見し、本社 CFO に伝達（エスカレーション）する＜発見統制＞

③ 　内部監査室の支店に対する往査では、上記①②の統制活動が有効かどうかを監査する＜２線に対する監査＞

（出所）　筆者作成。

図表 3 - 5 - 7 　品質不正における1.5線の有効活用

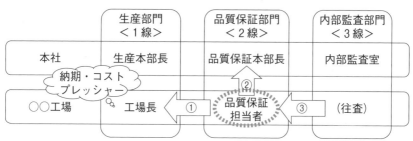

① 　工場の品質保証担当者として、工場で適正な品質保証が行われるように管理して支援する＜予防統制＞

② 　工場で品質データ改ざんが行われたことを発見し、本社品質保証本部長に伝達（エスカレーション）する＜発見統制＞

③ 　内部監査室の工場に対する往査では、上記①②の統制活動が有効かどうかを監査する＜２線に対する監査＞

（出所）　筆者作成。

で適正な品質保証が行われるように管理して支援すれば、予防統制が効く。さらに大事なのが②で、工場で品質データ改ざんが行われたことを発見し、本社品質保証本部長にエスカレーションする。この発見統制が機能すれば、トップダウンで工場の品質データ改ざんは即座に是正される。③内部監査室の工場に対する往査では、上記①②の予防統制と発見統制が有効かどうかを監査する。

　図表3-5-8は、子会社や海外拠点の管理はどこの会社でも頭を抱えている問題だが、本社のChief Compliance Officerの下に子会社や海外拠点のCompliance Officerを配置し、②の伝達ラインを整備すると、グループ全体の発見統制が有効になる。実務上の留意点を下に書いてあるが、運用上最も大事なのは、1.5線が1線に取り込まれないように「気をたしかにもってもらう」こと、定期的な集合研修や往訪などを通じて「気脈を通じておく」ことである。

図表3-5-8　グループ内部統制における1.5線の有効活用

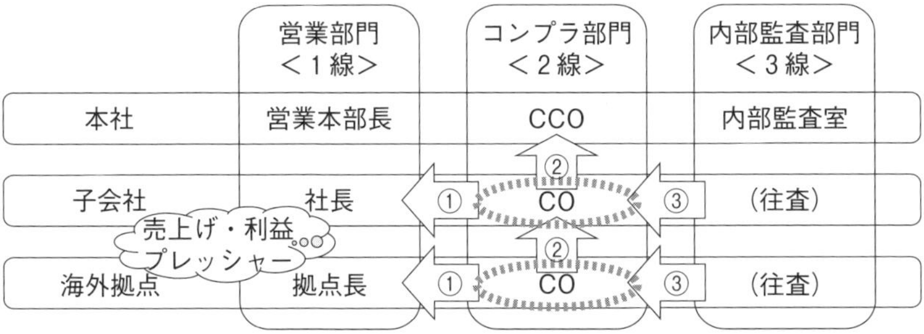

- CCO（Chief Compliance Officer）の指揮系統下にCO（Compliance Officer）を置く
- 新たな人材を送り込むのではなく、No.2やNo.3にCOの「腕章を巻く」、No.1は避ける
- 各子会社や各拠点にCOを置くのがむずかしければ、エリアCOを置く
- COの仕事の半分は支店での現業、もう半分は支店でのコンプライアンス業務
- リスクマップの素材となる、支店でのリスク情報を集約して伝達する
- 定期的な集合研修を繰り返し、2線への帰属意識を喚起、気をたしかにもたせる
- COの人事評価をCCOに分属させる、あるいはCO手当を出す

（出所）　筆者作成。

# 7　3線ディフェンス導入時のポイント

　3線ディフェンスを導入する際の実務対応のポイントを、3つに分けて整理する。

　1つ目は、「2線は1線をどのように支援するか？」で、1線がリスクオーナーとしてリスク管理の主役になると、2線は主役から脇役に転じ、主役たる1線をどのように「支援」するかが重要になる。誰が読んでも理解できないような社内通達を一方的にメールで送り付けて、それで2線の仕事が終わったと思ったら大間違いである。主役である1線に統制ツールをいかにうまく使いこなしてもらうかから考えないと有効な支援はできない。

　たとえばシステム開発をするときには、システムのユーザーからいろいろな要望を事前に聞いて、システムを構築して、リリース前にユーザーテストをやって、使い勝手を確認してもらう。それと同じことを、2線がなんらかの統制ツールを1線にリリースする際に行うことが考えられる。リリース後にユーザーエクスペリエンスのフィードバックをもらうことも含めて、コンプライアンス・法務部門の使い勝手がどうかを社内クライアントである1線にアンケートしている先進的な会社もある。

　待ちのコンプライアンス・法務ではダメで、机を離れてどんどん現場に足を運び、困り事など御用聞きをすることも必要だ。現場の悩みを聞き、課題を知り、解決策を一緒に考える。

　こうしたことに真剣に取り組もうとしたら、本当に1線を支援できるだけの人材が2線に足りているか。足りなければ経営に掛け合って、2線の支援機能を全うするために人を増やしてもらうことも考えなければならない。

　2線の支援が最も足りておらず深刻だと思うのは、外国公務員贈賄の問題であり、「コンプラ断絶」「学徒出陣」「OKY（お前、来てやってみろ）」というキーワードがそれを示している。ありきたりの2線の方は、外国公務員贈賄をしてはならないというコンプライアンス・マニュアルを機械的に現地に

押し付けるだけで、日常的に外国公務員から金銭をせびられる新興国の過酷な現実を知ろうともしない。こんな２線で外国公務員贈賄防止コンプライアンス体制が全うできるわけがない。

　２つ目は、「１線のリスクオーナーシップをどう高めるか？」である。私はなるべくコンプライアンスという言葉は使わないようにしている。それは１線の人材からすると「他人事感」があるからである。なるべくビジネスリスク管理、レピュテーションリスク管理という観点から話すようにしている。

　１線において、現場ディスカッション、ニュースペーパーテストというものを仕掛けていく。分厚いコンプライアンス・マニュアルを読ませるのではなくて、現場の人を集めて、「もしこの部署が明日、新聞に叩かれる、あるいはSNSで炎上するとしたら、どんなことだと思うか？」と問い掛け、ディスカッションしてもらう。法律知識は要らず、社会常識さえあれば誰でも参加できる。最もヤバいものを３つぐらいあげてもらい、これについて何か対策しているか、どのような対策が有効か、と問い掛けてディスカッションしてもらう。こうしたディスカッションのなかで、１線のリスクオーナーシップを喚起していくという活動である。

　「コンダクトリスク」という視点も重要だ。金融庁は、「社会規範等からの逸脱により、利用者保護や市場の公正・透明の確保に影響を及ぼし、金融機関自身にも信用毀損や財務的負担を生ぜしめるリスク」と定義し、①利用者保護に悪影響が生じる場合、②市場の公正・透明に悪影響を与える場合、③客観的に外部への悪影響が生じなくても、金融機関自身の風評に悪影響が生じ、それによってリスクが生じる場合などをあげている。

　私は2019年に起きた不祥事のなかで最も重要なものはリクナビ問題だと思っている。この問題が個人情報保護法制に違反するか、労働法制に違反するかは微妙なところもあるが、少なくともリクルートに個人情報を提供している学生の心情をまったく顧みないサービスであった点で、「コンダクトリスク」が発現してサービス廃止に追い込まれた典型的な事例だと考えてい

る。社内の商品サービス開発の会議で、学生の心情に配慮する議論はなされなかったのか、このサービスが公になったときに学生の支持を得られるとでも思ったのか、このような観点を他山の石として、１線における商品サービス開発に生かすことが、１線のリスクオーナーシップの喚起におおいに役立つと考える。

　３つ目は、「３線は２線をどのように監査するか？」である。内部監査が支店に往査に行き、個人情報の入ったファイルを格納したキャビネットの鍵が施錠されていないとか、社用車のキーが所定のところに引っ掛けられていないとか、どうでもいいような重箱の隅の指摘をして、その視点でこれを是正させて、内部監査報告書を書いて一丁上がりとすることで本当に企業価値を向上させる監査をしているといえるのだろうか。１線と３線だけの些末なキャッチボールに何の意味があるのか。

　その支店でキャビネットに施錠されていないという現象は、本社の２線である情報セキュリティ部門の施策がその支店に行き届いていないことを意味する。他の支店でも同じような状況に決まっている。そうであれば、３線は２線に対し、情報セキュリティ施策が有効に機能していないことを指摘し、他の支店も含めて一斉点検して全社的な状況を把握し、これに対して有効な統制活動を実施することを提言し、その進捗を見届け、その効果を３線として測定する、これが企業価値を向上させる監査であり、３線が２線を監査するという意味である。

　不正の発見は誰の仕事かについて、以前ある会社のChief Compliance Officerと口論になったことがある。このCCOは、２線はルールをつくって現場に周知するまでが仕事で、そのルールが現場で守られているかは３線が往査でみるはずだと言い張ったが、それは間違っていると思う。２線がルールをつくり、現場に周知し、これが現場で守られているかどうかを見届け、守られていなければ牽制ないし支援して守らせる、そこまでが２線の仕事であり、３線は２線がこうした仕事をまともにしているかどうかを監査するのが仕事だと考える。

準拠性監査から有効性監査へ、チェックリスト監査からリスクベース監査へ、3線ディフェンスを導入すれば、3線の内部監査も高度化していく必要がある。では準拠性監査、チェックリスト監査は誰がするのか、これを3線から1線ないし1.5線に渡して、自主点検を行わせ、その有効性を監査することが考えられる。

## 8　リスクマップを活用したPDCA

　いろんな会社に「リスクマップはあるか」と聞くと、「ある」というが、それをよくみるとJ-SOXのリスクコントロールマトリックスで、J-SOX以外、要は財務報告に係る内部統制告以外のことはまったく相手にしていないというものが多い。そこで、金融商品取引法ではなくて会社法のリスクマップをつくろうといっているし、多くの会社でつくり始めていると思うが、残念なケースがたくさんある。

　リスクマップのサンプルとして情報セキュリティのテーマで「推奨するリスクマップ」があるが、実務上の工夫として3点ある（図表3-5-9）。

　1つ目は、固有リスクと残余リスクを振り分けることである。固有リスクは固定ではなく大きく変動する。たとえば電通で過労自殺の問題が起きると世の中の要求水準は一気に上がる。新しいルールができたとか、大きな判例が出たとか、他社で大きな不祥事が出て社会問題化したときに、そのリスクテーマの固有リスクが跳ね上がるので、統制活動がそのままだと残余リスクも跳ね上がり許容できないリスクを抱えることになる。それを避けるために、固有リスクをいったん評価し、これが跳ね上がったときには統制活動も一気に高度化させて残余リスクを抑え込む必要がある。

　2つ目は、統制活動の有効性を現場の実態を把握して評価することである。ルールをつくってメールで全社に通達を送信し、「これで現場のリスクは低減できた」というのは2線の独り善がりでしかない。ルールが現場で守られているのか、そもそも現場で認知されているのかどうか、現場の実態を

図表3－5－9　推奨するリスクマップ

| 固有リスクの変動に統制活動も対応 | 現場の実態をしっかり把握して有効性を評価 | 次のアクションプランを選び取り経営に提案 |

【リスクマップのサンプル】

| 大分類 | 小分類 | 所管部署 | 固有リスク評価 | 統制活動 | 統制活動の有効性評価 | 残余リスク評価 | 対策の優先度 |
|---|---|---|---|---|---|---|---|
| 情報セキュリティ | メール郵便物誤送信 | 情報システム部 | 1 | 上司の承認後にメール送信 | 3 | L | C |
| | 機密情報持出し売却 | 情報システム部 | 2 | 業種・階層別にアクセスできる情報を制限 | 2 | M | B |
| | サイバー攻撃 | 情報システム部 | 3 | 専門業者による脆弱性テストを毎年実施（予定） | 1 | H | A |

（出所）　筆者作成。

把握したうえで統制活動の有効性を評価しないと残余リスクを見誤ってしまう。

　3点目は、残余リスクを評価するだけで終わっていたら、それは過去の通信簿を眺めたにすぎず、それを次のアクションプランにつなげていかないと、リスクマップをつくる意味はないということである。対策の優先度、ABCをつけて、Aのものを先に片づけてしまおうという流れにもっていく必要がある。リスクマップをつくっているとしても、各現場にばらまいて提出されたエクセル表を1つに統合してリスク管理委員会に提出するだけの作業になっていないか。これをある実務家は「リスク管理ではなくてリスト管理だ」といっていた。

　次に、多くの会社で形骸化しているリスク管理委員会やコンプライアンス委員会をいかに活性化するかという点である。図表3－5－10によれば、ある会社では4月と9月の2回委員会を開くとして、内部通報やヘビークレーム、訴訟、長時間残業や交通事故などのリスクインシデントの件数をKPIと

図表3−5−10　リスク管理委員会でのPDCAの回し方

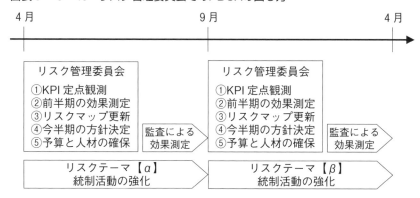

（出所）　筆者作成。

して定点観測する、これは意味があることである。

　私が提唱するのは、半年おきにリスクマップを更新する。4月の委員会で、最も優先度の高いリスクテーマ α を選び取り、半年間かけて統制活動を強化することを決め、予算と人材を確保し、半年間リスクをつぶし込む。2線の独り善がりにならないよう、最後に3線の効果測定を入れる。そして9月の委員会では、その効果測定に基づいてリスクマップを更新し、次に優先度の高いリスクテーマ β を選び取り、また半年間かけてさらにつぶし込む。

　こうした活動を継続していけば、会社のリスク管理は間違いなく高度化する。実務担当者も半年おきに達成感や手応えを感じることができる。それと、経営とのキャッチボールができる。「いま、この会社で一番ヤバいのはこれだ。半年間で片づけるのでカネとヒトをくれ」と経営に掛け合い、半年後にその成果を報告する。リスクマップを活用することで、リスク管理担当は経営に対し、リスク管理に関する説明責任を果たすことができる。

## 9 不祥事対応としての危機管理

　図表3-5-1に示した「不祥事対応のサイクル」にあるとおり、不祥事発見後の有事の危機管理としては、事実を調査し、原因を究明し、再発を防止する。再発防止の中身とは、これまでの予防統制・発見統制の不備を克服する再発防止策を今後の予防統制・発見統制に「実装」すること、これで有事対応にピリオドを打って平時に戻れる。

　私は不祥事対応のご相談に来られた経営者などに、「BCPの概念図」を使って説明している（図表3-5-11）。もともとは災害対策として内閣府が出している事業継続ガイドラインである。

　大規模な不祥事は、BCPの一場面である。縦軸の操業度を「社会からの信頼度」と置き換えて考えてみてほしい。大きな不祥事が発覚して社会からの信頼度が大きく失墜する。これは起きてしまったことなので隠したり逃げたりせずに現実を受け止めるしかない。そこからいかに正しい行動をとって社

図表3-5-11　BCPの概念図

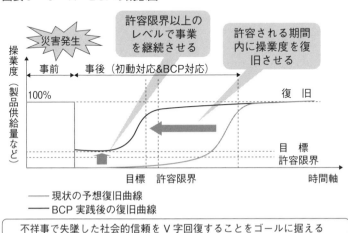

不祥事で失墜した社会的信頼をＶ字回復することをゴールに据える

（出所）　内閣府防災担当「事業継続ガイドライン」。

会的信頼度を回復していくか、しかもスピーディに、信頼をV字回復させていくか。これが危機管理の課題である。

ではどのように行動するのか。次が「不祥事対応の行動原理」である。「被害の最小化」のための行動原理は、被害の早期発見、つまり発見統制と、二次被害の防止、欠陥製品による事故とか健康被害、あるいは企業恐喝に屈して金を払ってしまうといった二次被害を避けることである（図表3－5－12）。

もう1つは「信頼回復の最速化」である。世間で自浄作用とよくいわれるのは、事実を調べて、原因を究明して、再発を防止すること。医療を例にして逆からいうと、有効な治療計画を立てるには、正しい病巣・病因をとらえなければいけない、誤診をしてはいけない。誤診をしないためには、精密なMRI画像や生体検査などの精密検査をして正確なデータを基礎にしなければ正しい病巣を言い当てられない。したがって、徹底した事実調査がすべての

図表3－5－12　不祥事対応の行動原理

| 被害の最小化<br><タテ軸> | 被害の早期発見 | | いち早く被害発生を食い止める |
|---|---|---|---|
| | 二次被害の防止 | | 欠陥製品による事故や健康被害<br>企業恐喝に屈して金を払う |
| 信頼回復の最速化<br><ヨコ軸> | 自浄作用の発揮 | 事実調査 | 事実関係（What?）を正確に把握 |
| | | 原因究明 | 組織的要因・真因（Why?）を特定 |
| | | 再発防止 | 実効的な再発防止策（How?）を実装 |
| | ステークホルダーへの説明 | | 自浄作用を発揮したことを説明<br>ステークホルダーの信頼をV字回復 |

この部分を、第三者委員会の
「独立性」と「専門性」で信用補完してもらう

（出所）　筆者作成。

出発点であることを実務家は理解する必要がある。

そうして、何が起きたのか（事実調査）、なぜ起きたのか（原因究明）、どうやったら二度と起きないのか（再発防止）。この3点をステークホルダーに対してきっちり説明することで、ステークホルダーの信頼がＶ字回復する。この部分を独立性と専門性で信用補完してもらうのが、第三者委員会スキームの本来的価値である。

## 10 不祥事対応のプリンシプル

日本取引所自主規制法人が2016年2月24日に公表した「上場会社における不祥事対応のプリンシプル～確かな企業価値の再生のために」の前文は、「企業活動において自社（グループ会社を含む）にかかわる不祥事またはその疑義が把握された場合には、当該企業は、必要十分な調査により事実関係や原因を解明し、その結果をもとに再発防止を図ることを通じて、自浄作用を発揮する必要がある。その際、上場会社においては、すみやかにステークホルダーからの信頼回復を図りつつ、確かな企業価値の再生に資するよう、本プリンシプルの考え方をもとに行動・対処することが期待される」と述べる。BCPの概念図をイメージしながら読むと、その真意を汲み取ることができる。

プリンシプルは以下の4つを述べている。わずかA4で1枚だが、不祥事対応のエッセンスが詰まっている。

① 不祥事の根本的な原因の解明
② 第三者委員会を設置する場合における独立性・中立性・専門性の確保
③ 実効性の高い再発防止策の策定と迅速な実行
④ 迅速かつ的確な情報開示

# 11　オール・ステークホルダー対応

　危機管理のもう1つの側面は、オール・ステークホルダー対応である。8つのステークホルダーが並べられているが、オール・ステークホルダーに対してバランスのとれた最善の対応を尽くすことが大事である（図表3-5-13）。

　特に不祥事対応の場面では、経営者が誠実に対応してくれることを最も切実に望んでいるのは、社会からの厳しい風当たりに直面している「役職員」ではないかと思う。「役職員」にきちんと説明できる誠実な対応をとることが、経営者が危機管理を間違えない1つの物差しになる。これができないと、経営者の不誠実な対応を許せない役職員は、内部告発に出て経営者を降ろしにかかる。

図表3-5-13　オール・ステークホルダー対応

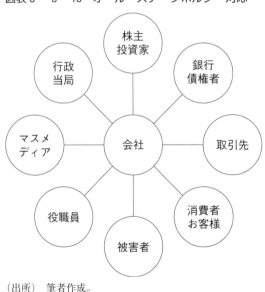

（出所）　筆者作成。

## 12 IICEFのエンゲージメント・アジェンダ

　最後に知識的なことになるが、企業不祥事について機関投資家はどのように
みているかについて、貴重な資料がある。

　一般社団法人機関投資家協働対話フォーラム（Institutional Investors Col-
lective Engagement Forum）という団体がある。上場企業とのエンゲージメ
ントを複数の機関投資家が協働して行うための組織であり、企業年金連合
会、第一生命保険、三井住友DSアセットマネジメント、三井住友トラスト・
アセットマネジメント、三菱UFJ信託銀行、明治安田アセットマネジメン
ト、りそなアセットマネジメントの７社が現在参加している。

　いくつかあるエンゲージメントのアジェンダのうち、2018年７月19日に出
されたのが「不祥事発生企業への情報開示と社外役員との協働対話のお願
い」というものである。ここには３つのことが書かれている。①事実関係と
根本的な要因、実効性のある再発防止策、さらには業績への影響について、
迅速かつ適切に情報開示をしていただきたい。②社外役員の役割と指名に関
する考え方を株主総会前に株主に向けて説明していただきたい。特に大きな
不祥事が起きた、次の株主総会の役員選任についてきちんと説明をつけてい
ただきたい。③会社が今回の問題に着実に取り組んでいるかどうか、第三者
委員会の活動を会社がサポートし、同委員会からの報告・提言に会社が適切
に取り組んでいるかどうかを社外役員にモニタリングしていただきたい。会
社のコーポレートガバナンスの課題を見出し、改革を促進していただきた
い。そのために不祥事が終わった、ひと区切りついたところで、社外役員と
エンゲージメントすると述べている。

　企業不祥事について機関投資家がどのようなスタンスに立っているかにつ
いて、ぜひ実物に目を通してみてほしい。

## 第三者調査委員会

　企業不祥事に関しては、現在いわゆる「第三者調査委員会」が設置され社外の弁護士や会計士その他専門家による独立した客観的な調査が行われることが多い。このようなプラクティスは2000年代後半から特に2008年のリーマンショック後、企業の会計不正や不祥事が多発した頃から一般化したといえる。

　しかし当初第三者調査委員会は、独立した「第三者」によるというより、不正の当事者の「隠れ蓑」として利用されることが少なくなく、公表された調査報告書の質も高くはなかった。このような状況に問題意識をもった証券取引等監視委員会佐渡委員長（当時）からの命を受けて小生（当時、証券取引等監視委員会総務課長）が第三者調査委員会のメンバーに多く登場する弁護士の団体である日本弁護士連合会（日弁連）に対し、問題提起することになった。その際、法曹ではない小生は、証券取引等監視委員会内に勤務していた弁護士と議論しているなかで日弁連が策定した「弁護士職務基本規定」を初めて読む機会を得た。

　同規定は基本的に「刑事弁護」のビジネスモデルを基本とし、「依頼者」（刑事裁判における被告）の権利および正当な利益の実現等「依頼者」を重視していることを認識した。刑事弁護においては「依頼者（被告）」の利益を重視することは当然であるが、第三者調査委員会が設置される場合の「依頼者」は形式的には当該不祥事の当事者であるかもしれない社長・代表取締役等であり、同規定に違和感を覚えたことを記憶している。

　このような問題意識を含め証券取引等監視委員会による問題提起に対し、日弁連は真摯に対応し、企業不祥事に精通した弁護士からなる検討グループを設置し非常に濃密な議論を重ねた。その成果として2010年に日弁連により「企業等不祥事における第三者調査委員会ガイドライン」が策定された。その後同ガイドラインは企業不祥事の際の第三者調査委員会の設置運営上のスタンダードして、第三者調査委員会の質的向上のうえでプラスであったと評価している。

　他方、同ガイドラインに準拠していると表明しながら、調査メンバーの能力、調査の手法と深度等に懸念がある第三者調査委員会は依然として少なくない。弁護士の間でもこのような現状を改善すべく、弁護士・会計士等の有志による「第三者調査委員会報告書格付委員会」が設立され、公表される第三者調査委員会報告書の評価を定期的に行っており、報告書作成の当事者に緊張感を与えている。また金融庁や証券取引等監視委員会が指示して企業や

金融機関に対し独立した第三者調査委員会による調査を求め、調査結果を当局の検査・調査のなかで活用する事例も増えており、このような当局の関与も第三者調査委員会の質的向上につながっている。

　2010年に日弁連ガイドラインが策定されて以降、コーポレートガバナンス・コードの策定や社外取締役の設置の義務化等コーポレートガバナンスを取り巻く環境は大きく変化してきており、第三者調査委員会のあり方についてもさらに進化が必要かもしれない。　　　　　　　　　　　　　　（佐々木清隆）

# 3-6 コロナショックを通じた気づき

佐々木清隆

## 1 新しいリスクへの対応

### (1) 事象の把握（issue identification/recognition）（図表3-6-1）

いろいろな課題、事件、事故、イベントなどが毎日山ほど起きているが、リスク管理のうえで重要なのはリスクという前にそのようなイベント、事件、事故が自分に関係あるのかどうかを考えることであり、そのためにはまず、そのようなイベント等があることを認識することがいちばん重要である。

多くの場合、「自分に関係ない」といいたくなる気持ちもわかるが、まずそれが失敗の原因である。具体的な事例でいうと、たとえば私が証券取引等

図表3-6-1 Issue identification/recognition

●自らを取り巻く内外環境およびIssueの把握：事故、事件、イベント、その他
●「自分に関係ない」 ×
●「自分に関係するかもしれない」：想像力と経験
●この段階が最も重要：「みなかったことにする」「考えたくもない」は最悪の対応

（出所） 筆者作成。

監視委員会の事務局長をしていた5年前に、横浜のマンション建設で、耐震が建築基準法に違反する設計で社会問題になった。そのマンションを建設していたのが上場企業であるA社の子会社という問題だった。

　マンションの建築基準法違反に関する問題が起きたとき、私は監視委員会の事務局長になったばかりで、その問題が監視委員会に関係するかと聞くと99％の職員が「監視委員会には関係ない」「（監視委員会が所管する）金融商品取引法ではなく建築基準法の問題で、国土交通省の問題である」といった。金融庁や監視委員会の問題ではないという答えが99％だった。

　当時、私としては仮説として2つ述べた。1つは仮にA社の子会社が損害賠償請求を受け、その結果、親会社のA社の財務内容に影響すると、たとえば開示上の問題（粉飾も含めて）があるかもしれないとの仮説である。

　もう1つ、インサイダー取引への懸念である。すでにいろいろと問題が報道されているのに住民への説明が遅いという社会的批判を受けたが、いってみれば会社としての情報開示が遅い一方で、社内では問題がどんどん情報として共有されているので、情報公開前に悪い情報をもとにA社の株式を売れば、インサイダー取引になるリスクがあるのではないかという仮説を立てて私は考えていた。半年後にその情報が公開される前にA社株式を売却して損失を回避したというインサイダー事件が明らかになり、課徴金の対象となった。

　このような問題でいちばん避けなければならないのは、「自分には関係ない」という発想である。できるだけ「蛸壺」に入って自分に関係ないと思いたい気持ちはわかるが、そこがいちばんの問題なのであり、この段階で問題があることを認識するのがまず最重要である。いちばん悪いのは「みなかったことにする」、あるいは、「みても自分の問題として考えたくない」という対応である。リスク管理で失敗するのはこの段階で認識しなかったことであり、認識してそのissueのリスクを評価すれば、それだけでリスク管理あるいはリスク対応の半分以上はできているのではないかと思う。

## (2)　リスクの評価（図表3-6-2）

多くのケースでは、リスクかどうかを考える前に問題をみない、あるいは事象を認識しないことが課題である。事象を認識すれば、これが自身や自社にとってどのようなリスクになるかの評価を行う段階になる。単純化すると、事象を認識したうえでそれがもつ固有のリスク（inherent risk）がどの程度あるか。2番目に、その固有のリスクに対してどの程度コントロールされているか。3番目に、単純な計算では固有リスクからコントロールされたリスクを引いて残存リスク（residual risk）はどの程度かを考えれば、6、7割の新しいリスクへの対応はできる。

ただ、固有のリスクのなかで定型的なリスクや定量化できるリスク以外のリスクの問題がある。20年前に日本で金融危機が生じたときには、信用リスクや市場リスクなどある意味オーソドックスな定型的リスク、あるいは数値化できるリスクの管理も不十分だったが、この20年間に定量的、定型的リスクについては金融機関も相当対応が進んできているといえる。

むしろ問題は非定形あるいは定量化できないリスクである。この典型例が気候変動リスクや単なる法令遵守ではなくより広い概念であるコンダクトリスクなどであり、非定型、非定量的なリスクが「新しいリスク」として認識される状況にある。

図表3-6-2　Issueのrisk assessment

1. 固有のリスク：inherent risk
   - 定型的リスク
   - 定量的リスク
   - 非定型・非定量的リスク
2. 統制リスク：control risk
3. 残存リスク：residual risk

（出所）　筆者作成。

## (3)　経営陣やガバナンスの重要性

多様なイベント等の把握（issue identification）との関連で組織の現場の実務レベル（各部や課等）ではできるだけ「自分の仕事に関係ない」と思いたいのはわかるが、このような場面でこそ経営陣、取締役会、監査委員会、内部監査部門が「本当にそうなのか？」と問題提起をする必要がある。issueのidentificationあるいはrecognitionの段階での実務レベルの役割は重要であるが、実務レベルになればなるほど「蛸壺」化しやすい部分もあるので、こうした点で経営陣あるいは第三者の視点をもつ社外取締役のガバナンスが利くことが重要だと思う。

## (4)　リスク管理の戦略・方針の策定の実施（図表3−6−3）

次にリスク評価に基づく残存リスクに対応し、リスクベースのアプローチでのリスク管理の戦略・方針の策定がされるが、この段階になればほぼリスク管理ができているといえる。

リスク管理の戦略・方針を立てる際にもちろんリスクを未然予防できればそれに越したことはないが、リスクはゼロにはならないし、全部を未然予防することは無理である。むしろリスクが顕在化した段階で一刻も早く把握するメカニズムがリスク管理の実践のなかでは重要である。リスクの顕在化の把握の遅れが、リスク管理の方針が策定されていても実効性が上がらない原

図表3−6−3　Strategy developmentリスク管
　　　　　　理の戦略・方針策定

| |
|---|
| ●残存リスクに対応したリスクベースアプローチ |
| ●リスク管理の戦略・方針 |
| 　−未然予防 |
| 　−発見・把握 |
| 　−対応 |

（出所）　筆者作成。

因であることが多い。

　リスク管理の戦略・方針の策定に続いては、当該戦略・方針の実施（execution）が重要である。方針が策定されていれば比較的実施しやすいが、問題はリスク管理の戦略・方針を当初策定したときと、実際にリスクが顕在化して対応が必要な段階で想定していた状況が変わりうるので、たえずPDCAを回し、その戦略・方針を見直していくことが必要である。

## 2　コロナショックを通じた気づき ：従来からの課題の再認識と新たな課題

### (1)　コロナショックと過去の金融危機との相違（図表3－6－4）

　今回のコロナショックと過去2回の銀行危機、リーマンショックは見かけ上は似ている事象もあるが、かなり異なる。

　まずコロナショックの原因はコロナウイルス（COVID-19）である。そして、コロナウイルスの直接的リスクは人の命と健康への影響である。このリスクに対応するため、隔離、人の接触の削減、都市封鎖といった施策が世界中でとられ、その結果実体経済が縮小し、それが金融市場に波及する流れに

図表3－6－4　コロナショック（2020年）

```
（原因）
●コロナウイルス（COVID-19）
●人の命と健康へのリスク
●隔離、人の接触の削減、都市封鎖等
●実体経済の縮小→金融市場への波及
（対応策）
●薬とワクチンの開発
●新しい生活スタイル
```

（出所）　筆者作成。

なっている。幸いリーマンショックの経験から中央銀行を含めて2020年2月末からは相当な資金供給を行っており、流動性あるいは外貨、ドル調達の面で金融市場は一時期よりは落ち着きを取り戻しており、むしろ実体経済と株価の乖離が起き、これが次のショックになるのではないかと懸念されている。ただ、ここで重要なのは過去2回の金融危機は金融発で金融機関の問題が実体経済の縮小につながる順番だったことである。

いまのところ日本の金融システムは比較的健全だが、今後はどう波及してくるか注意が必要である。いまは金融機関が中小企業を含めて大量の資金供給をしているが、これが信用コストの問題になってくるか、さらには金融システム全体にとってのシステミックなリスクになるのかが金融当局にとって非常に悩ましい。

いずれにしても今回のコロナショックはリスクの波及経路と順番が過去2回の金融危機とは違い、根本原因も違う。いちばんよい対応策はコロナウイルスに対する薬とワクチンの開発だが、そのための時間がかかる間をどうやって対応するのかが非常にむずかしい問題になっている。

またwithコロナの時代の新しい生活スタイル、ニューノーマル（人との接触を避ける、在宅勤務等）が当面の対応策になってきており、これに対応した金融機関を含めた企業のビジネスモデルの見直しも必要になっている。

## ⑵ 格差の拡大

コロナショックはまだ進行中であり、今後どのような展開になるかは予断を許さないが、すでにこの数カ月で明らかになったことがいくつかある。共通するのは従来から認識されている課題がより明確になったことと、新しい課題が認識されたことである。特に、金融の分野では以下の3つの点で格差の拡大が明確になっている。

### a　日本の金融機関の間での格差　（図表3−6−5）

いま実体経済の収縮に対して公的金融や民間金融機関を通じた資金供給が求められ、精力的に行われている。金融庁からも大臣名で金融の円滑化、中

図表3－6－5　日本の金融機関間での格差：真の金融力・目利き力

```
●金融機関間での格差
 −目利き力・事業性評価能力：「政府の要請コンプライアンス」の懸念
 −金融機能の発揮、地域経済への貢献
 −将来の信用コスト
```

（出所）　筆者作成。


小企業向け融資を含めて借換えに応じる、新たな資金提供を行うといった金融円滑化の要請が出されている。

　その際重要なのが金融機関の目利き力、債務者の事業性を評価する能力である。もちろん債務者の事業性を評価する能力の問題はいまに始まったことではなく、もともと金融機関としてきわめて重要な能力だが、残念ながら過去20年間の金融行政のなかで特に金融検査マニュアルのコンプライアンス対応で、事業性の評価能力が著しく劣ってしまったという問題が指摘されており、金融庁自身もその点を認識して、ここ数年、検査監督の見直しに取り組んできているところである。

　この金融庁の改革の一環で金融検査マニュアルを2019年12月に廃止しており、今回のコロナショックに際しては非常に意義が大きい。すなわち、金融検査マニュアルがあったときには金融機関にとっては、債務者の事業性の評価に基づく真の信用リスク管理というよりは「金融検査マニュアルのコンプライアンス」という実態であったといえる。マニュアルの廃止によりこうしたマインドセットから解放され、金融機関としてより実質的な信用リスク管理に転換する変わり目にあるが、このタイミングでコロナショックが起きたことは、金融機関の間での事業性評価能力に関する格差がより明確になるのではないかと思っている。

　すなわち、検査マニュアルを廃止することが公表されて以降、特に地方銀行のなかでは事業性の評価能力を高めるような取組みをしてきている一方で、従来の検査マニュアルコンプライアンスのマインドセットからまだ抜け

切れない地域金融機関も相当数あるかと思う。こうした目利き力、事業性評価能力において現に差があるが、さらに今回のコロナショックで明確化、あるいは格差が開くのではないか。目下、政府からの要請で中小企業に対する金融円滑化に対応する必要があるものの、事業性評価をしないまま単に政府からの要請であるという、「政府の要請コンプライアンス」になる懸念をもっている。

　また、コロナが原因で政府からの自粛要請で実体経済の収縮につながっているので、金融機関として果たす役割は相当期待が大きいが、こうしたときに本当に金融機関が地域経済などに貢献できる、金融機能を発揮するような金融機関と、従来型の形式的なコンプライアンスあるいは債務者をよくみずに対応していて結果的に地域経済にも貢献できていない金融機関との差がより明確になるのではないか。またリスク管理の観点からは将来の信用コストに跳ね返ってくる金融機関と、リスク管理を適切に行いつつ地域のために貢献する金融機関との間で格差が生じるのではないかと考えられる。

**b　外資系金融機関との格差：BCP（Business Continuity Plan）（図表3－6－6）**

　緊急事態宣言が2020年4月頭に出され、政府からの要請もあり7割、8割の出勤者を減らす取組みのなかで「在宅勤務」ではなく、「自宅待機」に

図表3－6－6　外資系金融機関との格差：BCP（業務継続計画）

---

（従来のBCP）
- 地震等自然災害、テロ、システム障害等のオペレーショナルリスク対応
- 既存の業務への復旧（recovery）が基本
- 総務部、システム部中心の対応

（withコロナのBCP）
- 従業員、顧客、取引先等の「人の命と健康」の重視
- 新しい生活様式への対応：復興（reconstruction）、変革（reform/transformation）
- 新たなビジネスモデルを前提とした経営戦略としての位置づけ

---

（出所）　筆者作成。

なってしまっている事例がわが国金融機関では少なくない。在宅でbusiness as usualで仕事ができている金融機関と、とにかく出勤を削減するために「自宅にいろ」といわれたものの、たとえばパソコンや通信回線の問題などで在宅勤務になっていない、単に自宅で待機しているだけのケースも少なくない。

　特に外資系の金融機関は、従来から24時間のグローバルなオペレーションを前提にしており、緊急事態宣言が出されてからは90数パーセントの在宅勤務が行われ、通常ベースでビジネスが行われている。しかも、緊急事態宣言が解除された6月以降、7月に入っても引き続き在宅勤務の金融機関も少なくない。このような在宅勤務でのbusiness as usualの状況では、コロナショックに対応するうえで新たな債券の発行やファイナンス案件が非常に増え以前より多忙になっているともいわれる。そうしたファイナンス案件が増えて新しいビジネスが次々と出てきていることで、たとえば外資系投資銀行などの場合は引受手数料もこの数カ月で相当伸びている。さらに、足元だけではなくwithコロナの時代にどう対応していくのかという新しいビジネスモデル、戦略づくりの検討がさらに進んでいる金融機関もある。

　一方で、在宅勤務ならぬ自宅待機になってしまっているケースでは、先ほどのような新しい案件が外資系金融機関から持ち込まれても意思決定できないこともあり、せっかくのビジネスチャンスを喪失している問題もあると思われる。また、緊急事態宣言が解除され、出勤率も9割まで戻り、従来型のアナログモデルに復帰してしまっている可能性もあるのではないかと懸念している。

　BCPについても、従来のBCPは基本的に地震などの自然災害、テロ、システム障害といったオペレーショナルリスクへの対応である。また従来のBCPは中断した業務を元に戻す（recovery）、既存の業務に復旧することが基本になっており基本的には総務部、システム部中心の対応である。

　他方、今回のコロナ禍では、新しい生活様式に対応していくことが求められており、単に従来のアナログなやり方に戻すのではなく、新しい生活様式

をふまえた新しいビジネスモデルにどう対応していくか、すなわち復興（reconstruction）、変革（reformあるいはtransformation）の視点が必要である。

　このような視点は、たとえば東日本大震災後津波で流された家を元どおりにするのではなく、津波が来ても大丈夫なより強靭な街づくり、高台に街を移すなどの復興あるいは変革にも生かされており、同様の発想がwithコロナの時代にも必要と考えられる。

　同様の視点は、新しい生活様式への対応だけではなく、コロナ後のオンライン化あるいは非接触も含めた新しいビジネスモデルの点でも同様である。withコロナの時代を前提にした経営戦略の構築とそれと一体になったBCPの位置づけが必要になってくるのではないか。従来のようにオペレーショナルリスク、既存業務への復旧（recovery）ではなく、新しいビジネスモデル、新しい生活様式を前提とした変革（reform/transformation）と経営戦略と整合的なBCPを検討する必要があると考える。

**c　非金融プレーヤーとの格差：DXおよびCOVIDX**（図表３－６－７）

　従来からデジタルトランスフォーメーション（DX）が叫ばれているが、今回のコロナの問題を経てそれが加速すると考えられる。その際、従来のDXに加えwithコロナの時代に対応したDX（COVIDX）が必要であるが、この点でもとりわけ非金融プレーヤーとの格差が広がるのではないかと考えている。

　withコロナの時代は非対面、非接触の流れになるが、これに対応して非金融プレーヤーはすでにいろいろな対応を進めてきている。もともとのビジネ

　　　図表３－６－７　非金融のプレーヤーとの格差：DXに加えCOVIDX

| |
|---|
| ●非金融の新たなプレーヤーのwithコロナ対応：非対面・非接触 |
| 　－ビジネスモデル |
| 　－ITシステム |
| 　－在宅勤務等働き方 |
| ●withコロナの時代におけるDXの加速：「COVIDX」 |

（出所）　筆者作成。

スモデルが非金融プレーヤーの場合は既存の金融機関と違い、支店をもっているわけでも多くの店舗を抱えているわけでもないので、ビジネスモデルが異なっている。また、そうしたビジネスモデルを前提に、ITシステムもクラウドコンピューティング中心のアジャイル型のシステム開発をすることが多く、今回のコロナショックへの対応も3月あるいは緊急事態宣言発出直後から通常のかたちで在宅勤務に移行でき、ニューノーマルにもうまく対応できている。

これに対して従来の金融プレーヤーは、ビジネスモデルの違いなどがあるものの、従来のDXが進んでいないことが今回のコロナ対応でもさまざまな面で明らかになった。これは民間だけではなく政府も含めてDXといっていたものの、全然進んでいないことが明確になった。こうした従来からのDXが加速する必要があることに加え、さらにwithコロナの時代に必要なCOVIDXが必要で、この点でDXの先を行っている非金融プレーヤーがCOVIDXの面でもさらに先へ行くのではないかと想定される。

このようにコロナショックを通じて既存の金融機関の間、外資系と日本の金融機関の間、さらに非金融プレーヤーとの間でどんどん格差が開くのではないかというのが私の問題意識である。

すでにこうした点について検討を開始している日本の金融機関もあるが、こうしたwithコロナ時代のビジネスモデルを早く検討し始める必要があると考える。

## ⑶　3つのSの重視：Social、Sustainability、Solidarity
（図表3-6-8）

今後のwithコロナの時代を考えるうえで、「人」重視の観点が重要なポイントと考えられる。また、ESGあるいはSDGsとの関係でいうと、今後重要なのは3つのSである。

コロナのリスクは人の命と健康だけではなく、人の雇用あるいはオンライン授業も含めた教育のあり方、あるいは地域社会、コミュニティ、要はSocialの"S"、なかでも人の重視が非常に重要な観点ではないかと考えて

図表3－6－8　3つのS

| |
|---|
| 1．Social（社会）：「人」の重視 |
| 2．Sustainability（持続可能性）：SDGs |
| 3．Solidarity（連帯）：社会の分断への対応 |

（出所）　筆者作成。

いる。

　2番目にSDGsの"S"であるSustainabilityそしてもう1つの"S"は
Solidarity（連帯）である。これは日本よりも米国や海外では従来から社会や
人種間の分断の問題が指摘されているが、日本においてもさまざまな面で格
差が広がってくる可能性がある。金融機関だけではなく、たとえば今後の経
済情勢、雇用の問題を含めて分断がより深刻な問題になってくる可能性もあ
るが、分断に対応するうえでのSolidarityが重要と考える。この3つの"S"
が今後の戦略を考えるうえでのキーワードになるのではないか。

### (4)　ESGの変化（図表3－6－9）

　これをESGのコンテクストでみると、beforeコロナのESGで最初に進んだ
のが、特に金融との関係でいうと"G"のGovernanceだと思う。コーポレー
トガバナンス・コードやスチュワードシップ・コードなどの取組みを含め、
"G"は相当進展した。それに次ぐのが"E"のEnvironmentであり、ここ
数年は特に気候変動リスクについて金融監督の枠組みに入れる議論が欧州を
中心に進んでいる。また、TCFDといわれる開示の問題も進んできている。

図表3－6－9　ESGの変化：withコロナ

| |
|---|
| 1．S（social）：「人」の重視、健康、安全、雇用、地域、教育等 |
| 2．E（environment）：公衆衛生等と気候変動等との関連 |
| 3．G（governance）：上記をふまえた幅広いステークホルダーへの配慮 |

（出所）　筆者作成。

"G"、"E"の次の"S"の分野では"G"、"E"に比べると比較的まだまだ課題があるのではないか。従来から人権や男女平等、ダイバーシティなどの点で金融の分野でも進展はあるが、従来は"G"が先に行き、"E"、そして、"S"が最後というのがESGの順番ではないかと考えている。

　withコロナの時代においては"S"のSocialが最初に来る。とりわけ「人」の重視、健康、安全、雇用、地域、教育などの問題を含めて、"S"の重視が今後必要ではないかと思う。次に来るのが"E"であり、特に公衆衛生と気候変動の問題でも"E"は今後ますます重要になってくる。特に欧州ではもともと気候変動リスクに熱心で、すでにコロナ問題と気候変動問題をあわせて進めるような議論も出てきているようである。"S"、"E"と来てGovernanceも当然重要ではあるが、単なる株主だけではなく、もっと広いステークホルダーに配慮する議論がこの1、2年強くなってきている。先般のダボス会議でもステークホルダー論が出てきていたが、コロナによって"S"、"E"をふまえてさらに幅広いステークホルダーに配慮するGovernanceが求められるのではないかと考えられる。従来の"G"、"E"、"S"に比べて、"S"が一気にトップに躍り出て、"E"と"G"がそれについていく関係になるのではないか。

## ３ 金融の役割（図表3－6－10）

　今回のコロナショックはコロナウイルス発で、金融発ではない。リーマン

**図表3－6－10　withコロナにおける金融への期待**

●コロナショック：コロナウイルス発（not金融発）
●現状、金融システムの健全性
●金融デジタライゼーションによる金融サービスの拡大向上
●新旧プレーヤーによる金融機能の発揮
●withコロナの社会課題解決への貢献

（出所）　筆者作成。

ショック、日本の銀行危機の際は金融自体が相当傷んでしまった。また、金融当局も相当な批判を受け、その後規制強化が行われてきたが、今回は金融発ではなく、金融システムは現状健全である。さらに、リーマンショックのときと異なるのはここ10年弱の間の金融デジタライゼーションによって、金融サービスを提供するプレーヤーあるいは金融サービスの内容が拡大しており、その質も向上してきていることである。

　したがって、現状金融が果たすべきことは多くある。以前のように金融機関や当局が批判されるのではなく、むしろ金融機関が期待されているわけである。しかも、従来のプレーヤーだけではなく新しいプレーヤーも含めて金融機能を発揮することが求められている。

　withコロナにおける「人」を中心とした"S"を取り巻くさまざまな社会課題にどのように貢献していくかがいま金融に期待されている。その期待に応えると同時に新しいリスクにどのように対応していくのか、そのための3つの防衛ライン、ガバナンスの整備を図りつつ、新しい社会課題の解決に貢献できるかどうかがいま金融機関の経営陣にとってきわめて重要な課題ではないかと考える。

## BCPからBCTPへの転換

コロナショックでは、金融機関従業員や顧客等への感染拡大防止の観点から実施されたBCPに関して、以下のとおり新たな課題も認識された。

① BCPの想定事象

これまで金融機関のBCPが想定してきた危機、BCP発動のトリガーとなる事象は、地震等の自然災害、テロやサイバー攻撃、システム障害等、金融機関の送金決済機能等のオペレーションに直接影響を与えるものが中心であり、したがってオペレーショナルリスク管理の一環として位置づけられてきた。これに対し新型コロナウイルスの直接的なリスクは「人の命と健康」であり、金融機関のオペレーションにとっての直接のリスクではない。しかし「人の命と健康」を守るために感染者の隔離や人と人との接触の削減等を図る目的で金融機関の従業員の在宅勤務、支店への来訪者の制限、取引先等への訪問の自粛等が行われ、それが金融機関のオペレーションに影響を与えるという間接的な影響がある。

② BCPの目的

従来のBCPの目的は、自然災害等が金融機関のオペレーション（特にITシステム関連）に直接与えた障害等を除去し、オペレーションを通常状態に復旧（recovery）することにより業務を継続することである。これに対し、コロナショックでの対応は、従業員や顧客・取引先等への感染を予防することが第一義的目的であり、そのためにとられた在宅勤務等の施策のもとで業務を継続することが求められた。したがって、BCPを検討するにあたっては、ITシステム面での問題の検討にとどまらず、まずは「人の命と健康」「感染防止」の観点での検討が必要になる。そのためには、従来のようなITシステム所管部署や総務部のみならず、経営企画部、人事部、法務部、リスク管理部門、営業部門を含む全社的な対応および経営レベルの関与が必須である。

③ BCPの対象

先のようにBCPの目的が従来と異なることから、BCPの対象も従前とは当然異なることになる。障害の起きた支店やITシステム関連部署等にとどまらず、すべての国内海外拠点を含めた金融機関全体、取引先・顧客等のステークホルダー全般を対象に検討することが必要になる。

④ BCPの観点・手法

上記のとおり従来のBCPは障害等が発生した業務を「復旧」（recovery）することが主目的であるが、そこでは「既存のビジネスモデルやオペレー

ションの継続」が暗黙の前提になっている。しかし非対面・非接触を前提とする「新たな生活様式」や「ニューノーマル」の「withコロナの時代」においては、既存のビジネスモデルやオペレーションの見直しが避けられない。したがって、BCPも従来のような「復旧」ではなく、withコロナを前提とした「復興」（reconstruction）あるいは「変革」（transformation/reform）の観点で検討する必要がある。そのためには、withコロナの時代における金融機関のビジネスモデルの再検討、それをふまえた内部統制（いわゆる3つの防衛ライン）の検討、およびそれを支える人、ITシステム等の見直しが必須であり、まさに金融機関の経営戦略と一体になった検討が重要である。その点では、BCPではなく、BCTP（Business Continuity and Transformation Plan）の策定が求められている。　　　**（佐々木清隆）**

# 第 4 章

# 金融規制監督の
# グローバル連携

# 金融規制に関する国際交渉

氷見野良三

## 1 　金融規制をめぐる国際的な議論の枠組み

　国際的なルールをつくる場にはさまざまなものがある（図表4－1－1）。銀行関係のルールについてはバーゼル銀行監督委員会（BCBS）、資本市場関係は証券監督者国際機構（IOSCO）、保険関係は保険監督者国際機構（IAIS）、

図表4－1－1　金融規制に関する国際的な枠組み

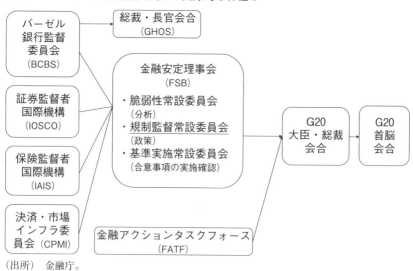

（出所）　金融庁。

取引所や中央清算機関については決済・市場インフラ委員会（CPMI）と分かれている。このような機関の行っていることを全部あわせたときに、次の世界金融危機の再発は防げるのかをみるのは、金融安定理事会（FSB）の仕事とされている。FSBからG20の財務大臣・中央銀行総裁会議を経由してG20のサミットに報告する。逆に首脳や大臣・総裁の指示を受けて作業を進める。

　FSBには主な常設委員会が3つあり、1つ目の脆弱性常設委員会ではどこに問題があるか分析する、診断をすることが仕事である。その診断を受けてどのような政策を行っていったらいいか合意を得るためにあるのが規制監督常設委員会で、処方箋を書くことが仕事である。3つ目が基準実施常設委員会で、合意事項の実施をしているか、いわば処方どおりに服薬しているかの確認を行う。私は2019年の夏から2つ目にあげた規制監督常設委員会の議長をしている。

　規制監督常設委員会のメンバー構成は、中央銀行が14、規制当局が14、財務省が4つ、基準設定主体が3つで、正メンバーは総裁とか長官が多いが、実際には代理出席が多い。ただ一部の国の長官は自分で出ている。

　規制監督常設委員会の傘下には8つの部会があり、LIBORの廃止に向けた対応を検討しているOfficial Sector Steering Group（OSSG）の議長はイングランド銀行総裁とニューヨーク連銀総裁、Libraなどステーブルコインについての検討を行っているWorking Group on Regulatory Issues of Stablecoins（RIS）の議長は米国の財務次官とシンガポールの副総裁が務めている。規制監督常設委員会は、そのような作業部会の報告を受け議論を行い全体会合に報告することも仕事であり、また、随時いろいろな課題に対して対応を自身で行うためのワークストリームをつくることも行っている。いまはコロナ対応の関係のワークストリームが2つつくられている。

　国際会議の議長をしているのは金融庁ではあまり珍しくなく、国際会議の議長や共同議長、副議長を務めた事例が金融庁創設以来70件ぐらいになる。私の前任者である河野正道さんが先ほど述べたIOSCOのトップを務めた事

例もある。

## 2 コロナへの対応

　では、このような枠組みのもとで何を行っているのか。まず例として、新型コロナウイルス感染症の拡大を受けての対応についてご紹介したい。

　これまでの展開をみると、2020年2月下旬ぐらいから相場の動きが非常に激しくなって、3月10日、13日、イタリアの封鎖や米国の国家非常事態宣言からややパニック的な状態になり、普通はリスクが高まると資金を移す先である、米国債、金、円まで売ってドルの現金に換える、Dash for cashといわれる動きが生じた。社債の新規発行はストップするし、一部の投資ファンドとかMMFは資金繰りが逼迫し、いわゆる流動性危機のような状況になった。これについては米国のFRBが前の金融危機のときにつくった対応のメニューを全部一度に出して、「最後の貸し手」ならぬ「最後の買い手」のように振る舞ったのだが、それが効を奏した。3月末には小康状態になって、それがだいたい今日まで続いている。

　ではその間、FSBなどは何を行っていたかというと、大きく3つに分けることができる。

　1つは情報交換であり、各国当局がとった措置を日次でシェアしている。6月中旬までに1,600ぐらいのお互いに情報交換した項目がある。情報交換には、ほかの国が何をしたかをみながら政策を選択していくということによって、ある意味ソフトなかたちでのコーディネーションができるというメリットがある。

　2つ目はリスク分析で、3月に起こったことは何だったのかなどを議論している。実体経済にきちんと資金は回ったか、今後回るのか、新興国から金が抜けているのではないか、ファンドの資金繰りは今後どうか、デリバティブ市場で急激に証拠金の積上げが必要になり、それは一応問題なく積まれたわけだが、今後どうだろうか、などといったことを脆弱性常設委員会で分析

している。

　3つ目が政策上の連携であり、たとえばいま現在用いられている国際基準で使っていいことにされている柔軟性についてあらためて確認するとか、新規制への移行で事務負担や移行リスクを高めないようにするためバーゼルⅢの実施を1年遅らせるなどとバーゼル委員会などが決定するにあたりサポートを行っていた。1つ目と3つ目が規制監督常設委員会の分担になる。

　今後何を行っていくか。仮に長期化して企業業績が悪化するようなことになると、流動性だけではすまなくなってくるわけだが、金融システムが引き続き経済を支えられるようにしなくてはならないということと、金融システムの安定を維持するということ、市場の機能を維持するということ、あとはBCP（業務継続計画）的な話になるが、職員の罹患やサイバー攻撃などから金融機能をどう守っていくかといったところが主なテーマになっている。

　5月26日には、規制監督常設委員会と4つの基準設定主体が合同で銀行、保険、資産運用業者、取引所、清算機関、格付機関などのCFO、CEOの方などからヒアリングを行った。今回の危機に入ったときの状態というのは、リーマンショックのときとは違って非常にシステムの強靭性が高い状態であったし、3月には流動性危機のような状況が生じたものの、中央銀行が介入しておおむね抑え込むことができた。ただ今後についていうと、未曾有の不確実性がありいろいろなシナリオが考えられる。たとえばV字回復するのか、それとも停滞期が長いU字型になるのか、それよりも停滞が続くL字型になるのか、第二波が来て二番底になるW字型になるのかといったいろいろなシナリオがありうるなかで、当面をしのぐというだけではなく、停滞期あるいは回復期も含めたいろいろな局面について、金融機能や金融システムの安定も維持して、しかも回復を支えるための課題について議論をした。

　金融庁の側でこうした類いの仕事を行っているのが、総合政策局総務課国際室であり、全体で70人程度である（図表4−1−2）。かつては7人ぐらいでバーゼルⅡの交渉を行い、そのうち何人かは英語が読めなかったという時代もあったので、それと比べれば大違いだが、ではこれだけ増強されていて

図表4－1－2　金融庁総合政策局総務課国際室

楽かというと、出席権のある会議が全部で140ぐらいあり、1人でいくつも
かけ持ちして担当している。多くの役所では若い人は上司のサポートが業務
の中心になるが、金融庁国際室の場合は若いうちから自分で日の丸を背負っ
て外国で行われる会議に出ることができるし、なかには若いうちから議長席
に座っている人もいる。夕方になるとあちこちの会議室から電話会議の声が
聞こえてくる。

## 3　世界金融危機以降の金融規制改革

　2008年のリーマンショックの後に、G20の首脳会議でおおよその規制改革
の全体像が示された。それには4つの大きな柱があった（図表4－1－3）。
　まず、ショックが来ても銀行が十分に資本や流動性を有していたらつぶれ
ないということから、バーゼルⅢが第一の柱となった。さらにその資本でも
足りないぐらいの損が出たらどうするかという点から、公的資金に頼らなく
ても普通に破綻処理できるように準備を整えることが2つ目である。だが、

図表4－1－3　G20金融規制改革 [最初の10年]

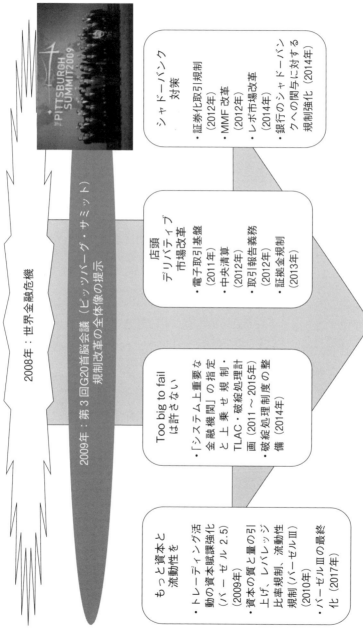

2008年：世界金融危機

2009年：第3回G20首脳会議（ピッツバーグ・サミット）
規制改革の全体像の提示

**シャドーバンク
対策**
- 証券化取引規制
（2012年）
- MMF改革
（2012年）
- レポ市場改革
（2014年）
- 銀行のシャドーバンクへの関与に対する
規制強化（2014年）

**店頭
デリバティブ
市場改革**
- 電子取引基盤
（2011年）
- 中央清算
（2012年）
- 取引報告義務
（2012年）
- 証拠金規制
（2013年）

**Too big to fail
は許さない**
- 「システム上重要な
金融機関」の指定
と上乗せ規制・
TLAC・破綻処理計
画（2011～2015年）
- 破綻処理制度の整
備（2014年）

**もっと資本と
流動性を**
- トレーディング活
動の資本賦課強化
（バーゼル2.5）
（2009年）
- 資本の質と量の引
上げ、レバレッジ
比率規制、流動性
規制（バーゼルⅢ）
（2010年）
- バーゼルⅢの最終
化（2017年）

（出所）金融庁。

リーマンショックのときは破綻に伴いデリバティブ市場を経由して大混乱になった経験からデリバティブ市場も改革して波及しないようにしようという対応が3つ目である。さらに、銀行だけではなくその外にあるシャドーバンクについても対応することが4つ目であり、そのような4つの柱があって、1個1個の柱にもまた非常に中身がたくさんあるという大改革を始めた。

そのなかには日本の事情にあうようなものもあれば、あわないようなものもあったわけだが、ではどのように日本の言い分を通していくか、どのようにしたら発言力を確保できるかが問題となる。日本人が最初に考えるのは、会議の開催を誘致して、完ぺきなロジをして喜んで帰っていただくことがあるが、感謝されるけれどもそれだけでは主張が通るようにはならない。

次によくあるのが、事務局に問い合わせて陳情することだが、事務局は本来加盟国のためにいるわけだから、自身に力がないとそれだけでは決め手にならない。

どこかの国が案を出してきたときに、自分の国に関心があるところにコメントを出すことはよく行われるのだが、もっと効くのは、他国の関心事についても世界全体をよりよくするためにコメントすることである。そうするとさまざまな調整の場にも入りやすくなる。

事前に協議をしてイシューごとに連合をつくって味方をつくり、できれば対案を出す。さらにいいのは、もともとの原案作成を分担し、さらには、誰に原案作成させるか決められる議長ポストをとる。ポストがとれると情報も入る。そのうえで、やれといわれたことをやるだけではなくて、全体のアジェンダを設定する力を発揮する。そのためには国際世論の形成まで行わなければ本当は効き目がない。気が遠くなるかもしれないが、米国とか英国の当局はこういうことが全部できている。

では日本はコメントを出したり反対したりしていただけかというと、部品を日本提案でつくったというのは以前から多くあり、相当大きなものもある。河野正道さんのようにIOSCOの議長を務めた人もいる。しかし、世界金融危機後の改革で、全体のアジェンダ設定や国際世論の形成が米英主導

だったことは否定しがたい。2015年ぐらいからは、金融庁国際室はそれではいけないと、われわれもそのようにするのだといってトライしてきたのだが、次にそれを紹介したい。

　まず2015年以来、とにかく規制強化さえしていればいいというのはおかしいのだと、当時の森長官の講演や寄稿などで発信した。それは徐々に常識になっていって、G20とかG7の声明にも反映されるようになった。日本が言い出したときには全然相手にしてくれていなかったのに、１年ぐらいすると、もともと自分の考えだったかのように日本のいっていたようなことを口にする人も出てきたので、意外と世論形成というのはポイントさえあっていればできるのだと感じた。そのような経験をふまえたうえで、2019年、日本はG20の議長国になるということで、アジェンダ設定が行いやすい立場になったわけである。

## 4　G20議長国として

　2017年末には規制改革はおおむね完成し、これ以上新しい規制を追加するのはやめようということになったので、これまでに行った改革の影響評価と、これまで対処していない新しいリスクへの対応に軸足を移そうということになった。

　そのなかで、日本がG20議長国としてテーマに掲げた事項のうちから、「技術革新への対応」と「市場分断への対処」の２つについて説明したいと思う。

### (1)　金融技術革新

　日本は暗号資産では世界に先駆けてさまざまな苦労をしてきたわけであり、そのような経験を世界のためにも生かしていくため、当面の課題として暗号資産対応についてさまざまな提案を行った（図表４−１−４）。暗号資産についてはそれぞれの国でどの当局が担当かもよくわからない状況であった

図表４－１－４　金融技術革新：福岡G20までの取組み（2019年）

| 当面の課題<br>：暗号資産 | 国際連携 | FSB　暗号資産当局者台帳（４月） | |
| | 利用者保護・<br>市場の公正 | IOSCO　暗号資産当局者手引書（５月） | |
| | | FSB　これまでの取組みとのギャップ（６月） | |
| | マネロン・<br>テロ資金供与<br>対策 | FATF　勧告（2018年10月）、<br>解釈ノート（２月⇒６月） | |
| | | G20/IMF/FATF ラウンドテーブル<br>「機会と課題」（４月） | |
| 中長期的な<br>課題 | 金融システム<br>の<br>構造変化 | セミナー：金融技術革新の機会とリスク（６月）<br>Big Tech からも登壇を得て議論 | |
| | | FSB<br>分散型金融技術<br>に関する報告書<br>（６月） | セミナー<br>仲介機関のいない<br>金融システム<br>のガバナンス<br>（６月） |

（出所）　金融庁。

ため、まず各国の担当当局の台帳をつくるという基礎的なところから始めた。

IOSCOでは暗号資産対応についての初めての手引書を作成した。またFSBでは、いままで行ってきたことにギャップがないかについて、FATF（Financial Action Task Force）ではマネーロンダリング対応の面に関して報告書を作成した。

より中長期的な課題としては、もっと根本的な問題があるだろうということで、「金融技術革新の機会とリスク」と題して、福岡の財務大臣・総裁会合の際にセミナーを行い、第一部では、アマゾン・ウェブ・サービスの人と、グーグルでネクスト・ビリオン・プロジェクトに携わっている人に来ていただき、三菱UFJの平野信行さんとで討論してもらった。第２部では、伝

説のサイファーパンクと呼ばれるアダム・バック氏、日本からは伝説のインターネットサムライ村井純先生にも出ていただき、分散型金融技術のガバナンスについて議論していただいた。

一部の当局からは「ビットコインなんてもう下火なのだからそんな話はやらなくていいだろう」ともいわれながら、「ビットコインで終わりではなくて、第2世代、第3世代だっていずれ来るんだ」といって、私どもとしてはそれなりに先見性をもって議論を主導してきたつもりでいたが、福岡でせっかくここまで行った1週間後にLibraがホワイトペーパーを出して、その結果、その後の大阪首脳宣言ではさらなる宿題をいただくに至った。

通貨主権との関係は財務省の所管だし、利用者保護は金融庁の問題だし、決済システムとの関係は日銀の仕事ということで、三者でいろいろ、このLibraなどの問題を議論する会を始めた。その後、10月には、G20の大臣・総裁会合で、Libraなどのステーブルコインについて、「サービス開始前にいろいろな問題にちゃんと対処したうえでないと始めてはいけない」という趣旨の宣言がなされた。

Libraの何がそんなに衝撃的だったかというと、1つはBig Techのプラットフォームを使っていたというところである。あるいは組合せ通貨みたいなものをつくって、通貨主権への挑戦ではないかという要素もあったが、より根本的には、パーミッションレスの仕組みを大規模に使う計画を打ち出したところにあるのではないか。

私どもが、Libraが出る前から議論していた分散型金融の問題である。従来であれば金融機関が間に入っているので、金融機関さえ規制していれば当局は仕事ができたわけだが、今後分散型になって顧客同士が直接取引をするというプラットフォームが広まり、しかもプラットフォームを設計する人もあちこちにちらばっているときに、いったいどのように規制監督を行っていけばいいかを考えなくてはいけないと日本から提案していたわけである。

これに似た例がインターネットである。インターネットのルールはどうやってつくっているかというと、どの特定の人も組織も政府も単独ではイン

ターネットをコントロールしてはいない。マルチステークホルダーのアプローチでオープンなディベートをして、ポリシーやスタンダードをつくっていく。そのなかに当局も入っていくというアプローチがとられている。このようなインターネットのガバナンスに学ぶことがあるとして、検討の必要性については大阪の首脳宣言にまで盛り込まれた。それを具体化するものとして、2020年3月にBGIN（ブロックチェーン・ガバナンス・イニシアチブ・ネットワーク）を始めた。

　BGINの当面の活動目標は、オープンかつグローバルで中立的なマルチステークホルダーの間の対話を形成し、多様な視点をふまえた共通な言語と理解を醸成し、信頼できる文書とコードの不断の策定を進めていくという、ICANNのブロックチェーン版のようなものを構築しようという壮大な構想である。有力な発起人が集まって作業を始めている。

　金融庁の高梨佑太君がジョージタウン大学などで研究して持ち帰った構想を、G20でも議論して、首脳宣言にまで盛り込んで、庁の内外、国の内外のいろんな方々に力をあわせてもらって、とにかくBGINを立ち上げるところまで来ている。

## (2)　市場の分断

　世界金融危機以降、国際ルールに合意して開かれた強靱な金融システムをつくろうとしてきた。ここで「開かれた」というところが大事なわけだが、しかし今後については「開かれた」を当然視できない環境になっていくのではないか。反グローバル化感情が各国社会に強まって、また、ブレグジットなども進んで、開かれたシステム維持の決意を再確認しなくてはいけなくなっているのではないか、という問題意識である。

　国際銀行市場では資本と流動性の囲込みが進んでいる。さまざまな規制が複雑化するなかで、故意ではなくても、規制が相互に矛盾するみたいなことも生じている。

　国際銀行市場の分断についていうと（図表4－1－5）、リーマンショック

図表４－１－５　国際銀行市場の分断

| シナリオ１ | シナリオ２ | シナリオ３ |
|---|---|---|

**シナリオ１**

リーマン破綻の影響の波及

＋

各国当局の自国内に対する責務

⇒

国際銀行市場の分断

**シナリオ２**

バーゼルⅢ最終化に合意

⇒

母国当局の規制・監督への信頼

破綻処理制度の充実等

⇒

母国当局による破綻処理に対する信頼

⇒

開かれた一体的な国際銀行市場

**シナリオ３**

バーゼルⅢの実施の不整合

⇒

母国当局の規制監督への不信

ユーロ危機時に広がった囲い込み、反グローバル化感情の広がり

破綻処理制度の実効性未確認、公的バックストップの制約

⇒

SPEへの懸念

⇒

障壁の拡散・強化

（出所）　金融庁。

が起きてさまざまな国に波及したが、各国当局は自分の国の預金者や投資家を守る責任がある。この2つを組み合わせると、自然にいえば、もう外国の銀行は入れず、波及しないようにしようということにもなりかねない。それを回避するためにバーゼルⅢという共通ルールに合意して、各国はこれできちんと規制しているのだから、各金融機関の母国の規制を信頼して、開かれた市場を維持していこうという考えで取り組んできた。

　また、破綻処理制度についてもきちんと充実させて、母国当局が破綻処理したときに、リーマンショックのように各国に迷惑がかからないような準備をした。だから開かれた国際銀行市場というのは守っていっていいというドクトリンだったわけだ。

　ではその後そのとおりに進んでいるかどうか。バーゼルⅢについていえば、ルールは合意したが各国ごとに実施の仕方が違うので、ほかの国のバーゼルⅢを信用して、外国の銀行を自国に入れていいのかという話にもなる。

　また、破綻処理制度は充実させたとはいいながら、欧米では公的なバックストップの利用は制約が強くなったし、公的資金を使わない方法は本格的には実施してみたことがない。このため、本当にこの方法でできるのかが不安になると、結局やはり壁を築いて国内を守らなければならないということになってくる可能性も否定できない。このようなことをどのように防ぐかにみんなで取り組もうということを日本からいったわけである。

　さまざまな人の意見を聞いて回ったうえ、日本は2019年の議長国なのでこれをテーマにしようと思い、2018年の秋にEurofiという欧州の当局と銀行が集まる場、そこには米国の銀行や最近は日本の金融機関も参加しているが、そこで事前にEurofi Magazineというのに寄稿したうえで、パネルディスカッションに登壇してどのような構想かを話した。

　その後私が議長になってFSBでワークショップを行ったが、IIFやISDAからは重要な論文が提出されている。ISDAの論文は、私がEurofiで行った演説で提案した市場の分断の類型化のカテゴリーに沿っていろいろな整理をしてきた。先物協会、オリバー・ワイマンなどからも論文が提出され、日本で

は国際金融規制研究会から意見書が出ている。

　さまざまな業界団体から数多くの提案をいただいたが、海外の個別行からのアプローチというのはさらにその何倍もあって、さまざまな資料を提供された。

　G20議長国になってわかったが、海外の主要金融機関というのは、自分が業務を続けられる環境を維持するために大変なコストを払って世界中を見張っていて、何か動きがあったらすぐアクションをとるという狩猟民族的な運動神経が発達しているという印象を受けた。

## 5　欧米型のアプローチと日本型のアプローチ

　金融庁は、銀行も保険も証券も監督しているところが強みであり、その立場でG20議長国として横断的なテーマ、たとえば市場分断や技術革新といった、銀行だけでもない、証券だけでもない、保険だけでもない横断的なテーマを提示すると議論を主導しやすい。全貌がみえているのは、実は金融庁ほか、世界でもごく限られた当局しかいない。国際室70人が出ている140の部会の情報を集約して、どこのフォーラムで何を議論しているかを持ち寄って、国際室のメンバーで議論した結果をもとに国際的な議論に臨むと、意外と強いというのが経験である。

　最後に、日本の国際交渉の制約になっている要因についていくつか述べてみたいと思う。

　私は2003〜2006年の間、バーゼル銀行監督委員会の事務局長としてBISに出向し、その３年間、バーゼル委員会以外にもさまざまな会議に出席した。日本の人に活躍してもらいたいという気持ちでみていると、せっかく日本からすごい人、しかも英語もうまい人が来てくださっていても、その人の日本でのすばらしさが十分発揮されないということがよくあった。それでなぜだろうということを考えた。

　１つは、何かしゃべるときに、もちろんその場の一員として振る舞うとい

うのはどこの国の人でも同じなのだが、日本人の場合にはなんとなく独立した人格としての振る舞いを感じないことがある。また、よくあるのは、絶対に正しい内容の発言をするということで、たとえば「世界各国の当局はお互いによく協力して金融システムの安定の確保に万全を期していかなければなりません」ということから発言が始まると、基本的には「こいつの話は聞かなくていいな」ということになりかねない。

　議論が分かれるような変なことはいわないというのは、役職が下の人が発言案を書くので、「上の人に恥を絶対かかせないようにしよう、みんなに袋だたきになって帰ってきたら俺が叱られる」というような理由もあるが、どうもやはり正しいことをいうことが恥ずかしくなくて、変なことをいうのが恥ずかしいという傾向が出席者本人にもある。海外の人も、偉い人はみんなバランスのとれた良識的な発言をするが、それでいて、何か人のまだ気づいていないような要素、今後議論を深めなければならないような課題を、うまく盛り込んでいる場合が多い。

　後は日本の事情は語れるが世界全体の運営については語れないとか、日本の経験について「自分はこうだった」ということはいえるが普遍化して教訓化することができない、もしくはそのことに関係するが、何ごとも理念より具体的妥当性だという傾向もある。これらは当時の印象であったが、いずれも日本文化の本質にかかわる問題だろう。

　海外当局が普遍的な理念の提示から始めてきたときに、それに対する日本の対処方針には定番がある。「各国固有の事情にも配慮した柔軟な枠組みとすることを希望致します」と発言案に書く場合が多い。また、欧米当局がアジェンダとかスケジュール設定から来ると、日本当局は「十分な経過措置で配慮いただきたい」と対応する。体系的な構想で迫ってくると、個別の部品の条件闘争をする。外国では後から国内調整すればいいといった調子で提示がなされる場合もあるが、日本は国内調整の着地イメージから出発するので、どうもこぢんまりとしたことしかいえない。

　いずれのアプローチにもいいところも悪いところもあるが、その背景には

国内行政で国際的な議論をどう受け止めているかの違いがあって、特に英国などは国内の話と国際の議論を同時に、一緒につくっていけばいいではないかと考えている面があるのではないか。他方、日本は明治維新からというよりは、大化の改新以来、海外の進んだ制度を輸入して、それを日本にあうように加工してというのが、日本の公務員のお家芸なので、いまから輸入品加工モデルから共同生産モデルに変わろうとしてもなかなかむずかしい。

　さらに、その背景には、そもそもの業務運営のあり方が、リーダーシップをもってシステムを設計していくという発想なのか、あるいは現場主導の擦り合わせが中心なのかという問題があって、なかなかむずかしい面がある。

　しかし、ではなぜ日本の経済が、たとえば1995年には米国の71％の規模をもっていたのに、現在では４分の１にまで落ちてしまったのか。1993年には日本の経済規模は中国の10倍だったのに、なぜいまは３分の１になってしまったのかといったこととも、こういうことは関係するのではないか。追いつき型の成長をしているときには日本式でよかったわけだが、フロントランナーになったうえでWinner takes allのデジタルトランスフォーメーションの世界で競争していくということになると、当局も、企業も、欧米式のアプローチもできるようになっていかないといけないのではないか。

# 国際機関の本部の日本への誘致活動

　国連やIMF、世界銀行、OECD等国際機関の本部は欧米・アジア諸国を含め所在しているが、わが国には国際機関の本部は国連大学本部が東京にあるのを除くと、従来ほとんど存在しなかった。また金融監督に関する国際機関としては銀行監督分野のバーゼル銀行監督委員会および保険監督者国際機構がスイス・バーゼル、証券監督者国際機構がスペイン・マドリッドといずれも欧州に本部を有している。2017年4月にIFIAR（International Forum of Independent Audit Regulators：監査監督機関国際フォーラム）が恒久的事務局（本部）を東京に開設したのは国際金融機関としては初めてで画期的なことである。

　IFIAR事務局の誘致は、約50カ国からなる加盟国の2度にわたる選挙（2015年、2016年）の結果、東京が多数の支持を得て決定されたものである。1回目の選挙では7カ国が立候補し日本を含む上位3カ国で2回目の選挙が行われ日本が選出されたが、その道のりは容易ではなかった。

　IFIARの加盟国は欧州が30カ国、アジアは日本を含め10カ国、残りが米国、カナダ等米州と中東、アフリカという構成であった。1回目の選挙では国際機関の本部誘致に経験豊富な欧州が複数立候補し、また最終投票でも日本と欧州国とが争うことになったことから、欧州諸国の票の獲得が必須であった。アジア諸国の10票をまとめても過半数には程遠く、他の米州等の支持に加え、30票を有する欧州諸国の票の獲得に向けて戦略を構築した。最終的には日本が欧州票も含め過半数を相当上回る支持を得て選出されたが、その成功のポイントは以下の点にあったと考えている。

　まず、日本に本部を置くことの意義、メリットを各国の置かれた状況をふまえて資料等を作成し説得したこと。立候補した立場として、日本に置くことのメリット（政府としてのコミットメント、東京の都市としての魅力等）を主張するのは当然であるが、それにとどまらず投票権を有する各国にとってのメリットを、それぞれの組織の意思決定機関（Board等）で理解されやすいようなロジックと資料等で説明した。

　次に、日本政府としての招致に向けたコミットだけでなく、民間団体（経団連、公認会計士協会、全銀協、日証協等）も賛同していること、特に、日本以外の民間団体（在日米国商工会議所、在日欧州ビジネス協会等）の支持を取り付けアピールしたこと、日本以外の民間団体の視点で日本の魅力を訴えたことは、非常に効果的であった。

　最後に官邸や各国日本大使館を含めた政府一丸となった招致活動。当時の

安倍総理はじめ閣僚、各国日本大使による各加盟国に対する直接の要請は、国際選挙においても人対人の、いわゆる「どぶ板選挙」が有効であることを示している。ある欧州当局が、「日本は遠路わざわざ投票の要請に来るのに、同じ欧州の某国は一度も来ない」といっていたことを思い出す。

（佐々木清隆）

## 4-2　検査監督の執行における グローバル連携

佐々木清隆

## 1　金融検査監督の執行におけるグローバルな連携
（図表4-2-1）

　金融規制・監督におけるグローバルな連携は、バーゼル銀行監督委員会等による銀行の自己資本比率に関する国際的なルール等の規制の策定のうえでの国際連携が重要であるが、策定された規制に基づく個別の金融機関等の検査監督におけるグローバルな連携も同様に重要である。特に金融機関の業務がグローバル化するとともに、業務の内容も伝統的な商業銀行業務以外にも投資銀行業務や保険業務等を含むコングロマリット化が進み、監督当局も1つの国のなかでも複数の当局にまたがるだけでなく国境を越えて銀行、証券、保険等監督当局の連携も必要になっている。

　特に2008年のリーマンショック、グローバル金融危機は、まさに金融機関のグローバル化、金融機関間の取引およびリスクの相互連関（inter-connected）により生じたことから、その後グローバルに活動し金融システムに

図表4-2-1　検査監督のグローバル連携

| 1．金融機関監督上のグローバル連携 |
| 2．証券市場での取引監視のうえでのグローバル連携 |

（出所）　筆者作成。

大きな影響を与える金融機関（G-SIFIs: Global Systemically Important Finan-cial Institutions）に対しては母国・ホーム監督当局、複数のローカル・ホスト監督当局から構成される監督カレッジ（supervisory college）が設立され検査監督における国際連携のうえで大きな進展がみられた。

　さらに近年のデジタライゼーションの進展により新たな金融サービスを提供する非金融の業者・プレーヤーが金融規制・監督の対象に取り込まれるケースも増加してきている。たとえば暗号資産（仮想通貨）業者のようなデジタライゼーションによって生まれた分野は、業者も利用者・投資家も物理的な国境に限定されずに存在しており、従来のような物理的所在地をもとに監督上の管轄権を定義し免許等を与えたうえで監督することを前提とした監督のあり方に限界が生じている。すなわち、「デジタライゼーションは直ちに取引のグローバル化」ともいえ、このような環境変化のもとでは規制の策定の国際連携のみならず規制の執行、検査監督のうえでの国際連携がきわめて重要になっている。

　このような問題意識を背景に、本項では銀行や証券会社等の金融機関の検査監督の実務における国際連携の現状についてまず議論する。

　次に、証券市場の不正取引の監視・摘発における国際連携についても議論する。免許等を受けて恒常的なモニタリング・監督の対象である証券会社等以外にも、証券市場には上場企業、投資家、ファンド等監督の対象ではないプレーヤーが取引に関与するが、これらのプレーヤーはますますグローバル化しており、規制監視当局間の国際連携が不可欠であり、その概要と金融機関検査監督と異なる国際連携上の課題についても紹介する。

　さらに、金融検査監督のグローバル連携における今後の課題について紹介する。

## 2　金融機関検査監督のグローバル連携

### (1)　ホーム当局とホスト当局間の連携

**a　連携の内容**（図表4－2－2）

　免許等を受け恒常的なモニタリングの対象である銀行等金融機関のうち、海外拠点を有する社については、本社を監督する母国・ホーム当局と支店等海外拠点を監督するローカル・ホスト当局間の二国間での連携が基本になっている。わが国金融機関については1980年代半ばからのバブル経済とその背景の1つであるグローバルな金融資本移動の活発化に伴い欧米やアジアにおける支店や現地法人の開設が急速に進展したほか、欧米系金融機関を中心に日本拠点の開設が増加したが、それに伴い金融監督当局（当時は大蔵省（現財務省））と海外当局との協議等が始まった。またバーゼル銀行監督委員会等でも金融機関のグローバル化に伴うホーム当局とホスト当局間の連携の枠組みについて議論が行われたのもこの時代である。

　ホーム・ホスト当局間の連携の内容としては、支店等海外拠点の開設・免

図表4－2－2　金融機関検査監督のグローバル連携

| |
|---|
| ●伝統的連携：本社を監督する母国（ホーム）当局と支店を監督するローカル（ホスト）当局の連携<br>●連携内容<br>　－支店開設免許等<br>　－継続的なモニタリング（検査監督）：3 lines of defense、ガバナンス等対象<br>　－行政処分等<br>●連携手法：情報交換、定期協議、相互訪問、人的交流等<br>●情報交換協定：MOU（Memorandum of Understanding）、EOL（Exchange of Letters） |

（出所）　筆者作成。

許に関する協議、拠点開設後の継続的なモニタリング（検査監督）（具体的には、金融機関における 3 lines of defense、ガバナンス等の実効性を検証評価）での情報共有、行政処分等が行われる場合の内容や公表時期の調整等があげられる。

　また、連携の手法としては、金融機関に関する情報交換のほか、金融情勢等に関する定期協議、検査官等金融監督当局者の相互訪問や共同検査、監督当局スタッフの長期派遣等の人的交流が一般的である。またこのような連携、特に検査監督情報等の秘密性の高い情報の交換については、そのための法的な枠組みを整備することの重要性も国際的に認識されており、情報交換に関するMOU（Memorandum of Understanding）やEOL（Exchange of Letters）が両当局間で締結されることが多い。

　このような連携はこの30年余りの間に非常に深化し、連携の基盤である当局間の信頼関係、特に人的な関係については強化が図られてきている。金融庁の前身の金融監督庁時代以来、金融庁のスタッフが米国FRB、OCC、SECのほか英国FSA、PRA、香港HKMA、SFC、シンガポールMAS等に1～2年派遣され現地当局の監督手法を習得するだけでなく、個別金融機関や事案の検査・調査等における金融庁とこれら当局の間の連携のうえで具体的な成果をあげている。

**b　継続的モニタリングのうえでのホーム・ホストの連携**　（図表4-2-3）
　ホーム・ホスト当局間の連携のなかで、最も重要なのは金融機関に対する

図表4-2-3　継続的モニタリングのうえでのグローバル連携

●ホーム当局：金融グループ全体の観点、3 lines of defense、ガバナンスにおける海外拠点のグローバル管理態勢の実効性に関心
●ホスト当局：支店・現地法人の観点、現地監督規制に即した3 lines of defense、ガバナンスのローカル管理態勢の実効性に関心（その観点での本社、グループ全体の動向に関心）

（出所）　筆者作成。

恒常的なモニタリングである。両当局とも、金融機関の3 lines of defense
とそれを支えるガバナンスを中心にモニタリングを行うが、その観点はホー
ム当局とホスト当局ではやや異なる。

　まずホーム当局は金融機関やグループ全体を監督する立場から本社・グ
ループの3 lines of defenseとガバナンスが海外拠点に対しどのように機能
しているか、その機能発揮が有効なのかどうか等のグローバル管理態勢の実
効性に関心をもつ。具体的には、社会経済環境、法制度、文化等が異なり、
また多くの現地のスタッフを抱える海外拠点に対し、実効的なグローバルガ
バナンスを構築運用しているかがポイントである。特に、金融機関に限らず
日本企業の海外展開においては、これまでも現地スタッフによる不正や本社
のガバナンス態勢の脆弱さに起因する問題が発生し、なかには本社やグルー
プ全体を揺るがす問題に発展した例もあることから、そのような観点をもっ
てモニタリングすることが重要である。

　他方、ホスト当局は支店・現地法人を監督する観点、特にホスト国におけ
る現地規制に即した3 lines of defense、ガバナンス等のローカル管理態勢
の実効性にまず関心をもつ。同時に、ローカルなビジネスや管理態勢は本
社、グループ全体の戦略や管理態勢に大きく影響されることから、グローバ
ルな管理態勢についても関心をもつ。特にローカルな管理態勢の問題の原因
が、海外拠点におけるマネジメントにとどまらずグローバル管理態勢に起因
すると懸念される場合も少なくないことから、ホスト当局として本社との協
議、さらにはホスト当局との連携が重要になる（図表4－2－4）。

　このようにホーム・ホスト当局はそれぞれの権限、立場、観点が異なる部
分もあるが、最終的には本社および海外拠点を含めた金融機関・グループ全
体の3 lines of defenseとガバナンスの実効性を検証するという点では共通
しており両者の連携が不可欠である。

　特にわが国金融機関の不良債権問題が深刻であった1998年から2000年代初
頭においては、日本の金融機関の健全性への懸念が海外拠点の業務に影響
（たとえば現地金融市場で資金繰りが逼迫する等）し現地金融市場に混乱を生じ

図表4－2－4　金融のグローバル化に伴うホーム・ホスト当局の連携の強化

---

●本社・グループの戦略や問題が海外拠点に影響→ホスト当局の関心の高まり
●海外拠点の問題が本社・グループ全体に波及（リスク管理、コンプライアンス上の問題等）→ホーム当局による海外業務のモニタリング強化
●ホーム・ホスト当局間の情報交換の強化：メール、電話（特に緊急時）、オンライン会議等

---

（出所）　筆者作成。


ていた事例や、銀行本体の不良債権を「飛ばす」ために海外拠点が利用される事例があり、米国や英国の金融監督当局から日本の金融庁（金融監督庁）に対し懸念が示されることもあった。また逆に日本の市場で不正や内部管理態勢上の問題を生じていた複数の外資系金融機関の問題の背景に、グローバル本社の管理態勢の脆弱性が認識され、ホーム当局に問題提起した事例も少なくない。

　この金融庁発足後20年余りの間に、ホーム・ホスト当局間の連携は非常に密になり、メールでの情報交換はもちろんのこと、緊急事態に備えて自宅や携帯電話の番号を共有しているほか近時のコロナショック下においてもオンラインでのミーティング等が頻繁にもたれている。情報共有の内容も個別の海外拠点の個別の案件・取引、幹部や担当者に対する評価等、金融機関の想像を超えるような詳細な内容にわたっている。

**c　ホーム・ホスト当局間の相互訪問**（図表4－2－5）

　このようなホーム・ホスト当局間の連携できわめて重要なのが、実地調査・検査を含む相互訪問であり、この点での充実も著しい。まずホーム当局は所管する金融機関の海外拠点を実地に訪問する。先のような本社によるグローバル管理態勢が海外拠点でどのように実際運用されているのかを検証するのが目的である。海外拠点は場所により業務内容が異なりリスクの内容もさまざまなので、あらかじめ当該金融機関のリスク管理や内部監査の評価、現地のホスト当局の検査結果等も参考に海外拠点のリスク評価を行い、それ

図表4－2－5　ホーム・ホスト検査監督の相互訪問

---

●ホーム当局：海外拠点およびホスト当局
●ホスト当局：本社およびホーム当局
●相互に定期的に訪問：特に、米国、英国、シンガポール、香港等
●時には、ホーム・ホスト当局の共同検査
●ホーム・ホスト当局の検査結果等の共有
●人的交流：検査官等の相互受入れ等

---

（出所）　筆者作成。

をふまえて訪問対象の海外拠点と検証する分野の優先順位づけを行う。このような作業のプロセスでもホスト当局とメール等でやりとりしながら、訪問先・時期等をホスト当局と調整していく。海外拠点を訪問する際には、現地で事前にホスト当局とあらためて対面で協議を行うほか、海外拠点訪問終了後もホスト当局にその結果をフィードバックすることが通例である。海外拠点に数年に一度しか訪問できないホーム当局としては、日々恒常的にモニタリングしているホスト当局者の情報はきわめて有益であるし、ホスト当局にとっても本社・グループ全体をモニタリングしているホーム当局との意見交換は参考になる。

　逆に、ホスト当局が本社を訪問することもある。わが国金融機関の本社をニューヨークやロンドン等の海外拠点を監督する米英等の当局が訪問することもあるし、日本の金融庁が日本に拠点を有する欧米金融機関の本社を訪問することもよく行われている。いずれもその際にはあらかじめホーム当局と調整し訪問の内容や時期、そしてホーム当局との意見交換が別途行われるのが慣例である。

　こうした相互訪問のほか、事案等によってはホーム・ホスト当局による共同検査が実施される場合もある。たとえば、かつてはシンガポールにおいては日本の銀行を含む外国金融機関のシンガポール支店の預金者情報は現地法制の制約で海外当局にはアクセスできなかったことから、日本の金融庁とシンガポールのMASの共同検査のかたちでMASが入手した預金者情報を金融

庁に提供してもらい他の分野とあわせて検証した事例もある。

　また海外拠点に関するホスト当局の検査結果は、通常海外拠点だけでなく本社とも共有されるほか、本社を監督するホーム当局とも共有され、ホーム当局によるグローバルなモニタリングのうえで活用されている。

**d　ホーム・ホスト当局間の連携の金融機関にとっての意味**（図表4－2－6）

　このようにホーム・ホスト当局の間では、金融機関に関する情報共有、人的交流、検査の相互訪問等きわめて緊密な連携が図られてきている。またこのような連携の実態についてはこれまで金融機関との意見交換の際に繰り返し説明してきたところであるが、残念ながら日本の金融機関および在日外資系金融機関のモニタリングの経験からは、本社・グループによるグローバルな管理態勢に問題があり海外拠点で問題が生じるケースが依然として少なくない。監督当局者間のホーム・ホストの緊密な連携が過去20年の間に大きく進展したのに比べ、グローバル金融機関のグローバルなガバナンスには課題があるように思われる。

　たとえば、ホーム・ホスト当局間では個別海外拠点に関する、また個別取引や個別のスタッフ等に関する詳細な情報が共有されている半面、当該金融機関の本社がそのような海外拠点の問題を把握していない事例が散見される。そのような問題の原因は、①海外拠点が問題を認識していないか、②海外拠点がホスト当局から指摘された問題を的確にまたタイムリーに本社に報

図表4－2－6　ホーム・ホスト当局連携の金融機関にとっての意味

| |
|---|
| ●ホーム・ホスト当局間の緊密な情報交換・共有 |
| ●他方、本社―海外拠点間の情報ギャップ：グローバルガバナンスに関する懸念（悪い情報を海外拠点は本社に上げたがらない？） |
| ●本社幹部によるコミュニケーション：ホーム当局はもちろん、ホスト当局の重要性：特に、CEO、CFO、CRO、CAE、監査委員長等 |

（出所）　筆者作成。

告していない、あるいは③本社が海外拠点からの情報の重要性を認識せず
ホーム当局と共有しない、のいずれかであり、いずれにしても海外拠点と本
社の間のコミュニケーションおよび本社による海外拠点に対するガバナンス
に問題があるといえる。このような場合、ホーム当局としては、ホスト当局
から指摘された問題の内容の重要性以前に、本社によるグローバル管理態勢
そのものに懸念を抱くことになる。海外拠点に限らず出先が悪い情報を本社
に上げたがらないのは、どこの組織にも多かれ少なかれ共通であることを認
識する必要がある。

　このような本社によるグローバル管理態勢のうえで重要なのが、本社幹部
による海外拠点とのコミュニケーションはもちろん、海外のホスト当局との
意見交換である。先のとおり、ホスト当局としては海外拠点の監督のうえ
で、本社・グループのグローバル戦略や管理態勢に非常に関心をもってお
り、本社幹部が海外拠点を訪問しホスト当局と直接意見交換することは非常
に有益である。筆者自身も金融庁時代にグローバル金融機関の本社の幹部
（たとえば、CEO、CFO、CRO、CAE等）の来日の機会の意見交換は非常に有
益であった。特に社外取締役である監査委員長は 3 lines of defense全体を
みる立場であり、また当局出身者である場合は監督の視点を有していること
から非常に有意義な意見交換を行った経験がある。日本の金融機関の幹部、
特に監査委員長に対しては海外拠点のホスト当局との定期的な意見交換を推
奨しているが、実際に実践されている方は多くはないのが現状である。

## (2)　ホーム当局と複数のホスト当局による連携：監督カレッジ
（図表 4 - 2 - 7 ）

　このようにグローバルな金融機関のモニタリングにおいては、従来ホー
ム・ホスト当局の二国間での１対１（bilateral）の連携が基本であったが、
リーマンショック以降は、ホーム・ホストの１対１の連携に加え、複数のホ
スト当局が参加する１対多の多国間（multilateral）の監督カレッジ（supervi-
sory college）がG-SIFIs対象に設けられている。しかしその背景にはリーマ

- ● G-SIFIsにおけるマトリックス・マネジメント：本社とは別に、ビジネスごとに異なる管理拠点：例：本社（スイス）、投資銀行業務（ロンドン）、リスク管理（ニューヨーク）等
- ● ホーム当局は1つでも、業務・商品等により複数のホスト当局→監督カレッジの誕生（リーマンショック後）
- ● G-SIFIsを対象に定期的に開催：3メガ等

（出所）　筆者作成。

ンショックをめぐる監督当局の対応の問題以外にも、それ以前から普及していたグローバル金融機関の「マトリックス・マネジメント」によるところが大きいと考える。

　グローバル金融機関は、伝統的な商業銀行業務のほか、M&A、株式・債券・金利等多様な市場業務を行い、それぞれの業務・商品ごとに社内でのレポーティングラインが異なる枠組みを構築するのが一般的である。たとえば、外資系金融機関の在日拠点では、法人としては在日拠点長・支店長が拠点の業務を統括することになっているが、実態は拠点で行われている業務ごとに、たとえば株式業務は東京拠点から香港へのレポーティング、債券業務は東京からシンガポールへのレポーティング、デリバティブ取引は東京からロンドンへのレポーティングが行われ、在日拠点長による管理は形骸化している事例が過去多数みられた。特に欧州系金融機関は、本社はドイツ、スイス、フランスにあるものの、在日拠点で行われている業務のレポーティングラインは、ロンドン、ニューヨーク、香港、シンガポールに対するものが少なくない。このような実態では、ホーム当局（たとえばスイス）とホスト当局の1つである日本当局だけではグローバルなビジネスの実態とその管理態勢を把握することができず、日本と同様のホスト当局の立場である米国、英国、香港、シンガポール等の当局との連携が必要になる。

　このようなマトリックス・マネジメントは、商品や業務をベースにした発想で収益拡大を目指すビジネス部門には好都合であったが、リスク管理、コ

ンプライアンスを含めたグローバルな管理態勢とガバナンスのうえでは弊害を生じていたことはリーマンショック以前から認識されていた。その弊害がリーマンショックをめぐる当局間の連携のうえで重大な問題として認識されたことから、監督カレッジが設立されたものである。

　現在ではG-SIFIsを対象に監督カレッジが組成され、わが国の場合も3メガ銀行等を対象にホーム当局である日本以外に、米国、英国、シンガポール、香港等のホスト当局が参加して定期的に開催されている。

## (3)　行政処分等での連携 （図表4-2-8）

　以上のとおり、グローバル金融機関をめぐる検査監督のうえで、ホーム・ホスト当局間の連携は進展し、特に日常のモニタリングにおける連携の重要性を紹介したが、このような連携の真価が問われるのが、金融危機の対応に際してである。先のG-SIFIs対象の監督カレッジでは、危機時の対応をあらかじめ議論するcrisis managementのグループもつくられ、危機の際の流動性の供給や最悪の場合の破綻処理の際の対応等があらかじめ議論されている。

　このような金融危機時以上に現実的には頻繁に起きるのが、金融機関に対する行政処分等の場合である。特に金融監督当局による海外拠点や本店に対する処分は、場合によっては金融機関全体の流動性の逼迫、格下げ等を引き起こすリスクもあることから、グローバル金融機関に対する行政処分に際しては、あらかじめ関係当局間で処分の内容や公表の時期等について綿密な調整が行われるのが通常である。近年の事例では、LIBOR等金利指標の不正

図表4-2-8　行政処分等での連携

| |
|---|
| ●ホーム当局による処分のホスト当局との連携：処分内容、タイミング等の調整<br>●LIBOR不正操作、AML/CFT制裁等 |

（出所）　筆者作成。

操作に対する処分、マネーロンダリング規制違反に対する巨額制裁金等に際し、各国当局間で連携調整が行われている。ただ、処分や制裁を科す当局が金融監督当局以外の司法当局、公正競争当局、個人情報保護当局等である場合には、それぞれの当局の独立性や非公開情報の管理等の関連で連携が容易でない事例もあることは認識しておく必要がある。

## 3 証券市場の不正取引監視のうえでの連携（図表4 - 2 - 9）

　これまで紹介したような監督対象の金融機関の本社・グループと海外拠点の監督に関しては、ホーム・ホスト当局間の連携が有効であるのに対し、多様な上場企業や投資家等が参加する証券市場における不正取引（インサイダー取引、相場操縦等）の監視については、監督対象の証券会社等以外の、業者としての監督対象ではない参加者に関する情報を入手することが不可欠である。

　このような金融機関・業者としての監督対象ではない上場企業、ファンド、投資家等に対する市場監視は国内市場を対象にした場合でも、金融機関監督とは異なる困難が伴う。具体的には、取引の場を提供する証券取引所はすべての取引を対象に不正がないかを時々刻々監視しているほか、市場に投資家等の取引注文をつなぐ証券会社等も投資家の取引監視を行っており、こ

**図表4 - 2 - 9　証券市場での不正取引の監視のうえでの連携**

- ●銀行・証券会社等監督対象について：ホーム・ホスト当局間の連携
- ●他方、上場企業、投資家等監督対象外のプレーヤーについて：所在地国（ホスト）による調査権限の問題（特に刑事捜査）、ホーム当局によるホスト当局による調査の要請
- ●複数国にまたがる問題：インサイダー取引（日本）、発注証券会社（香港）、ファンド（シンガポール）、実質的所有者（日本？）

（出所）　筆者作成。

れらの情報は証券市場監視当局である証券取引等監視委員会と共有されている。しかし証券市場での取引は日々膨大な件数にのぼり、ITシステムやAI等を活用はしているものの、不正取引を把握し具体的な調査・検査に移行するには手間と時間がかかる。

　ましてや証券市場のグローバル化の進展に伴い、取引高・件数の過半が海外投資家によるものである現状では、国内だけの市場監視では不十分であり、海外投資家等が所在する海外の監視当局との協力が不可欠である。IOSCO（International Organization of Securities Commissions）では、各国の証券市場監視当局間の情報交換等を促進するための多国間の情報交換の枠組みであるMMoU（Multilateral Memorandum of Understanding）を確立しており、これに基づいて加盟国間の情報交換が行われている。

　このIOSCOのMMoUに象徴されるように、証券市場監視での当局間の連携は、金融機関監督におけるホーム・ホスト当局の二国間連携よりは、ホームと複数のホスト当局の多国間の監督カレッジに類似する事例が多い。たとえば、日本の証券市場でのインサイダー取引を証券取引等監視委員会が把握した場合、当該取引を発注した証券会社は香港所在の事例が少なくない（これは日本との時差が1時間で証券市場が開いている時間帯がほぼ同じであることが理由といわれる）。その場合日本当局から香港当局のSFCを通じて在香港の証券会社に対し取引を委託した投資家に関する情報を入手するが、その結果投資家はシンガポールのファンドであることが判明する。そこで次にシンガポール当局のMASに対し、在シンガポールのファンドの実質的所有者（beneficial owner）に関する情報提供を依頼すると、今度は英領バージン諸島（British Virgin Islands）のファンドであることがわかり、さらにその実質的所有者に関する情報提供を英領バージン諸島当局に依頼した結果、最終的投資家が日本に在住する個人投資家であることが判明する。

　この事例のように、海外からの日本市場に対する証券投資の大宗は海外所在の機関投資家等であるが、実際には日本国内所在の投資家でありながら、英領バージン諸島のファンド、シンガポールのファンドのかたちを装い在香

港の証券会社を通じて注文することで、当局による監視を困難にさせる目的で使われるスキームもある。

　証券取引等監視委員会では、以前であれば英語力を含め海外当局とのコミュニケーション能力が障害となり海外当局との情報交換のハードルは高かったが、英語のできる人材や外資系金融機関勤務経験者の採用、スタッフの海外留学や海外当局への派遣等により、MMoUを使った情報共有と調査等での連携は相当進展している。この数年の同委員会が摘発した不正取引の事例でも海外投資家関連、海外当局との連携が機能した事例が増加している。

 **4** ## 金融検査監督の執行のグローバル連携における課題（図表4 − 2 −10）

　以上のように金融機関の検査監督、証券市場での不正取引の監視のいずれにおいても、各国監督当局間の連携は拡大し深化してきている。今般のコロナショックに伴う金融市場等の動揺に際しても、リーマンショックの時の経験をふまえて各国中央銀行、金融監督当局の連携がタイムリーに行われた結果、現在までのところ金融システムに大きな影響は生じていない。

　他方、金融検査監督の執行のグローバル連携のさらなる進展のうえでは、

**図表4 − 2 −10　検査監督の執行のグローバル連携上の課題**

- ●金融機関等当局：信頼関係の重要性
- ●金融監督当局以外の当局との連携：警察、司法省、マネーロンダリング当局等
- ●特に新たな分野（暗号資産等）における監督当局の不存在
- ●デジタライゼーション、イノベーション→金融取引のグローバル化；他方規制の後追い、規制形成のあり方の再検討の必要：ハードローにかわるソフトローの重要性

（出所）　筆者作成。

以下のような課題があると考える。

## (1)　当局間の信頼関係の構築

　当局間の連携の基盤は当局者間の信頼関係である。すでに紹介したとおり、当局間の情報交換、相互訪問、スタッフの海外当局への派遣等の人的交流等により当局間の関係強化が図られてきているが、その基本は人と人との信頼関係であると考える。

　各当局はそれぞれの国の制度のなかでの役割、機能に即して仕事をしており、そのなかで国際的な連携が重要であることは十分認識されているが、現実に個別の事案に関する対応となると、人的リソースの問題、法的権限の問題等から連携が容易でないケースもある。個別金融機関の危機時のように緊急を要する場合には、電話やメール一本で容易に連携できるような個人的な信頼関係が事態の命運を左右することもありうる。

　重要なのは日頃からの当局者同士の信頼関係であり、そのためには国際会議や二国間での協議のような公式の場だけでなく、これらの機会のレセプションや会食等を通じface to faceでのコミュニケーションを充実させることが有効である。また個人的な信頼関係を築くにはある程度時間がかかるのが普通であり、海外当局と連携する立場のポストには最低でも3～5年、できればそれ以上長期に勤務することが必要である。

## (2)　金融監督当局以外の当局との連携

　金融機関の検査監督や証券市場での不正取引の監視のうえでのグローバルな連携の当事者が、国により金融監督当局以外の当局、たとえば警察、検察、司法省、マネーロンダリング当局、公正競争当局、個人情報保護当局等である場合もある。

　このような場合、基本はまずは金融監督当局を窓口に連携を進めるが、国によっては司法当局との協力がないと金融監督当局が動けないケースや、当該国内の多くの当局の間の調整に時間がかかる場合もある。特に、金融危機

時には時間的余裕がないこともあり、厳格な手続を要する司法当局とスピードを重視する金融監督当局の間での調整が困難なこともある。

## (3) 新たな分野における監督当局の不存在

さらに問題なのが、近年のデジタライゼーション、イノベーションの進展に伴う新たな金融サービス、金融商品等を提供するプレーヤーへの監督・監視である。

デジタライゼーションに伴い新たに金融規制の対象に取り込まれるサービスや取引は基本的にネット等を経由して容易に国境をまたぐクロスボーダーの性格を有しており、当該プレーヤーの実態、取引やサービスの内容、投資家等の実態を把握するには海外との連携が不可欠である。しかしながら、このような新たなサービス等についての金融規制の対応は各国でばらばらであることが少なくない。その典型が、暗号資産（仮想通貨）業者の監督である。現状わが国では資金決済法に基づき金融庁が検査監督を行っているが、海外ではそのような規制および監督当局が存在しない国が多い。日本で起きた仮想通貨の流出をめぐる問題に金融庁が対応した際にも、流出先と思われる海外には仮想通貨を規制する法的枠組みも当局も存在せず、実態解明は困難を極めた。

コロナショックを機に、さらに金融のオンライン化、デジタライゼーションが進むことが予想されるが、新しい金融サービスに対する規制と国際的な連携のあり方が問われる。

## ◆ コラム ◆
## 監督カレッジ

現在のようなG-SIFIsに対する監督カレッジ（supervisory college）が組成されるようになったのは、2008年のリーマンショック後であるが、それ以前にホーム・ホスト当局の二国間の協議の場以外に、ホーム当局と複数のホスト当局による多国間の連携の枠組みをわが国として2000年代初頭にはバーゼル銀行監督委員会等の場で提起したことがある。具体的には、欧州大陸に本部を有する欧州系金融機関（スイス、ドイツ、フランス等）の在日拠点を監督するうえでその必要性が認識された。

欧州大陸系金融機関の場合、本国ではリテール業務を含む商業銀行業務が中心であるが、在日拠点を含めた海外拠点においては金融機関や大法人相手のホールセール業務や投資銀行業務が中心であり、そのためのグローバルな拠点は本国よりも欧州ではロンドン、北米ではニューヨークに置かれることが多い。またアジア地域では業務により、たとえば株式関連業務は香港、債券や金利関連業務はシンガポールに地域本部が置かれる事例が多かった。

他方、これら欧州大陸系金融機関の在日拠点の業務は投資銀行業務、株・債券・金利等の市場業務等が中心であるが、在日拠点からのレポーティングラインは、業務の内容ごとに香港、シンガポール、ロンドン、ニューヨークといずれも欧州大陸系金融機関にとってはホスト国であり、母国・ホームにある本店には直接のレポーティングはないケースが少なくない。

1999年以降、金融監督庁による外資系金融機関の在日拠点に対する集中的な検査の結果、多くの内部管理、リスク管理上の問題が把握されたが、欧州大陸系金融機関の場合には、本社よりも香港、シンガポール、ロンドン、ニューヨーク等の拠点の関与が認識され、これらの拠点を監督するホスト当局との連携が必要であった。

このような現状をふまえバーゼル銀行監督委員会でクロスボーダーな監督を議論する場でも、ホーム・ホストの二国間での連携に加え、複数のホスト当局を加えた多国間の連携の必要性を訴えたが、欧米当局のスタンスは消極的であった。米国や英国当局は欧州大陸系金融機関のホスト当局である点では日本と同じであったが、地域本部や重要な拠点であるニューヨークとロンドン拠点を所管する立場からは、ホーム当局との二国間での連携で十分監督の実効性を担保できる点で、わが国とは立ち位置が異なっていたといえる。またアジア地域本部のある香港とシンガポールは当時はわが国に比べればそれぞれの固有の市場規模が小さいこともあり、連携の必要性を感じさせる問題が日本に比べ少なかったと思われる。

その後リーマンショックを契機に監督カレッジが創設されたが、その萌芽ともいえるアイデアは実は日本が問題提起したともいえるものである。

（佐々木清隆）

第 **5** 章

# 金融規制監督の今後の課題

金融規制および検査監督は、これまでも日本の金融危機、リーマンショック等の危機を経て順次強化され、またグローバルな連携も進化してきている。しかし、金融市場や金融機関を取り巻く内外環境変化に伴い、金融規制とその検査監督のあり方のさらなる見直しが必要になっている。本章では、金融規制監督の今後の課題について、①従来型の金融の世界での課題、②デジタライゼーションの進展に伴う課題、さらに③withコロナの時代における課題の3つに分けて議論する（ただしこの分類は便宜的なもので、内容的には重なる点も少なくない）。

# 1 　従来型の金融の世界での課題

## (1)　過去の金融危機を経た規制監督の強化と新たなリスクへの対応

　日本の金融危機およびリーマンショックを経て、金融規制監督が強化され、金融機関におけるリスク管理、特に信用リスク、市場リスク、流動性リスク等の健全性関連リスク管理能力は向上してきている。

　日本の金融危機は商業銀行の不動産向け融資を中心とする不良債権の問題であり、当時の大蔵省の金融行政のあり方も批判された。1998年には金融監督庁（金融庁の前身）が大蔵省から分離独立し、金融検査マニュアルに代表されるようなルールに基づく事後チェック型の厳格な検査監督が行われた。検査マニュアルには信用リスク、市場リスク、流動性リスク、法令遵守、事務リスク等に関するチェック項目が盛り込まれ、金融機関はこれを参考に各種リスク管理態勢の構築を進めた。

　リーマンショックは、投資銀行の住宅ローン債権の証券化商品やデリバティブ取引に起因しグローバルに危機が波及したことから、新たな規制強化とG-SIFIsに対する監督カレッジのような国際的な連携の枠組みが強化された。

このような金融危機とそれをふまえた規制監督強化により、金融機関は自らの損失になるリスク、典型的には信用リスク、市場リスク、流動性リスク等計量化が可能で目にみえるリスクに関しては管理態勢の高度化を進めてきた。リスク管理のモデルも高度化し、当局によるストレステストも多く実施されるようになってきている。

　他方、このような定量的なリスクに対する管理態勢の向上と比べ、非定量的なリスク、目にみえないリスクへの対応が金融機関および金融規制監督上の課題となっている。第3章で議論したようなコンダクトリスクやESG、SDGs、気候変動リスクへの対応が現在金融機関に求められている。

## (2)　金融検査監督の改革

　金融危機に対応した規制監督の強化は、金融システムの健全性、強靭性を強化することにはプラスであったが、他方金融機関による「貸渋り」や「貸剥がし」といった金融仲介機能のうえで副作用も生じた。また金融機関がリスクテイクに慎重になり金融市場の機能が低下する弊害も認識された。

　このようなことから、金融庁においては2013年頃から金融行政の見直しに着手し、金融行政のpurpose/missionの再確認を行っている。すなわち、金融規制監督の最終目標（purpose/mission）は「経済の持続的成長と国民の厚生の増大に貢献すること」であり、そのもとで具体的な機能・visionとして、①金融システムの健全性と金融仲介機能の発揮、②市場の公正性・透明性と市場活力の発揮、③利用者保護と利用者利便をバランスよく両立させることを明確にしている。そのうえで、プリンシプルとルールのバランスに配慮しつつ、従来の「事後的、部分的、形式的」な検査監督から「forward lookingで問題の全体および実質を見据え根本原因に迫る」検査監督に転換が図られてきているが、このような改革を検査監督の現場のスタッフに徹底させるには時間を要する。さらに、金融検査マニュアルに基づくルールベースの検査監督に長年慣れてきた金融機関サイドのマインドも変える必要があるが、そのためには金融監督当局と金融機関の双方向でのフランクで建設的

な対話の環境をつくる必要がある。

## (3)　金融を取り巻く経済環境変化

　さらにリーマンショック以後の世界的な低金利環境の継続により金融機関の収益性は低下してきており、伝統的な預貸ビジネスモデルの持続可能性に懸念が生じている。またわが国においては、人口減少、少子高齢化、地方経済の収縮等により特に地域金融機関のビジネスモデルを取り巻く環境はいっそう厳しくなっている。このような状況のなかで、先の３つのvisionのバランスをとりながら、経済の持続的成長と国民の厚生の増大という最終目標に貢献することが金融規制監督に求められている。

　また近年の米中摩擦、イランや北朝鮮等をめぐる地政学的リスクの高まり等国際政治経済情勢がわが国経済、金融情勢に与える影響はきわめて大きく、金融規制監督においても金融システムに直接関連するリスク（たとえば信用リスク）以外の分野にも十分目を配り、金融システムに対するリスクの萌芽を早い段階で察知し的確に対応することが求められている。

## (4)　利用者・顧客本位の金融規制監督

　上述のとおり金融行政のpurpose/missionの再確認を通じて、金融が金融サービスを提供する金融機関サイドの利益だけでなく、サービスを受ける利用者や顧客の利益になることが金融規制監督で重視されてきている。特に、後述するデジタライゼーションの進展により、経済構造全体がいわゆるBto Cのサプライサイド優位の構造から、CtoBの利用者優位の構造に変化しつつあることから、金融規制監督においてもさらに利用者・顧客重視の視点をもつことが求められる。

## 2 デジタライゼーションの進展に伴う課題

### (1) デジタライゼーションの5Dsと金融規制監督のdisruption

第3章で議論された金融デジタライゼーションを簡単に「5Ds」で説明することができる。すなわち、①Dataの利活用、②Decentralization（分散化）、③Diversification（多様化）、④Democratization（民主化）、⑤Disruption（創造的破壊）である。

第一に、デジタライゼーションの肝はDataの利活用にある。顧客の属性、取引の傾向や嗜好、その他のデータをビッグデータ分析することで新しいビジネスモデルを構築することがポイントである。

次にデジタライゼーションは従来のような中央銀行等の管理者が存在する中央集権的なシステムではなく、ブロックチェーンに代表されるような中央の管理者のいない非中央集権的（decentralized）で分散型のネットワークが特徴である。コロナ禍でリモートワークが普及し都心一極集中から地方に分散した働き方の変化もこの流れを加速させると思われる。

第三に既存の銀行等のプレーヤーだけでなく、非金融の分野からの新たな参入者が増え金融サービスの提供者が多様化（diversification）する。

第四に、従来の金融サービスを提供する業者やサプライサイドが優位に立つ「BtoC」のビジネスモデルにかわり、サービスの利用者が優位に立つ「CtoB」のビジネスモデルが主流になり、利用者主権の民主的な（democratization）システムに変化する。

そして最後に以上のような変化が既存の銀行等のプレーヤーのビジネスモデルの破壊者（disruptor）になるとともに、規制監督当局にとっても同様にdisruptionになる。

かつて2017年頃に金融庁の金融検査監督の改革を進めていた立場で金融庁内で「金融庁のライバルは海外の金融規制当局ではなく、GAFAである」と

いっていた。金融規制監督が従来のままで必要な改革をしなければGAFAにdisruptされるとの危機感をもっていることがその背景にある。

## (2) 金融規制上の課題

デジタライゼーションに伴う金融規制監督上の課題として、まず金融規制のあり方があげられる。金融監督当局は法令等に基づき監督権限を授権されているが、従来の金融規制は基本的に銀行や証券等の「業」を行う「業者」をベースに「業者」に対する監督権限を規定している。しかし、デジタライゼーションの進展に伴い、送金や決済等の「業」を行う新しいプレーヤーに対しては既存の「業者規制」が適用されていないことがある。これに対しては、同じサービス・業を提供するプレーヤーには共通の規制を横断的に適用することが検討されている。

また既存の法令等が想定していない「業」「サービス」がデジタライゼーションによって新たに出現することへの対応も必要である。たとえば、仮想通貨取引については、決済手段として位置づけ既存の資金決済法に取り込んだが、現実には投機対象となったことをふまえ、その後金融商品取引法の対象とされ名称も「暗号資産」に変更された。このように既存の法令等を新たなサービスに当てはめる対応で十分なのか、あるいは新しいサービスを対象にした新法をつくるのかは、規制当局にとって非常に大きな課題である。

さらに、新たに出現する金融サービスのほぼ100%はイノベーションに伴うものであるが、その結果新しいサービスや商品は即国境をまたぐグローバルな取引になり、規制の策定およびその執行のうえで国際的な連携が不可欠である。しかし各国の法制等の違い、当該金融サービスや市場の発展度合いにより国際的な連携が左右されることもある。

また、金融規制は従来新しいサービスや商品の出現を受けて事後的に策定されるのが通常のプロセスであるが、デジタライゼーションに伴うサービスはその普及のスピードもきわめて速い結果、規制の策定とその執行が追いつかないという問題もある。特に議会での審議を経て制定される法令等のハー

ドローについてはその傾向が強い。デジタライゼーションのもとでは、金融規制策定のプロセスやモデルを見直し、従来のようなハードローだけでなく新たな金融サービスを提供するプレーヤー等の市場参加者による自主規制等のソフトローを活用することも有効と考えられる。

### (3)　規制を執行する検査監督当局の制約

　以上のように、デジタライゼーションに伴う新たな金融サービスに対する規制が策定され、監督権限が当局に付与されたとしても、その後の検査監督の執行のうえでも大きな課題がある。

　まず新しい商品やサービスの監督の内容が従来とは異なる可能性がある。これまでの検査監督は、いわゆる金融機関等の 3 lines of defense とそれを支えるガバナンスの実効性を検証することが基本であるが、新しいサービスについて既存のリスクカテゴリーが当てはまるのか、当てはまるとして実効性を評価する尺度は従来と同じなのか等を検討する必要がある。また検証する対象である取引等のデータが入手可能なのかについても、たとえばブロックチェーンを利用した仮想通貨取引のように中央の管理者が存在せず、規制対象の仮想通貨業者にも取引のデータの一部しかないような場合、検査監督上の障害になる可能性がある。

　これらの課題に対応して、検査監督に必要な人材のスキルも従来とは異なってくる。ブロックチェーンに関する専門的知見、高度化するサイバー攻撃に関する知見等をもつ人材を確保することが不可欠である。

　さらに、当局のITシステムの高度化も不可欠である。たとえばブロックチェーン上の取引のデータを入手し解析できるITシステムが必要になる。このような当局にとってのIT（Supervisory Technology；SupTech）が新たなプレーヤーのITシステムの高度化に遅れることなく整備される必要があるが、そのための人的、経済的リソースの確保が課題である。

## 3 withコロナの時代における課題

### (1) 過去の金融危機とコロナショックの相違：金融機能への期待

　上述のとおり日本の金融危機、リーマンショックはいずれも金融発の問題であり、金融システムの健全性の問題が実体経済に影響を与えた。他方、今回のコロナショックの原因は金融発ではなくコロナウイルスであり、感染拡大を防止するために都市封鎖や自粛が行われた結果経済活動の収縮につながったが、金融システムは現状健全であり、むしろ金融仲介機能を中心とする金融機能の発揮により経済の回復に貢献することが期待されている。

　金融庁が2020年8月末に公表した「令和2事務年度金融行政方針」においても、「コロナと戦い、経済の力強い回復を支え」「コロナ後の新しい社会を築く」ための金融の役割が強調され、そのような金融の機能が発揮できるような金融行政の施策が盛り込まれている。たとえば、顧客・地域の再生に必要な金融機能を提供するうえでの金融機関の業務範囲等の見直しや、デジタル技術により利用者の課題や社会課題の解決に貢献できるように金融規制上の制約の解消等規制・制度面での対応等が盛り込まれている。

　また金融機能の発揮の前提として金融システム全体の強靭性が重要であり、そのための金融機関の的確な実態把握とそれを支える金融検査監督上のデータの分析力の向上等が課題として認識されている。先の金融行政のmissionをふまえ、現下の状況では金融仲介機能の発揮を最優先課題とし、それを支える前提としての金融システムの健全性の確保とのバランスをとること、コロナショックの影響が金融システムの健全性に影響しないよう予防することが重要である。

### (2) 金融規制監督自体のニューノーマルへの対応

　また上述したような金融を取り巻く環境変化やデジタライゼーションの進

展に伴う金融規制監督上の課題への対応は、withコロナの時代においては金融機能の発揮を支えるうえで、従来以上に重要である。またコロナショックを通じて明らかになった日本全体のデジタライゼーションの遅れへの対応、非接触・非対面の新しい生活様式への対応を金融規制監督においても進めていく必要がある。

　具体的には、令和2事務年度金融行政方針に盛り込まれたとおり、金融庁の行政手続の電子化の推進、非対面やリモートでの金融機関のモニタリングのためのインフラの活用とデータの分析力の向上等が課題である。またこのようなリモートでのコミュニケーションであっても当局と金融機関等がオープンで建設的な双方向での対話ができるような環境づくりも従来以上に重要となる。

（佐々木清隆）

## グローバル金融規制と新たなリスクへの対応

2021年4月26日　第1刷発行

編著者　佐々木清隆
発行者　加藤　一浩

〒160-8520　東京都新宿区南元町19
発　行　所　一般社団法人 金融財政事情研究会
企画・制作・販売　株式会社きんざい
出 版 部　TEL 03(3355)2251　FAX 03(3357)7416
販売受付　TEL 03(3358)2891　FAX 03(3358)0037
URL https://www.kinzai.jp/

校正：株式会社友人社／印刷：三松堂株式会社

・本書の内容の一部あるいは全部を無断で複写・複製・転訳載すること、および
磁気または光記録媒体、コンピュータネットワーク上等へ入力することは、法
律で認められた場合を除き、著作者および出版社の権利の侵害となります。
・落丁・乱丁本はお取替えいたします。定価はカバーに表示してあります。

ISBN978-4-322-13850-4